农业科研单位
纪检、巡察、审计工作
研究汇编

张昊冉　于钦华　何建湘 ◎ 主编

中国农业出版社
农村读物出版社
北　京

图书在版编目（CIP）数据

农业科研单位纪检、巡察、审计工作研究汇编／张昊冉，于钦华，何建湘主编. -- 北京：中国农业出版社，2024.7. -- ISBN 978-7-109-32677-4

Ⅰ. F324.3

中国国家版本馆 CIP 数据核字第 2024FU1818 号

农业科研单位纪检、巡察、审计工作研究汇编
NONGYE KEYAN DANWEI JIJIAN、XUNCHA、SHENJI GONGZUO YANJIU HUIBIAN

中国农业出版社出版

地址：北京市朝阳区麦子店街 18 号楼

邮编：100125

责任编辑：卫晋津

版式设计：小荷博睿　　责任校对：吴丽婷

印刷：北京印刷集团有限责任公司

版次：2024 年 7 月第 1 版

印次：2024 年 7 月北京第 1 次印刷

发行：新华书店北京发行所

开本：700mm×1000mm　1/16

印张：20

字数：360 千字

定价：120.00 元

本书编写人员

主　编：张昊冉　于钦华　何建湘

副主编：蒲树和　叶雪萍　游凌翔　符静静
　　　　吴　瑕

参　编（按姓氏笔画排序）：
　　　　刘晓光　张　骁　陈　刚　陈佳瑛
　　　　罗志强　周　浩　郑少强　徐兵强
　　　　容启赞　黄　忠　黄得林　黄慧雯
　　　　梁淑云　曾　鹏

前　言

　　党的十八大以来，以习近平同志为核心的党中央把全面从严治党纳入"四个全面"战略布局，以前所未有的勇气和定力推进党风廉政建设和反腐败斗争，使党在革命性锻造中更加坚强有力、更加充满活力。

　　党的二十大报告对坚定不移全面从严治党、深入推进新时代党的建设新的伟大工程作出重大部署，要求必须时刻保持解决大党独有难题的清醒和坚定，全党落实新时代党的建设总要求，健全全面从严治党体系，全面推进党的自我净化、自我完善、自我革新、自我提高。

　　二十届中央纪委三次全会强调，纪检监察机关是推进党的自我革命的重要力量，要怀着深厚感情、怀着坚定信仰、怀着强烈使命深学细悟，准确把握这一重要思想的精髓要义、实践要求，自觉贯彻到纪检监察工作全过程各方面，以永远在路上的坚韧执着把党的自我革命进行到底。

　　2024年4月至7月，全党开展了党纪学习教育。这次党纪学习教育，是加强党的纪律建设、推动全面从严治党向纵深发展的重要举措。党中央高度重视，习近平总书记多次就开展党纪学习教育发表重要讲话、作出重要指示，为开展党纪学习教育提供了重要遵循。中共中央办公厅专门印发《关于在全党开展党纪学习教育的通知》，聚焦解决一些党员、干部对党规党纪不上心、不了解、不掌握等问题，组织党员特别是党员领导干部认真学习修订后的《中国共产党纪律处分条例》，做到学纪、知纪、明纪、守纪，强调党纪学习教育要注重融入日常、抓在经常。

　　2024年7月，农业农村部召开廉政警示会暨纪律党课报告会。强调部系统各级党组织要深入学习贯彻习近平总书记关于全面加强党的纪律建设的重要论述，从严从实开展好党纪学习教育，一刻不停推进部系统全面从严治党，把严的基调、严的措施、严的氛围长期坚持下去，教育引导广大党员干部进一步树牢纪律规矩意识，知敬畏、存戒惧、守底线，为推进乡村全面振兴、加快建设农业强国提供坚强纪律作风保障。要求各级党组织切实扛稳主体责任，加强对党风廉政建设和反腐败工作的全过程领导，领导班子成员要严格履行"一岗双责"，坚持管业务与管思想作风纪律相统一，把全面从严治党抓得紧而又紧、严而又严。各级纪检组织要强化监督专责，推动主体责任和监督责任贯通协同、一贯到底，持续发力做实做细日常监督，真正做到敢于监督、善于监督。

纪检监察机关是党内监督和国家监察专责机关。《乡村振兴责任制实施办法》中明确规定，"中央纪委国家监委对乡村振兴决策部署落实情况进行监督执纪问责"。各级纪检监察机关立足监督第一职责，紧紧围绕党中央关于"三农"工作的决策部署，强化监督检查，精准履职尽责，为加快建设农业强国提供坚强保障。因此，面临新形势新要求，如何立足全面从严治党总体要求，创造性地开展科研领域的监督执纪、巡察审计等工作，为政策"春风"添上一把廉洁"清风"，切实发挥为科技创新保驾护航的重要作用，是摆在农业科研院所纪检组织面前的重要任务。

本书对农业科研单位纪检、巡察、审计工作等进行了研究汇编，分为上篇理论研究汇编（绪论、第一章至第三章）、下篇实践研究汇编（第四章至第八章），供从事相关工作人员阅读和参考。本书由多位作者共同编写完成，得到了有关领导和同事的指导帮助，并摘录引用了一些相关领域的经验启示类文章，在此一并致谢。

本书的出版获中央级公益性科研院所基本科研业务费专项（1630012021008）资助。

由于编者水平有限，书中难免出现疏漏和不当之处，敬请广大读者批评指正。

编　者

2024 年 7 月

目 录

上篇

理论研究汇编

 **绪论**

　　党的十八大以来，以习近平同志为核心的党中央把党的纪律建设纳入党的建设总体布局，作为全面从严治党治本之策，从遵守和维护党章入手，严明党的政治纪律和政治规矩，带动组织纪律、廉洁纪律、群众纪律、工作纪律、生活纪律全面从严，开创了新时代党的建设新局面，刹住了长期没有刹住的歪风，纠治了多年未除的顽瘴痼疾，从根本上扭转了管党治党宽松软状况，构建起全面从严治党体系，开辟了百年大党自我革命新境界。

　　党的二十大报告提出要健全党统一领导、全面覆盖、权威高效的监督体系；党的二十大通过的《中国共产党章程（修正案）》在纪委主要任务中增写"推动完善党和国家监督体系"重要内容；二十届中央纪委二次全会强调要按照党统一领导、全面覆盖、权威高效的要求，推动完善纪检监察专责监督体系，对解决大党独有难题用"六个如何始终"进行了深刻阐述；二十届中央纪委三次全会深刻阐述了党的自我革命重要思想，科学回答关于党的自我革命的三个重大问题，明确提出推进自我革命"九个以"的实践要求，以坚持党中央集中统一领导为根本保证，以引领伟大社会革命为根本目的，以习近平新时代中国特色社会主义思想为根本遵循，以跳出历史周期率为战略目标，以解决大党独有难题为主攻方向，以健全全面从严治党体系为有效途径，以锻造坚强组织、建设过硬队伍为重要着力点，以正风肃纪反腐为重要抓手，以自我监督和人民监督相结合为强大动力。

　　这些都是新时代全面从严治党成功实践经验的总结，是完善党的自我革命制度规范体系的重要举措，也是破解监督治理难题的中国方案，充分彰显了我们党深刻把握执政规律、把握治理规律的非凡智慧，勇于解决大党独有难题、永葆先进纯洁的历史主动，为党在新征程上不断焕发蓬勃生机活力提供了有力保障。特别是"九个以"的实践要求，既有战略安排又有工作部署，既有认识论又有科学方法论，构成一个相互联系、逻辑严密、系统完备的有机整体，进一步深化了对不断推进党的自我革命的规律性认识，为新时代新征程深入推进全面从严治党、党风廉政建设和反腐败斗争提供了根本遵循，为做好新征程纪检监察工作提供了强大思想武器和科学行动指南。

一、全面准确学习领会党的二十大报告关于"健全党统一领导、全面覆盖、权威高效的监督体系"的重大决策部署

党的二十大报告深刻分析党的建设面临的形势任务，将健全党统一领导、全面覆盖、权威高效的监督体系作为完善党的自我革命制度规范体系的重要内容，作出一系列重大决策部署，创造性发展了马克思主义公权力监督理论，有力回答了长期执政条件下实现党自我净化、自我完善、自我革新、自我提高的中国之问、世界之问、人民之问、时代之问，标志着我们党对管党治党规律的认识达到新高度。

（一）健全党统一领导、全面覆盖、权威高效的监督体系，是党在长期执政条件下推进自我革命的必然要求

在进行伟大社会革命的同时进行伟大自我革命，实现自我净化、自我完善、自我革新、自我提高，是我们党长盛不衰的内在原因。进入新时代，以习近平同志为核心的党中央深刻总结党的百年奋斗历程特别是新时代伟大实践，创造性提出党的自我革命重大命题，深刻指出勇于自我革命是党百年奋斗培育的鲜明品格，我们党要永远立于不败之地，就要不断推进自我革命；推进党的自我革命必须依靠强化党的自我监督和人民监督，通过行动回答"窑洞之问"，练就中国共产党人自我净化的"绝世武功"；只有构建起具有中国特色的监督体系，才能巩固党的执政地位，跳出历史周期率。党中央十年磨一剑，以正视问题的自觉和刀刃向内的勇气，坚定不移推进全面从严治党，逐步构建起党统一领导、全面覆盖、权威高效的监督体系，摸索出一整套行之有效的自我监督制度，探索出依靠党的自我革命跳出历史周期率的成功路径，确保了党和国家长治久安。

（二）健全党统一领导、全面覆盖、权威高效的监督体系，是推进国家治理体系和治理能力现代化的重要内容

构建和完善中国特色社会主义监督体系是权力正常运行的重要保障，是推进国家治理体系和治理能力现代化的内在要求。党的十八大以来，习近平总书记对监督和治理的内在关系进行了创造性阐述，强调监督是治理的内在

要素，在管党治党、治国理政中居于重要地位；要把监督贯穿于党领导经济社会发展全过程，把完善权力运行和监督制约机制作为实施规划的基础性建设，构建全覆盖的责任制度和监督制度；要坚持有形覆盖和有效覆盖相统一，抓好"关键少数"，带动整个监督体系更加严密、更加有效运转；要强化主体责任，加强统筹协调，使监督工作在决策部署指挥、资源力量整合、措施手段运用上更加协同。新时代以来，党中央坚持把监督贯穿管党治党、治国理政各项工作，找准监督与治理的结合点和着力点，不断推动监督体系契合党的领导体制、融入国家治理，充分发挥监督治理效能，确保党的路线方针政策和党中央决策部署贯彻落实，确保中国式现代化始终沿着正确的方向推进。

（三）强化对权力运行的制约和监督，形成决策科学、执行坚决、监督有力的权力运行机制

我们党全面领导、长期执政，面临的最大挑战是对权力的监督制约。通过深刻把握权力运行规律，我们深刻认识到，权力是需要监督的，没有监督的权力就会异化；要健全权力运行制约和监督体系，有权必有责，用权受监督，失职要问责，违法要追究，保证人民赋予的权力始终用来为人民谋利益；要扎紧制度笼子，督促掌握公权力的部门、组织合理分解权力、科学配置权力、严格职责权限，完善权责清单制度，加快推进机构、职能、权限、程序、责任法定化，不给权力脱轨、越轨留空子，把权力运行的规矩立起来；要盯紧公权力运行各个环节，完善及时发现问题的防范机制、精准纠正偏差的矫正机制，管好关键人、管到关键处、管住关键事、管在关键时，特别是要把"一把手"管住管好；要让人民监督权力，让权力在阳光下运行，确保党员干部秉公用权、依法用权、廉洁用权、为民用权。党的十八大以来，党中央从全局和战略的高度加强监督制约权力的顶层设计，明确了改革方向和具体要求，中国特色社会主义监督制度不断健全，有力保证了权力在正确的轨道上运行。

（四）以党内监督带动其他监督，贯通起来增强监督合力

党的执政地位决定了党内监督在党和国家监督体系中是最基本的、第一位的。党内监督是各类监督发挥作用的方向引领和根本支撑，是推动党和国家监督体系系统集成、协同高效、成熟定型的根本前提。强化党内监督是马克思主义政党的一贯要求，是我们党的优良传统和政治优势；只有以党内监督带动其他监督、完善监督体系，才能为全面从严治党提供有力制度保障；党内监督发

挥着政治引领作用，要健全党和国家监督体系，以党内监督为主导，不断完善权力监督制度和执纪执法体系，推动各类监督贯通协调，形成常态长效的监督合力；要充分发挥监督在基层治理中的作用，推动监督落地，让群众参与到监督中来。党的十八大以来，党中央以前所未有的力度推进全面从严治党，及时将加强党内监督的实践探索转化为制度成果，精准把握各类监督主体的内涵外延、职责权限、运行机理，以党内监督为主导推动各类监督主体之间职能契合、衔接顺畅、运转协调，持续加强和释放监督效能。

二、坚持和运用新时代健全党统一领导、全面覆盖、权威高效的监督体系的宝贵经验

（一）健全党统一领导、全面覆盖、权威高效的监督体系，是以习近平同志为核心的党中央立足"两个大局"、着眼治国理政重要任务，审时度势作出的战略决策

党中央持之以恒改革体制机制、创新方式方法、完善制度措施，以有效监督促进制度建设和国家治理，必须长期坚持、不断巩固、持续深化。坚持党中央集中统一领导，是构建党和国家监督体系的出发点和根本保证。

一是坚持以上率下、以身作则。中央政治局十年如一日不断细化完善中央八项规定内容，持续改进作风，在民主生活会上进行对照检查和党性分析，研究加强自身建设措施；加强对直接分管部门、地方、领域党组织和领导班子成员的监督，定期同有关地方和部门主要负责人就其履行全面从严治党责任、廉洁自律等情况进行谈话，为全党作出示范。

二是坚持党中央对监督工作的集中统一领导。中央政治局会议、中央政治局常委会会议定期研究党内监督工作，部署加强党内监督的重大任务；组建国家监察委员会、中央全面依法治国委员会、中央审计委员会等，着力解决监督机构庞杂分散、监督职能缺位或重合等问题。

三是加强对中央巡视工作的领导，明确中央巡视工作方针，听取每一轮巡视情况汇报，先后三次修订、修改《中国共产党巡视工作条例》。其中，2015年第一次修订贯彻全面从严治党要求，坚持纪法分开、纪在法前、纪严于法，划出了党组织和党员不可触碰的"六大纪律"底线，列出了明确的"负面清单"；2017年第二次修订坚持使命引领和问题导向，着力提高纪律建设的政治性、时代性、针对性；2024年第三次修订进一步突出政治性，更加鲜明确定巡视工作的方向和任务，首次从党内法规的高度对政治巡视定位和巡视工作方

针作出规定。在中国共产党第十八届中央委员会任职期间，中央共组织 12 轮巡视，在党的历史上首次实现一届任期内巡视全覆盖；在中国共产党第十九届中央委员会任职期间，首次将中央纪委国家监委机关、中央办公厅、中央组织部等纳入中央巡视范围，持续擦亮巡视利剑。党的十八大以来的实践证明，只有坚持党的领导、坚持以习近平新时代中国特色社会主义思想为指导，监督体系建设才能找准方向、稳步推进。

（二）加强党委（党组）对监督工作的领导，充分发挥党内监督对各类监督贯通协调的定向引领作用

健全党统一领导、全面覆盖、权威高效的监督体系，关键在发挥党内监督的主导作用，压实管党治党政治责任。党的十八大以来，党中央深刻认识到，党内监督是全党的任务，制定并执行《中国共产党党内监督条例》，把上上下下、条条块块都抓起来，党委（党组）全面监督、纪委专责监督、党的工作部门职能监督、党的基层组织日常监督、党员民主监督作用充分发挥，逐步织密党内监督网。

一是各级党委（党组）担负主体责任，坚决贯彻执行《党委（党组）落实全面从严治党主体责任规定》《中共中央关于加强对"一把手"和领导班子监督的意见》，紧盯"关键少数"破解监督难题，积极履职尽责，领导和指导监督工作。

二是各级纪检监察机关发挥协助引导推动功能，促进纪律监督、监察监督、派驻监督、巡视监督统筹衔接，强化监督执纪问责和监督调查处置职能，充分发挥监督综合性、融合性作用。

三是党的工作部门做好职责范围内党内监督工作，既加强对本机关本单位的内部监督，又强化对本系统的日常监督。

四是党的基层组织贯彻《中国共产党支部工作条例（试行）》《中国共产党党员教育管理工作条例》等党内基础法规制度，及时监督提醒，发挥战斗堡垒作用；党员干部依规依纪行使党员权利、履行监督义务，充分发挥党员民主监督作用。

实践证明，以党内监督为主导的监督体系，符合中国国情，具有强大生命力，也能够最大限度整合监督力量、释放监督效能。

（三）持续深化纪检监察体制改革，为构建党和国家监督体系提供不竭动力

纪检监察体制改革是完善党和国家监督体系的重要内容，党中央坚持

"先立后破、不立不破"，把加强监督顶层设计和"摸着石头过河"结合起来，推动解决纪检监察工作中存在的体制性障碍、机制性梗阻、制度性漏洞，推动监督体系更加成熟定型。

一是坚持高起点谋划推动改革。党中央从改革党的纪律检查体制出招破局，由全国人大常委会立法授权，保障国家监察体制改革依法有序推进，特别是党的十九届三中全会把组建国家监察委员会列为深化党和国家机构改革的第一项任务，健全反腐败领导体制和工作机制，改革和完善各级反腐败协调小组职能，推进纪律检查工作双重领导具体化、程序化、制度化，全面落实中央纪委向中央一级党和国家机关派驻纪检机构，有效提升了党的执政能力和治国理政科学化法治化水平。

二是试点先行、有序推进。开展国家监察体制改革，以北京市、山西省、浙江省为试点，逐步在全国范围内推广铺开，成立国家、省、市、县四级监察委员会，与同级纪委合署办公，实现党内监督全覆盖、国家监察全覆盖；分类推进派驻机构改革，中央纪委国家监委在中央和国家机关、中管企业、中管金融企业和单位、中管高校统一设立派驻机构、派驻专员，各省市县优化派驻机构设置，开展省级纪委监委向省管高校和国有企业派驻纪检监察组试点。

三是系统集成、释放效能。完善纪律监督、监察监督、派驻监督、巡视监督统筹衔接制度，制定推进纪检监察监督、巡视巡察监督与审计监督贯通协同高效的指导意见，监督效果不断增强，全面从严、越来越严的信号持续释放。

事实证明，纪检监察体制改革适应党情国情变化，有效实现了对权力的监督制约，既推进全面从严治党不断取得新进展，又为探索党在长期执政条件下开展自我革命提供了可靠保证。

（四）依据职责定位充分发挥各类监督主体作用，不断释放党和国家监督体系的整体效能

党统一领导、全面覆盖、权威高效的监督体系既包括党内监督，又包括人大监督、民主监督、行政监督、司法监督、审计监督、财会监督、统计监督、群众监督、舆论监督等监督，必须统筹联动、一体推进，协同配合、衔接贯通，才能真正让制度优势转化为治理效能。

党的十八大以来，各监督单位结合本单位本领域实际，把业务工作与监督职责结合起来，努力提升监督效能。人大和政协围绕促进各级党政机关科学决策、民主决策、依法决策发挥民主监督作用；行政机关和司法机关加强对行政

行为和司法活动等的日常监督，承担好行政监督和司法监督责任；审计机关、财政机关和财会部门、统计部门着眼发现问题开展监督，围绕监督成果运用，加强与其他监督协作配合，同党内监督共同构成"四方监督"的格局；人民群众和新闻媒体围绕解决社会生活中存在的矛盾和问题积极建言献策、批评监督，推动相关部门履行职责、加强协作、解决问题。各类监督在党内监督主导下贯通协同、各责任主体协作配合、各司其职，推进监督体系这盘大棋局越走越明朗、越走越开阔。

（五）健全决策科学、执行坚决、监督有力的权力运行机制，促进公权力运行更加规范透明

加强对权力运行的制约和监督，是坚持和完善党和国家监督体系的重点内容，必须依法设定权力、科学规范权力、有效制约权力、有力监督权力，把权力关进制度的笼子。

一是坚持权责法定，完善权力配置机制，依法科学配置权力和职能，全面梳理各部门权力的法定授权，建立权力清单、负面清单、责任清单，明确职责定位和工作任务，推进机构、职能、权限、责任法定化，重点强化审批程序上的制约关系，防止权力出轨越界。

二是坚持权责透明，完善用权公开机制，让权力在阳光下运行，公开权力运行过程和结果，完善权力运行过程的留痕、查询、追溯、反馈机制，以信息化推动制度化、程序化，以公开促公正、以透明保廉洁。

三是坚持权责统一，既管住乱用滥用权力的渎职行为，坚决查处以权谋私、搞权钱交易的腐败问题，又管住不会用权、不愿用权的失职行为，严肃整治不担当、不作为、慢作为、假作为等作风问题，防止权力扭曲、异化、变质，确保秉公用权、依法用权、廉洁用权、为民用权。

四是紧盯"关键少数"，制定实施《中共中央关于加强对"一把手"和领导班子监督的意见》，将"一把手"作为监督重点，强化对坚决维护党中央集中统一领导、履行管党治党政治责任、贯彻执行民主集中制、依规依法履职用权、廉洁自律等情况的监督，对存在苗头性倾向性问题的及时约谈提醒，对失职失责、违纪违法问题严肃查处。

新时代十年的生动实践充分证明，我们党完全有能力解决好自我监督这个"哥德巴赫猜想"，完全有能力实现执政能力整体性提升的良性循环，完全有能力依靠制度优势和法治优势走出一条符合党情国情的中国特色监督之路，始终成为中国人民最可靠、最坚强的主心骨。

三、坚决贯彻党的二十大精神，不断健全中国特色社会主义监督制度

健全党统一领导、全面覆盖、权威高效的监督体系，是党的二十大擘画的构建党的自我革命制度规范体系的关键举措，是二十届中央纪委二次全会做出的重要部署，是涉及各类监督主体、监督职权、监督方式、监督制度等的复杂系统工程。要以习近平新时代中国特色社会主义思想为指导，深入贯彻"党统一领导、全面覆盖、权威高效"要求，精准把握"系统集成、协同高效"阶段性特征，紧紧抓住"增强严肃性、协同性、有效性"着力点，坚持稳中求进、循序渐进，把监督有机融入党的建设之中、落实到党领导经济社会发展全过程，推动各项监督在党的领导下形成合力，不断健全中国特色社会主义监督制度，努力取得全面从严治党更大成效。

（一）准确把握党统一领导的根本要求

党统一领导，就是要在党中央集中统一领导下，做实做强党委（党组）全面监督，加强对各类监督主体的领导和统筹。

一是坚持以习近平新时代中国特色社会主义思想为指导，深刻把握将自我革命作为我们党跳出历史周期率的第二个答案的政治内涵，深刻把握党中央构建自我监督制度体系的政治考量，全面、系统、整体地加强党的全面领导。

二是压实各级党委（党组）主体责任，特别是"一把手"第一责任人责任，督促做到知责、尽责、负责，敢抓敢管、勇于监督，领导推动各监督主体发挥作用、相互贯通，推动各类监督贯通协调、形成合力。

三是完善各负其责、统一协调的管党治党责任格局，健全党委（党组）全面监督、纪律检查机关专责监督、党的工作部门职能监督、党的基层组织日常监督、党员民主监督的工作格局，加强职责范围内监督工作，及时请示报告监督工作中的重要事项。把自上而下的组织监督、同级相互监督、自下而上的民主监督结合起来，严格党的组织生活制度，坚持党内谈话制度，落实述责述廉制度，把督促党员履行义务与保障党员权利统一起来，充分调动党员参与监督的积极性。

四是压实纪委监委监督职责，推动完善纪检监察专责监督体系，促进纪律监督、监察监督、派驻监督、巡视监督统筹衔接常态化制度化，推动党委（党组）在本地方本系统本领域落实监督职责，把监督责任落实到每条战线、

每个领域、每个环节。

（二）深刻理解全面覆盖的目标任务

全面覆盖，就是要坚持有形覆盖和有效覆盖相统一，抓好"关键少数"，带动整个监督体系更加严密、运转更加有效。打开大门搞监督，充分依靠人民群众，畅通监督渠道，发挥群众监督和舆论监督作用，以有力有效的监督提高发现和解决问题能力。

一是实现对所有党员干部和行使公权力的公职人员的监督全面覆盖，对权力运行的监督全面覆盖，盯紧权力运行各环节，抓住政策制定权、审批监管权、执法司法权等关键点，合理分解、科学配置权力，严格职责权限。

二是在党内监督定向引领下，把政治监督作为首要任务，完善巡视巡察整改、督察落实情况报告制度，促进各类监督关联互动、系统集成，形成决策科学、执行坚决、监督有力的权力运行机制，形成问题共答、常态长效的监督合力。

三是推动完善各类监督贯通协调机制，发挥党内监督主导作用，促进党内监督与人大监督、民主监督、行政监督、司法监督、审计监督、财会监督、统计监督、群众监督、舆论监督等有机贯通、形成合力。

四是推动完善基层监督体系，统筹用好县乡监督力量，促进基层纪检监察组织和村务监督委员会有效衔接，构建基层公权力大数据监督平台，畅通群众监督渠道，健全基层监督网络。

五是发挥审计在反腐治乱方面的重要作用，加强与审计机关协调配合，用好审计监督成果。

六是完善党的自我监督和人民群众监督有机结合的制度。充分认识强化党内监督是为了保证立党为公、执政为民，强化国家监察是为了保证国家机器依法履职、秉公用权，强化群众监督是为了保证权力来自人民、服务人民。

（三）充分释放权威高效的监督效能

权威高效，就是要牢牢把握监督的政治属性，提高监督政治站位，突出监督重点，提升监督效能。

一是聚焦"两个维护"强化政治监督，强化政治巡视，加强对"国之大者"的监督检查，推动各类监督聚焦政治原则、政治生态、政治担当，以强化政治监督为基础，引领带动各监督单位从政治高度发现问题，从政治立场出发整改整治，做到党中央重大决策部署到哪里，监督检查就跟进到哪里，确保党的理论和路线方针政策、党中央决策部署落地见效。

二是以督促监督对象履行职责为着力点，把管理和监督寓于实施领导全过程，既加强宏观研究谋划，定调子、明方向、立规矩，又具体指导推动，出题目、压担子、解难题，特别是加强对下级"一把手"和班子其他成员的监督，有力传导责任。

三是更加重视从体制机制上破解监督难题，持续深化监督制度改革，完善党内法规制度体系，增强制度的严肃性和权威性，进一步形成靠制度管权、管事、管人的长效机制，使各项监督更加规范、更加有力、更加有效，让制度"长牙""带电"。

（四）持续增强贯通协调的监督合力

贯通协调、统筹协同、一体推进是党中央健全集中统一领导、全面覆盖、权威高效的监督体系的重要思想方法和工作方法，只有找准盲点堵点、厘清权责边界、搭建协作平台，才能进一步完善监督协调机制、释放监督合力。

一是对现有监督工作相关党内法规、国家法律法规等进行梳理，从源头上发现监督制度中存在的交叉重叠等问题，对各类监督主体协作配合的方式、范围、内容、成果应用等进行规范，打通制度层面断点和堵点。

二是进一步明晰各监督单位权责界限，明确监督职责、任务、内容、方式、程序等，使各类监督有据可查、有章可循、有法可依。

三是建立统一的监督信息平台，探索运用"大数据""互联网＋"等科技手段，强化对监督信息的收集、甄别、分析、研判和共享，整合各监督单位的监督信息资源，提升监督信息利用率，提高各类监督的精准度和质效。

第一章 相关概念

第一节 纪检监察

一、纪检、监察的概念

纪检监察指的是党的纪律检查机关和政府的监察部门行使的两种职能。日常生活工作中，大家常会提到纪检监察，那么，什么是纪检，什么是监察，纪检和监察是怎样的关系？只有弄明白、搞清楚这些概念和关系，才有助于深入理解全面从严治党、党风廉政建设和反腐败斗争。

纪检，依照党章党规党纪监督执纪问责之谓；监察，依照《宪法》和《监察法》监督调查处置之谓。纪检和监察两项工作，都注重对权力的监督和约束。纪检工作的对象是全体党员，而监察工作的对象则是所有行使公权力的公职人员。在党内监督全覆盖形势下，深化国家监察体制改革，就是要增强对公权力和公职人员的监督全覆盖、有效性，推进公权力运行法治化，消除权力监督的真空地带，压缩权力行使的任性空间。

纪律检查委员会（简称纪委）是党的机构，是党的"两委"（即党委、纪委）之一，是"五套班子"（即"五大家"——党委、人大、政府、政协、纪委）之一。它是专司监督检查党的机构和党员贯彻执行党的路线、方针、政策的情况，是查处违纪党组织和党员的机关。各级纪委按照党章规定履行职责。监察是政府部门的职责，监察机关是专司监督检查政府机构和政府系统公职人员的机关。各级监察机关（监察局）依据《行政监察法》履行职责。

纪检是"党纪检查"或"纪律检查"的简称，主要指中国共产党的纪律检查部门对党组织和党员执行党的路线、方针、政策情况的检查和监督。一般包括三个方面的内容：一是纪检制度建设，包括纪检机构的产生、工作程序和职权范围等；二是纪律检查工作的实践，包括维护党的纪律，对违纪者进行检查处理；三是纪律检查理论的研究。这三个方面是有机联系在一起的。

纪检的要素主要包括五个方面：一是纪检的主体，主要是回答谁来执行纪律检查的问题；二是纪检的客体，也就是弄清楚谁是被检查的对象，对谁进行纪律检查的问题；三是纪检的内容，主要指对哪些问题进行检查；四是纪检制度，即纪检以什么为依据的问题；五是纪检的方式，主要说明怎样进行纪律检查。这五种要素缺一不可。其特征主要包括以下四点。一是主体特定性。纪检工作是党内的纪律检查工作，主体就是特定的纪检机关。二是职责的确定性。党的纪检机关的一切活动都是为了维护党的纪律。不论其任务有多少项，都是从维护党的纪律这一基本职责拓展、延伸出来的。三是对象的广泛性。纪检机关的监督对象是所有的党组织和党员。只要哪里有党的组织和党员，哪里就必须有党的纪律。党内没有不受纪律约束的特殊党组织和特殊党员。四是手段的强制性。作为维护党的纪律的机关，纪检机关具有威慑性权力和强制性手段。（于美丽，2018）

监察主要用于对机关或工作人员的监督（督促）考察及检举，指监督各级国家机关和机关工作人员的工作并检举违法失职的机关或工作人员。"监"与"察"二者都有监督考察之意，语义相近，因而组成了具有监督、调查、约束之义的"监察"。

"监察"一词的出现是古代以自上而下进行监督、调查、控制、约束的监察活动和监察行为的客观、真实的写照。专门的监察机构和监察人员的出现，反映出监察活动不仅仅是一种单纯的监督、调查行为或者活动，而是一种嵌入国家权力结构体系中的制度化进行监督、调查的一项国家权力。在中国古代汉语和中国古代的政治法律实践中，监察就是以监督、调查为基本方式和主要内容的监督职能或监督权力，监察职能或监察权力天然地具有监督属性和监督功能。另外，"监察"一词还有着特定的属性。（刘东红，2019）

首先，监察是一种自上而下的单向性的活动，其主要的作用是保障政权队伍在既定的轨道上运行，从而巩固统治，维护政权；而"监督"则不同，监督的作用方向既发生在同级之间，如检察机关对审判机关审判活动的监督，也包括自下而上的监督，如法律规定人民对国家权力机关及其工作人员的监督，以及自上而下的监督。由此可见，"监察"属于"监督"的一个子集，监察活动必然属于监督活动，反之则不一定成立。

其次，监察是一种公权力的行使活动。监察活动是通过权力制约权力，监察人员依据授权对其他行使国家权力的公职人员进行监督。在古代社会，监察权由君权赋予，其目的在于维护封建君主专制统治；近现代国家的监察权力则由宪法和法律赋予，其本质上是国家权力体系中的"免疫系统"，用来防止权力的滥用与异化。

最后，监察的对象有着特定的范围。监察的对象为国家权力的行使者，一般指国家公职人员。监察一词的使用有其特定的领域性，一般体现在监察权所指向的对于国家公职人员的监督活动中。

二、纪委监督、监委监督的关系与区别

坚持开展批评和自我批评，坚持惩前毖后、治病救人，运用监督执纪"四种形态"，抓早抓小、防微杜渐。这是新时代中国特色社会主义建设中执政党自身建设正风肃纪的思想指导和方法指南，要求党内关系要正常化，批评和自我批评要经常开展，让咬耳扯袖、红脸出汗成为常态；党纪轻处分和组织处理要成为大多数；对严重违纪的重处分、作出重大职务调整应当是少数；而严重违纪涉嫌违法立案审查的只能是极少数。

"四种形态"指出了从错误到违纪再到严重违纪乃至违法犯罪四个阶段的处置方式和工作侧重，这一区分符合规则约束之下的主体行为异常的一般规律和概率分布，同时也符合依法依纪进行责任追究的实际工作情况，目的在于完善责任追究和制度约束的完整链条，不仅适用于对党员干部的约束管理，而且对一般公职人员也同样适用。在纪检监察工作中，"四种形态"也应该是监察监督的方位视角。纪检监察机关的相对独立性，决定了纪检监察机关是"四种形态"首要的运用主体。因此，"四种形态"应是纪委监委纪法衔接的理念基础。

根据《中国共产党章程》和《中华人民共和国监察法》等，纪委是党内监督专责机关，职责是监督、执纪、问责；监委是行使国家监察职能的专责机关，是党统一领导下的反腐败机关，职责是监督、调查、处置。由此，大家可能都注意到了一个问题，就是纪委和监委都具有"监督"职责，但这两个"监督"是一回事吗？答案是否定的，二者不能混为一谈。

虽然监委和纪委是合署办公，是"两块牌子一套班子"，但这两个监督职责并不是相同的，二者是有明显区别的，比如，就机构性质而言，纪委属于党内机构，监委属于国家机构；就任命方式而言，纪委是由本级人民代表大会会议选举，然后提请本级人大常委会任免，监委主任由本级人民代表大会选举产

生，监委副主任、委员由监委主任提请本级人民代表大会常务委员会任免；就监督范围而言，纪委监督的是党的领导机关和领导干部，监委监督的是本地区所有行使公权力的公职人员；就职权而言，纪委是对党员领导干部履行职责和行使权力的情况进行监督，监委是检查公职人员是否依法履职、秉公用权。纪委和监委的不同主要体现在以下四个方面。

一是监督权的来源不同。纪委的监督权来自《中国共产党章程》《中国共产党党内监督条例》等党内法规的规定，是党内监督权，体现的是依规治党；监委的监督权来自《中华人民共和国宪法》《中华人民共和国监察法》等国家法律的规定，是法律授予的监督权，体现的是依法治国。

二是监督权的实施主体不同。纪委的监督权是由党的各级纪检机关行使的，监委的监督权是由各级监察委员会行使的。纪委和监委虽是合署办公、"一套人马"，但毕竟有"两块牌子"，从机关性质来讲，纪委是党的领导机关，监委是国家的反腐败机关，区别也是很明显的。

三是监督的对象不同。纪委监督的对象是全部中共党员和各级党组织；而监委的监督对象是全国所有行使公权力的公职人员，具体包括六类人员：（1）中国共产党的机关、人民代表大会及其常务委员会机关、人民政府、监察委员会、人民法院、人民检察院、中国人民政治协商会议各级委员会机关、民主党派各级组织机关和各级工商业联合会机关的公务员，及参照《中华人民共和国公务员法》管理的人员；（2）法律、法规授权或者受国家机关依法委托管理公共事务的组织中从事公务的人员；（3）国有企业管理人员；（4）公办的教育、科研、文化、医疗卫生、体育等单位中从事管理的人员；（5）基层群众性自治组织中从事集体事务管理的人员；（6）其他依法履行公职的人员。实际上，并不是所有党员都是行使公权力的公职人员，公职人员也不全是中共党员，二者的监督对象既存在大部分的重合交叉又不完全重合。

四是监督的内容不同。纪委主要负责对党的组织和党员领导干部履行职责、行使权力进行监督；监委主要负责对公职人员依法履职、秉公用权、廉洁从政从业以及道德操守情况进行监督检查，二者侧重点有所不同。

纪检监督的本质在于执纪，监察监督的本质在于执法，二者虽有区别但又密切相关，而且在指导思想、执行原则、基本目标与工作机制方面极具一致性，因而，执纪与执法相互衔接成为必然。纪法衔接一方面体现为纪检监察机关的内部衔接及纪检监察机关与其他机关之间的外部衔接，另一方面也包括实体衔接与程序衔接。

综上所述，纪检监督是党的纪检监察机关通过巡视巡察、查办案件、处分问责、矫正预防等方式对全体党员及党组织遵守党章、党规党纪和法律法规，及行使党内权力、履行党内管理职责，贯彻执行党的路线、方针、政策等情况的监督，突出体现在对全体党员及党组织遵守党的政治纪律、组织纪律、廉洁纪律、群众纪律、工作纪律、生活纪律，以及遵守中央八项规定等党内法规遵守情况进行监督和纠正，是新时代执政党建设法治化、制度化的根本要求，是执政党全面从严治党对内治理的基本方式，是确保党始终成为中国特色社会主义事业的坚强领导核心的制度保障。监察监督则是国家专责监察机关独立行使监察权，即各级监察委员会通过监察调查、处分问责、查办案件、监察建议、建制预防等方式对国家各级权力机关、行政机关、司法机关、监察机关、政党机关中的公职人员以及其他任何形式形成的公权力行使主体遵守和执行法律法规及公正履职情况进行的监督处置，将职务违法处置与职务犯罪调查作为主要方式实现对所有国家公职人员监察全覆盖。监察监督不仅体现了监察委员会作为独立的专责性质的国家机关属性，而且体现了在国家权力体系中监督权的独立性，这不仅是国家政治权力资源优化配置的重要组成部分，而且是国家监督制度体系完善的关键步骤。

三、一些认知误区

有人说，我只是一名普通的机关工作人员或人民教师、科研人员，反腐败与自己有关系吗？对党员领导干部来说，自觉遵守党的纪律和国家法律的道理自然不需多讲。对行使公权力的公职人员来说，手中权力也都来自人民，同样需要接受各方面监督。从这个意义上讲，不论身处什么岗位、采取何种手段，只要用公权力牟取私利都是不能允许的。造假账、做花账，把公款据为己有；凭借招标招生招工等权力，收受礼品礼金礼物；以职权影响力为家属子女输送特殊利益……搞这些歪门邪道，违纪违法，必受追究。

有人说，本人既不是党员也不是领导干部，正风肃纪与自己也有关系吗？从严治党、正风肃纪当然是执政党建设的重要任务。党的十八大以来，以习近平同志为核心的党中央以前所未有的果断和坚韧，"打虎""拍蝇""猎狐"，全面从严治党成效卓著。这些重要举措符合社会各方面共同意愿，也凝聚着各方面心血和力量，充分说明反腐败不仅是执政党刀刃向内自我革命，也理应是社会方方面面一致响应、共同参与的国家治理。惩恶扬善、激浊扬清，维护公平正义、弘扬社会正气，任何方面都没有例外，任何人都不应缺席。

有人说，本人是国有企业干部，怎样处理市场法则与正风肃纪的关系？一方面，构建亲清政商关系与党风廉政建设密切相关。贪腐干部往往与不法商人狼狈为奸——变卖国有资产、特批经营许可、虚假承包发包、随意减免税收等，大多是假市场之手，行攫取非法私利之事。所以，端正党风、整顿作风与建立基于法治的市场经济，应当相辅相成、同步推进。另一方面，国有企业干部按照绩效得到合理报酬没有问题，但要明确，经营国有资产同样是受人民之托，也必须受到监督，在依法依规这个问题上不存在双重标准。

综上所述，推进全面从严治党、党风廉政建设和反腐败斗争，是整体概念和系统工程，必须纪律法律双施双守，上下左右有界受控，教育惩处综合施治。近年来，我们党一体推进党的纪律检查体制改革、国家监察体制改革和纪检监察机构改革，一体推进不敢腐、不能腐、不想腐，着力构建完善的监督管理机制、有效的权力制约机制、严肃的责任追究机制。全党全社会共同见证，党的集中统一领导更加坚强有力，党的建设新的伟大工程全方位加强，全面从严治党实效性不断提高，党内政治生态进一步改善，党在新时代新征程中焕发出更加强大的生机活力。

第二节 巡视巡察

一、巡视、巡察的概念

巡视是政治巡视，本质上是政治监督，紧扣"两个维护"根本任务，围绕"四个落实"查找政治上的温差、落差、偏差，全面审视被巡视党组织工作。巡视制度是党内监督的一项重要制度，是指党中央和省（自治区、直辖市）党委通过建立专职巡视机构，依据《中国共产党章程》《中国共产党巡视工作条例》等规定，对所管理的地方、部门、企事业单位党组织进行巡视监督的制度。

巡察是政治巡察、政治监督，重点突出"三个聚焦"。巡察制度是加强党内监督的战略性制度安排，是指市（地、州、盟）党委和县（市、区、旗）党委，依据《中国共产党章程》和其他党内法规，通过建立专职巡察机构、借鉴巡视工作经验，对基层党组织和党员干部进行监督的一种制度，是巡视在市县的延伸，是老百姓身边的巡视。

巡视工作方针就是发现问题、形成震慑，推动改革、促进发展。发现问题是巡视工作的生命线，推动解决问题是巡视工作的落脚点。巡视"四个落实"监督重点的内容，即落实党的理论和路线方针政策及党中央重大决策部署情况，落实全面从严治党战略部署情况，落实新时代党的组织路线情况，落实巡视、审计等监督发现问题整改情况。巡察监督"三个聚焦"监督重点的内容，即聚焦党中央各项决策部署在基层的落实情况，聚焦群众身边腐败问题和不正之风以及群众反映强烈的问题，聚焦基层党组织建设，着力发现和推动解决存在的突出问题。

巡视组、巡察组由各级党委派出，对党委负责，是党委落实党要管党、全面从严治党主体责任的具体化，而不是纪委监委派出。这一点从名称上也可以看出，比如说"省委巡视组""市委巡察组"。省级以上党委成立巡视工作领导小组，市县一级成立巡察工作领导小组。领导小组分别对本级党委负责并报告工作。领导小组的组长由同级纪委书记担任，副组长一般由同级党委组织部部长担任。领导小组下设办公室（简称巡视办或巡察办），为党委工作部门，设在同级纪委。巡视组、巡察组设组长、副组长、联络员和其他职位，向领导小组负责并报告工作，巡视组、巡察组实行组长负责制，实行"一轮一授权"。

巡视组、巡察组进驻被巡察单位期间，将公告巡视组、巡察组办公地点、信访举报电话和信访举报箱。党员干部群众可以当面反映情况，可以通过公告的举报电话反映情况，还可以通过信访举报材料反映情况。同时，被巡视、被巡察党组织要全面、客观、真实地报告情况、提供资料，积极协助配合开展巡视、巡察工作；对巡视、巡察反馈问题整改承担主体责任。

巡视组、巡察组一般采取 13 种方式开展工作，主要包括：听取被巡视、巡察党组织的工作汇报和有关部门的专题汇报；与被巡视、巡察党组织领导班子成员和其他干部群众进行个别谈话；受理反映被巡视、巡察党组织领导班子及其成员和下级党组织主要负责人问题的来信、来电、来访等；抽查核实领导干部报告个人有关事项的情况；向有关知情人询问情况；调阅、复制有关文件、档案、会议记录等资料；召开座谈会；列席被巡视、巡察单位的有关会议；进行民主测评、问卷调查；以适当方式到被巡视、巡察单位的下属单位或者部门了解情况；开展专项检查；提请有关单位予以协助；派出巡视、巡察组的党组织批准的其他方式。

政治巡视是上级党组织对下级党组织履行党的领导职能责任的政治监督，重点在于发现和推动解决影响党的领导、党的建设、全面从严治党的根本性全局性问题。巡视、巡察区有别于其他监督形式，巡视组、巡察组不同于同级纪检监察部门，它们是由中央或上级党组织派来的。党的十八大以来，巡视工作不断制度化、常态化、周期化，形成了以政治巡视为统领、一般巡视和专项巡视相结合的制度样态。《中国共产党章程》和《中国共产党巡视工作条例》为巡视工作有序开展提供了基本遵循，主要体现在以下三个方面。

一是建立"三个不固定"制度，即巡视组组长不固定、巡视地区和单位不固定、巡视组同巡视对象的关系不固定，避免巡视组同巡视单位因"一一对应"造成利益捆绑关系，也避免巡视组受"人情""关系"的困扰。

二是建立"一次一授权"制度，建立巡视组组长库，改变巡视组组长"铁帽子"的状态，巡视组组长由退任省部级领导干部或重要岗位的省部级领导干部担任，增强巡视组的权威性。

三是厘清巡视和日常纪律检查、组织工作的边界，巡视组"只报告、不办案"，将发现的问题线索做分类处置：对领导干部涉嫌违纪的线索和作风方面的突出问题，移交有关纪律检查机关；对执行民主集中制、干部选拔任用等

方面存在的问题，移交有关组织部门。（祝捷，2022）

需要注意的是，党的十八大以来，我们党先后三次修订、修改《中国共产党巡视工作条例》。2024 年 2 月，中共中央印发修订后的《中国共产党巡视工作条例》。此次修订过程，体现了我们党鲜明的自我革命精神，与原《条例》相比，从体例到结构、从机制到方式、从程序到内容，进行了全方位、全流程、全要素修订。经梳理，条例修订历程主要如下。

第一次，2009 年 7 月，中共中央颁布实施《中国共产党巡视工作条例（试行）》，对于推动巡视工作制度化、规范化发挥了重要作用。党的十八大以来，巡视工作面临新的形势任务，内容和方式都作了重要调整和改变，2015 年 8 月，中共中央颁布了修订后的《中国共产党巡视工作条例》，对巡视工作的指导思想、基本原则、机构设置、工作程序、纪律责任等方面都作了全面具体规定，对于推动巡视工作制度化、规范化发挥了重要作用。

第二次，为贯彻落实党的十八届六中全会精神，深化政治巡视，进一步发挥巡视监督利剑作用，中共中央对《中国共产党巡视工作条例》作出第二次修订，明确了政治巡视定位、一届任期内巡视全覆盖任务、巡视监督重点等内容。第二次修订的条例自 2017 年 7 月 10 日起施行。

第三次，2024 年 2 月，中共中央印发修订后的《中国共产党巡视工作条例》。新修订的条例由总则、组织领导和机构职责、巡视对象和内容、工作程序、方式和权限、巡视整改和成果运用、队伍建设、责任追究、巡察工作、附则等章节组成。修订后《中国共产党巡视工作条例》有十项变化需要引起重视。

变化 1：2017 年巡视工作条例，一共 42 条；2024 年巡视工作条例，一共 53 条；2017 年巡视工作条例，5082 字；2024 年巡视工作条例，一共 8765 字。

变化 2：首次把村（社区）党组织纳入县（市、区、旗）党委巡察范围，这对于促进全面从严治党向基层延伸、完善基层治理具有重要的政治意义和实践意义。

变化 3：专列一条（第十九条）强化对一把手的监督，规定"巡视工作应当加强对被巡视党组织主要负责人的监督，重点检查其对党忠诚、履行全面从严治党第一责任人责任、依规依法履职用权、担当作为、廉洁自律等情况，对反映的重要问题进行深入了解，形成专题材料"。

变化 4：对巡视监督内容作出完善，进一步明确巡视工作应当紧盯权力和责任加强政治监督，严明政治纪律和政治规矩，重点检查 4 个方面情况。

变化 5：创新巡视工作的组织方式。规定"开展巡视工作的党组织根据工作需要，采取常规巡视、专项巡视、机动巡视、'回头看'等方式组织开展巡视监督，必要时可以提级巡视"。

变化6：加强巡视与其他监督的贯通协调，形成监督合力。2024年修订的条例，从3个方面作出相应规定，促进发挥巡视综合监督作用。

变化7：将原第四章"工作方式和权限"、第五章"工作程序"整合为"工作程序、方式和权限"，主要修改了4个方面。

变化8：进一步强化对反映领导干部问题线索的了解。"巡视组对反映被巡视党组织领导班子及其成员的重要问题和线索，应当进行深入了解。"

变化9：修订后将巡视报告问题底稿制度、巡视组与被巡视党组织主要负责人沟通制度等写入条例。

变化10：关于巡视集中整改期限，结合工作实际和调研中的意见建议，将原条例规定的2个月调整为6个月。

二、巡视、巡察、巡查、督查等的关系与区别

党的十八大以来，有关巡视、巡察、督查等方面的消息经常引起社会关注，督察组、督导组、巡察组等下派、进驻的新闻也时常可见。那么，组与组之间究竟有什么区别、中央和地方派出的组有什么不同，这些"组"承担的任务有什么异同，组成人员又有哪些不一样呢？巡视、巡察、巡查、督导、督察、督查，这几者有什么关系与区别呢？

一是关于巡视与巡视组。党内巡视制度是指中央和省（自治区、直辖市）党委，通过建立专门巡视机构，按照有关规定对下级党组织领导班子及其成员进行监督，并直接向派出的党组织负责的一种党内监督制度。早在1931年，我们党就颁布了《中央巡视条例》，建立了巡视制度，并且成立了专门的巡视机构，定期地、经常地对有关党组织进行巡视。党的十八大以来，在推进全面从严治党的历程中，中央和各省（自治区、直辖市）更加重视巡视和巡察工作，制度化建设水平和实际效果都有了很大的进步和提升。巡视是党内监督的重要方式，是推进党的自我革命、全面从严治党的战略性制度安排。巡视组通常由中央或省一级派出。

二是关于巡察与巡查。市县这一级没有巡视怎么办？这个时候就有了巡察与巡察组。中央和省级层面成立巡视办和巡视组、市县级成立巡察办和巡察组，对所属党组织进行全面巡视。巡察制度的建立，把全面从严治党向基层延伸，打通了党内监督的"最后一公里"。在《中国共产党巡视工作条例》修订

以前，市县级层面党委组织开展的叫巡查，机构就叫巡查办和巡查组。2017年党的十九大通过了关于《中国共产党章程（修正案）》的决议，把巡视巡察制度明确写在其中。而少数媒体把此前的提法沿用下来，写作"市县巡查"，显然是不准确的。但是，"巡查"并没有消失，仍旧会被用到。一般来说，在性质方面，巡视组、巡察组体现的是党内监督；巡查组所体现的，可以是党内监督，但很多时候也可以体现为政府部门监督、条线系统监督。通常而言，巡查组是针对某个具体问题，或者某项工作的具体落实情况而派出的。

三是关于巡视、巡察和巡查。不管是"巡视"还是"巡察"，有两个常见的误区。其一，很多人觉得巡视组、巡察组有反腐败的职能，所以是由纪委监委派出的。事实上，各级党委才是巡视组、巡察组的派出者。这从名称上也可以看出，比如说"省委巡视组""市委巡察组"。其二，把巡视组、巡察组和巡视工作领导小组、巡察工作领导小组混淆起来。事实上，巡视工作领导小组和巡察工作领导小组的组长、成员是固定的；但巡视组的组长、成员不仅不是固定的，还会想方设法避免让人找到"规律"。

四是关于督察组和督查组。督查组和督察组都以督为主，但区别就是后一个字。两者大方向是一致的，侧重点有所不同。督查组是例行检查，上级查看下级工作有何问题，政策落实情况如何，帮助解决。而督察组更倾向于地方有违法乱纪行为时进行的检查。一般来说，督察组的工作内容以监督为主，督查组则是以检查为主。督察与督查究竟应当在何种场合使用，目前并没有明确规定。督查组与督察组，并未像巡视组、巡察组一样，成为专有名词，各行各业都有自己的"督查组""督察组"。

五是关于督导与督导组。督导有督促指导之意，督导组往往是针对性推进某项具体工作，一般来说督导组应当比督查组、督察组的职能范围要小。督导组到地方开展的工作，针对性较强，旨在推动非常具体的某项工作；小组成员需要深入基层一线进行实地督导，在这过程中要倾听群众呼声、回应群众关切；通过督导压实地方各级党委和政府的政治责任，调动各地各级各部门力量齐抓共管。督导组和督察组、督查组一样，也并没有限制使用范围。各级党委政府、各行各业也都有自己的"督导组"，这和"检查组"一样常见。

三、一些认知误区

有人错误认为，巡视、巡察会干扰和影响改革发展稳定大局。这种观点把巡视监督与改革发展稳定大局割裂开来、对立起来，是完全错误的。首先，巡视、巡察的本质是政治监督，是对各级党组织和党员领导干部的政治体检，对于维护党风党纪和法律法规，监督制约公权力行使，推动党的路线方针政策和党中央重大决策部署贯彻落实，具有不可替代的促进和保证作用。其次，巡视、巡察工作一以贯之的方针就是"发现问题、形成震慑，推动改革、促进发展"，并将坚决维护习近平总书记党中央的核心、全党的核心地位，坚决维护以习近平同志为核心的党中央权威和集中统一领导视为"纲"和"魂"、作为根本政治任务，把"六个围绕、一个加强"（即围绕党的政治建设、组织建设、思想建设、作风建设、纪律建设、巩固反腐败斗争压倒性态势，加强巡视整改落实）、"四个落实"和"三个聚焦"等作为监督检查的主要内容，为改革发展稳定提供强劲动力和可靠保证。最后，党的十八大以来巡视、巡察工作的显著成效足以证明巡视、巡察监督有利于改革发展稳定，二者是高度统一、相辅相成的。各级巡视、巡察机构坚持把发现问题作为工作的生命线，把推动解决问题作为工作的落脚点，本着"问题不整改，就是对党不忠诚，就是对人民不负责任"的精神，大力推动巡视、巡察整改落实和成果运用，推动做好巡视、巡察"后半篇文章"，有力促进了全面从严治党和改革发展稳定。

有人错误认为，巡视、巡察是纪委和巡视巡察机构的事，与本部门及本人无关。这种认识和看法是片面的，也是错误的。首先，《中国共产党章程》明确规定，党的中央和省、自治区、直辖市委员会实行巡视制度，在一届任期内，对所管理的地方、部门、企事业单位党组织实现巡视全覆盖。中央有关部委和国家机关部门党组（党委）根据工作需要，开展巡视工作。党的市（地、州、盟）和县（市、区、旗）委员会建立巡察制度。其次，巡视巡察监督与纪委的纪律监督、国家监察监督、纪委监委派驻机构监督等都是党和国家监督体系的重要组成部分，职能职责虽然有交叉、相通之处，但巡视巡察工作体现的是党委（党组）的主体责任，而纪检监察工作体现的则是专责机关的监督责任，不能混为一团、相互替代。再次，《中国共产党党内监督条例》《中国共产党纪律处分条例》《中国共产党巡视工作条例》等党内法规，明确规定和要求被巡视党组织和党员干部尤其是领导干部，要积极支持、配合巡视巡察工作，自觉接受巡视巡察监督，对干扰、阻碍巡视巡察工作，或者对巡视巡察发现的问题拒不整改、敷衍整改、虚假整改的，要依规依纪依法追究责任。最后，巡视巡察绝不仅是纪委和巡视巡察机构的事，而是党委（党组）必须承担的政治责任。党委（党组）书记是第一责任人，其他领导干部"一岗双责"，既是被监督者又是组织者、支持者、参与者，可以说与各级党组织和每一名党员干部都息息相关。（何万勤，2019）

综上所述，巡视巡察制度是党和国家监督体系的重要组成部分，是新时代强化党内监督的战略性制度安排和全面从严治党的重大举措。在中国共产党历史上，很早就开展了中央组织对地方组织的巡视，党的十八大之前，巡视制度也已经建立起来，成立了专门的巡视机构，定期对有关党组织进行巡视。党的十八大以来，在推进全面从严治党历程中，中央更加重视巡视和巡察工作，制度化水平和实际效果大大改进和提升，并根据巡视中发现的问题，对巡视制度不断丰富完善，仅《中国共产党巡视工作条例》就修订了三次。很多问题就是在巡视过程中发现的，可以说全面从严治党之所以取得重大成绩，之所以赢得广大党员和人民群众的高度认可，巡视制度功不可没。

第三节　审计监督

一、审计监督的概念

审计监督是指在国家行政组织内部设立专门机构依法审核检查国家行政机关及企事业单位的财政财务收支活动、经济效益和遵纪守法情况，是由国家授权或接受委托的专职机构和人员，依照国家法规、审计准则和会计理论，运用专门的方法，对被审计单位的财政、财务收支、经营管理活动及相关资料的真实性、正确性、合规性、效益性进行审查和监督，评价经济责任，鉴证经济业务，用以维护财经法纪、改善经营管理、提高经济效益的一项独立性的经济监督活动。审计制度是一项重要的经济监督制度，其中一个主要内容是审查监督各级政府机关的经济计划、预决算的编制和执行情况及财务收支状况，检查财经工作中的违法违纪行为，也是行政监督的一个重要任务。

审计监督既是党和国家监督体系的重要组成部分，也是推动国家治理体系和治理能力现代化的重要力量。审计监督在推进全面从严治党、维护社会稳定、保障人民群众利益等方面发挥着举足轻重的作用。《中华人民共和国审计法》明确指出，根据宪法制定审计法，是为了加强国家的审计监督，维护国家财政经济秩序，提高财政资金使用效益，促进廉政建设，保障国民经济和社会健康发展。审计首先是经济监督，聚焦财政财务收支真实合法效益开展监督检查，但同时审计又不止于经济监督，监督检查的虽然是经济问题、经济责任，但反映的都是政治问题、政治责任，通过管好"钱袋子""账本子"来推动规范用权，及时校准纠偏。

腐败是危害党的生命力和战斗力的最大毒瘤，对党同人民群众的血肉联系最具有杀伤力。惩治腐败、治理乱象，是党中央、国务院对审计机关一以贯之的重要要求。国家审计是反腐治乱的"前哨"和"尖兵"。在党和国家监督体系中，审计机关专司经济监督，在查处重大问题、揭示重大风险、监督经济权力运行方面具有独特的、不可替代的优势。从推动反腐治乱作用机理来看，国家审计发挥着三种功能。

一是揭示问题，即"查病"。揭示问题是审计的基本职责。大多数腐败和舞弊行为都与资金、资产紧密相关，审计工作始终紧盯资金、资产，最有条件发现国家资金、资产被直接侵吞或间接侵占；国家审计具有独立性，不局限于部门利益的羁绊，能够敏锐地发现问题和客观公正地揭示问题；审计监督广度和深度不断拓展，对所有管理使用公共资金、国有资产、国有资源的地方、部门和单位的审计监督权无一遗漏、无一例外，能够及时和有效地揭露违法犯罪线索。实际工作中，审计机关立足经济监督定位，从财政财务收支真实合法效益入手，充分发挥专业性强、触角广泛、反应快速等优势，深刻揭示违纪违法问题线索以及存在的重大风险隐患。

二是推动解决问题，即"治已病"。一方面，审计机关对违反国家规定的财政收支、财务收支行为，在法定职权范围内作出审计决定；对需要移送有关主管机关、单位处理、处罚的依法移送，尤其是对发现党员、监察对象涉嫌违纪或职务违法、职务犯罪的问题线索，按规定移送纪检监察机关，并全力配合案件查办工作，严肃查处违纪违法问题。另一方面，抓审计整改"下半篇文章"，对审计发现的问题和风险隐患研机析理，深入分析背后的体制性障碍、机制性缺陷和制度性漏洞，提出对策建议，督促推动被审计单位和有关方面落实审计整改工作责任，深化改革、完善制度、加强管理、堵塞漏洞，切实发挥审计的建设性作用。

三是形成常态化、动态化震慑，即"防未病"。国家审计作为一种经常性监督制度安排，具有威慑作用以及独立、客观、公正的优势，通过及时跟进、密切关注整个经济社会运行安全，能够及时发现苗头性、倾向性问题，及时发出预警，在防止苗头性问题转化为趋势性问题、违法违规意念转化为违法违规行为、局部性问题演变为全局性问题等方面发挥积极作用。（任洪斌，2023）

二、审计监督、财会监督、纪检监察监督的关系与区别

审计监督、财会监督和纪检监察监督是三种不同类型的监督方式。它们在监督对象、监督内容、监督方式等方面有所不同，但都是维护国家财经秩序和公共利益的重要手段。审计监督是指对企事业单位的经济活动进行审计监督，包括对财务报表、财务管理制度、财务业务等方面进行审计，目的是发现和纠正财务管理方面的问题和漏洞，确保财务信息真实、准确、完整。财会监督是指对财务会计活动进行监督管理，包括预算执行、财务收支、资产管理等方面，目的是确保财务管理合法、规范、透明，保护国家和社会的财产安全。纪检监察监督是指对公职人员的廉政建设和反腐败斗争进行监督管理，包括对公

职人员的行为、财产、权力等方面进行监督，目的是防止腐败现象的发生，维护国家政治稳定和社会公正。这三种监督方式在实践中相互补充、相互协调，形成了一个有机的监督体系。财会监督和审计监督通常是通过财务数据和审计报告进行监督，而纪检监察监督则更注重公职人员的行为和品德方面的监督。在实际工作中，这三种监督方式相互交织、相互促进，起到了相互支持、相互补充的作用，共同维护国家的政治、经济和社会稳定。三者在实践操作中的融合方式主要如下。

一是监督主体的融合。为了实现监督主体的融合，应建立一个协调机制，由相关部门定期进行协调会议，制定联合工作方案，实现资源共享、信息共享、监督力量共享。协调机制可以由政府牵头，将监督部门进行横向协调，统一监督标准和行为规范，加强协同合作，优化监督流程和结果。此外，可以在部门之间建立联络处，方便信息沟通和交流，提高协调效率和准确性。

二是监督内容的融合。财会监督和审计监督的监督内容主要侧重于经济法规和财务制度的合规性、真实性和合理性。而纪检监察监督的监督内容主要侧重于党纪政纪、廉政建设和作风建设。但是，三者的本质目的都是要保证公共资源的合理使用和防止腐败问题的发生。在监督内容方面，可以通过建立跨部门的信息共享机制，实现信息互通共享。同时，可以针对特定领域的监督进行合作，比如，对于一些重点行业或者重点领域，可以联合开展专项整治行动。此外，在实际监督工作中，还可以实现监督内容的融合，例如在进行财务审计的同时，也可以对可能存在的违规行为进行纪律审查，以实现全方位的监督。

三是监督对象的融合。财会监督和审计监督的监督对象主要是企事业单位、财务人员和领导干部，而纪检监察监督的监督对象则更加广泛，涵盖了所有党员和公职人员。为了更好地实现监督对象的融合，可以建立联合工作机制。比如，在开展财务审计的同时，可以组织纪检监察人员对涉嫌违纪问题的领导干部进行监督和调查，以保证全方位的监督。此外，还可以在评价干部的综合素质时，将经济责任担当作为考核指标之一，以实现监督对象的融合。

四是监督手段的融合。审计监督和财务监督主要依靠财会资料，监督侧重于经济业务。而纪检监察监督主要依靠举报制度和信访制度提供问题线索，监督侧重于生活作风和工作作风。将三者的监督手段进行有效结合可以达到优势互补的目的，并为纪检监察监督部门解决较大案件提供可靠的依据。同时，结合不同的监督手段，可以更全面地了解监督对象的情况，发现问题并及时采取措施，达到更加有效的监督效果。

综上所述，审计监督、财会监督和纪检监察监督是现代社会不可或缺的重要组成部分，其融合可以提高监督的效率和质量，防止权力寻租和权力滥用，促进廉洁和公正。同时，为了实现有效的监督，需要加强监督人员的培训和交流，统一监督标准，优化监督手段，强化法治建设以及建立协同监督机制。这些举措可以提高监督工作的水平和能力，保证监督的公正、客观和科学，实现监督目标的有效实施。这些措施的实施需要政府和监督部门的共同努力和配合，同时也需要广泛的社会支持和参与。只有通过不断的改革和创新，才能进一步提升监督的水平和效果，推动国家治理体系和治理能力现代化的进程。

三、一些认知误区

一是认为，逢离必审。任中审计和离任审计是经济责任审计的两种形式，目前基本能做到以任中审计为主，但也有一些误解，认为"逢离必审"，任中审计占比偏少。随着审计实践的深入，离任审计的不足日益显现，客观上要求前移监督关口，更好发挥任中审计的过程监督优势，及早发现和解决问题，防患于未然。实践中，对于过去以离任审计为主的单位，不宜简单"一刀切"，应因地制宜分类施策，分阶段分层级推进，精心谋划做好项目示范引领，循序渐进地推行任中审计。比如，要从审计计划源头抓起，科学立项，严格管理，防止随意追加调整计划；要通过任中审计早发现、早提醒、早警示，促进权责明晰，保护更多领导干部，发挥制度正效应。

二是认为，审计要面面俱到。一些地方（部门、单位）误认为必须对所有审计对象开展经济责任审计，甚至按此考核审计机关并追责问责；还有的误认为经济责任审计能"包打天下"，在相关制度设计中泛化甚至滥用经济责任审计。实践中，审计全覆盖并不强行要求实现各个专业审计的全覆盖，经济责任审计不能为审而审、牺牲质量，而应加强统筹谋划，有计划地进行，根据干部管理监督需要和审计资源等实际情况，对审计对象实行分类管理。同时，积极构建"大监督"格局，推动审计监督与纪检监察、组织人事、巡视巡察等监督贯通协调，创新组织管理，整合利用资源成果，以经济责任审计为平台加强统筹协调，探索"1＋N"、同一行业（系统）上下联审等。此外，还要明晰审计边界，毕竟，经济责任只是领导干部责任中的一种，并非包罗万象，应厘清边界，防止无限扩展，按照法定职责、权限和程序开展审计工作，聚焦主责主业，宏观着眼、中观剖析、微观入手，科学制定方案，严格质量控制，以资金资源资产的管理、分配和使用为基础，以权力运行和责任落实为重点，检查贯彻执行党中央决策部署、推动经济和社会事业发展、管理资金资源资产、防控经济风险等情况，不调阅与履行经济责任无关的会议记录纪要，不评价选人用人等与经济活动无关的事项，按规定履行审批程序后查询个人银行账户、干部人事档案等，防止审计缺位、越位、错位。

三是认为，可以将经济责任审计项目完全外包给社会中介机构。一些基层审计机关开展经济责任审计时，主要依靠社会中介机构或人员，甚至将项目完全外包，由社会中介机构作出审计评价、保存审计档案等。实际上，经济责任审计是党的工作任务，政治性、政策性强，可能涉及国家秘密、商业秘密、工作秘密和个人隐私，社会审计不宜作为组织开展经济责任审计的主体，必须纠正并杜绝完全交由社会中介机构或人员出方案、做底稿、定责任、写报告、存档案等情况。但是，为解决人少事多的现实困难，审计机关开展经济责任审计时，可以在符合保密规定、严格组织管理、明晰工作职责、强化质量控制的前提下，聘请社会中介机构或人员参与一些具体工作。此外，还要树立审计工作一盘棋思维，加强对内部审计的指导和监督，充分调动内部审计的力量，增强审计监督合力，建立健全内部管理领导干部经济责任审计工作重要事项、资料报送等工作机制，加强信息共享。（刘海文，2021）

综上所述，经济责任审计是中国特色社会主义审计监督制度的重要组成部分。审计是党和国家监督体系的重要组成部分，作为重要监督力量，高质量的审计监督将直接关系到党风廉政建设的成效。因此，各级党委和政府必须高度重视审计监督工作，推动党风廉政建设取得实实在在进展。要将审计监督与反腐倡廉有效结合，这是推进党风廉政建设的前提。新修订的《审计法》，将国有资源、国有资产，关系国家利益和公共利益的重大公共工程项目，国家重大经济社会政策措施贯彻落实情况等纳入审计范围，拓展了审计监督范围，进一步推进审计全覆盖。要将审计监督与党内监督有效互补，这是推进党风廉政建设的关键，特别是做好审计发现问题和线索移送工作，实现审计机关与纪检监察机关更高质量、更高效率的衔接协作。要将审计监督与制度建设有效衔接，这是推进党风廉政建设的保障，特别是建立健全审计监督联动机制，加强审计与组织人事、纪检监察等有关部门协调联动和信息共享，把审计监督与党管干部、纪律检查、追责问责结合起来，将审计结果及整改情况作为考核、任免、奖惩领导干部的重要依据。

第四节 党内监督

一、党内监督的概念

加强党内监督是马克思主义政党的一贯要求，是我们党的优良传统和政治优势。新形势下强化党内监督，增强党的自我净化、自我完善、自我革新、自我提高能力，是坚持党的领导，加强党的建设，全面从严治党的迫切需要，是推进国家治理体系和治理能力现代化的必然要求，也是巩固党的执政基础、实现党的历史使命的重要保障。党的十八届六中全会审议通过了《中国共产党党内监督条例》。全会强调，监督是权力正确运行的根本保证，是加强和规范党内政治生活的重要举措。要完善权力运行制约和监督机制，形成有权必有责、用权必担责、滥权必追责的制度安排。

党内监督是指党对自己内部的组织和党员遵守和贯彻执行党规党纪等情况进行监督的总和，是党的建设的重要内容，是全面从严治党的重要保障。坚持全面从严治党，必须强化党内监督。只有切实加强党内监督，才能及时准确地发现和解决存在的突出矛盾和问题，防范新的矛盾和问题滋生蔓延，同时发挥警示和震慑作用，确保我们党始终保持先进性纯洁性，确保全面从严治党取得新的巨大成效。

党内监督的主体不是特定的，而是广泛的。各级党组织和党员都是监督的主体，每个党员既可以是监督者，又是被监督者。党内监督的内容不是特定的"纪律监督"，而是对党内各个方面和一切活动的监督。党内监督的重点是党的各级领导班子的主要负责人，且党内监督不以执行纪律和惩处违纪为主要手段，而是通过一系列党内监督制度如民主集中制、谈话制度和民主生活会等规范作用来实现的。

党内监督的形式具有多样性，有上级党组织对下级组织的监督，有同级党委和纪检机构的监督，党员群众对上级的监督，还包括党员干部之间的监督等，这些形式通过党章和其他党规体现出来。党的纪检体制对上级对下级和同级监督有很大影响，而下级对上级的监督往往通过党员行使基本权利体现出来。纪律检查只是党内监督的一个组成部分，党的纪检机关是党内监督的专门

机关。（于美丽，2018）

关于党内监督的主要内容，《中国共产党党内监督条例》规定了八个方面：遵守党章党规，坚定理想信念，践行党的宗旨，模范遵守宪法法律情况；维护党中央集中统一领导，牢固树立政治意识、大局意识、核心意识、看齐意识，贯彻落实党的理论和路线方针政策，确保全党令行禁止情况；坚持民主集中制，严肃党内政治生活，贯彻党员个人服从党的组织，少数服从多数，下级组织服从上级组织，全党各个组织和全体党员服从党的全国代表大会和中央委员会原则情况；落实全面从严治党责任，严明党的纪律特别是政治纪律和政治规矩，推进党风廉政建设和反腐败工作情况；落实中央八项规定精神，加强作风建设，密切联系群众，巩固党的执政基础情况；坚持党的干部标准，树立正确选人用人导向，执行干部选拔任用工作规定情况；廉洁自律、秉公用权情况；完成党中央和上级党组织部署的任务情况。这些涵盖了党员特别是领导干部在思想、政治、组织、作风、用人、工作、生活等各个方面，形成了对党员特别是领导干部的全方位监督，充分体现了"党内监督没有禁区"。此外，要严格按照《中国共产党党内监督条例》规定的要求，切实落实好党内监督责任，确保党内监督取得应有成效，还必须深刻理解认识到以下四点。

一是健全监督体系。《中国共产党党内监督条例》规定，要建立健全党中央统一领导，党委（党组）全面监督，纪律检查机关专责监督，党的工作部门职能监督，党的基层组织日常监督，党员民主监督的党内监督体系。这就要求全党各级组织和党员，按照要求，找准位置，自觉履行监督职责。党的中央委员会、中央政治局、中央政治局常务委员会全面领导党内监督工作；党委（党组）在党内监督中负主体责任，书记是第一责任人，党委常委会委员（党组成员）和党委委员在职责范围内履行监督职责；党的各级纪律检查委员会要履行监督执纪问责职责；党的工作部门要加强职责范围内党内监督工作；党的基层组织要监督党员切实履行义务，维护和执行党的纪律；党员要积极行使党员权利，加强对党的领导干部的民主监督。

二是抓住监督重点。党内监督范围广，涉及面多，但不能"眉毛胡子一把抓"，必须突出重点。首先，党内监督的重点对象是党的领导机关和领导干部特别是主要领导干部。党的领导机关和领导干部特别是作为"一把手"的主要领导干部，能不能贯彻执行党的路线方针政策，能不能带头加强党内监督，对党的事业发展起着关键作用。为此，在党内监督中必须抓住"关键少数"，破解"一把手"监督难题。其次，党内监督的主要内容是遵守党章党规和国家法律，维护党中央集中统一领导，遵守政治纪律和政治规矩，坚持民主集中制，落实全面从严治党责任，落实中央八项规定精神，坚持党的干部标准，廉洁自律、秉公用权，完成党中央和上级党组织部署的任务等情况。最后，党内监督所要解决的重点问题是党的领导弱化、党的建设缺失、全面从严治党不力，党的观念淡漠、组织涣散、纪律松弛，管党治党宽松软，进而保证党组织充分履行职能、发挥核心作用，保证全体党员发挥先锋模范作用，保证党的领导干部忠诚干净担当。

三是把握监督原则。"怎样监督"是决定党内监督成败的关键，因此，必须坚持有领导权力就要负监督责任，努力做到有权必有责、有责要担当，用权受监督、失责必追究；坚持问题导向，有什么问题就解决什么问题，增强现实针对性；坚持信任不能代替监督，党内监督没有禁区、没有例外；坚持民主集中制，强化自上而下的组织监督，改进自下而上的民主监督，发挥同级相互监督作用；坚持党内监督与外部监督相结合，规范党内监督与其他监督方式的关系，实现依规治党与依法治国的有机统一；坚持务实管用，兼顾必要性和可行性，总结实践经验，提炼管用实招。

四是创造监督条件。党内监督是全党的实践活动，必须积极创造有利于推动党内监督落实的条件。首先，积极营造宽容批评的环境。党组织和主要领导干部要有闻过则喜的境界，努力营造宽松和谐、倡导批评、鼓励监督的环境，保障党员监督权，鼓励支持党员在党内监督中积极发挥作用。其次，推进党务政务公开。坚持公开是常态、不公开是例外，保障党员知情权，以信息公开透明为党内监督创造前提条件。再次，拓宽党内监督渠道。充分利用互联网技术和信息化手段，探索"网上监督"等多种形式，力求实现党内监督"零障碍"。最后，党组织和主要领导干部要积极回应监督、真心实意接受监督，及时整改、报告、反馈。（邵景均，2017）

二、党内监督、人大监督、民主监督、党外监督的关系与区别

一要正确认识党内监督、人大监督、民主监督的关联。党内监督是指中国共产党党员之间、党组织之间以及党员和党组织之间，依照党章和其他党内法规的规定所进行的相互监察、相互督促的活动。其性质是一种党内的纪律监督。人大监督是指人民代表大会及其常务委员会按照宪法和法律赋予的职权，对国家行政、审判、检察机关行使职权的行为进行的监督活动。其性质是法律监督，人民的监督，也是我国最高层次的监督。民主监督是指政协在中国共产党领导下的党派之间的监督，其性质是一种协商监督，没有法律约

束力。它们三者虽然在监督性质、监督对象、监督方法上各有不同，却有一个共同的目标，就是确保中国共产党始终保持先进性和纯洁性，密切党同人民群众的血肉联系，不断巩固党的执政地位和提高党的执政水平，确保国家长治久安。

党内监督、人大监督与民主监督三者之间，党内监督是基础。一是因为中国共产党在我国社会主义事业中处于核心领导地位，党按照从严治党的要求进行的自我约束与自我完善必将深刻影响人大与政协按照法律要求进行的监督。二是因为在中国共产党执政的现实条件下，人大监督与民主监督对党的执政行为要真正监督到位，只有通过启动党内监督程序才能更好地实现，离开了党内监督，人大监督与民主监督的作用就难以很好地发挥。三是因为中国共产党的组织分布在每个城镇、乡村和行政企事业单位，党员在各级党政军机关、经济文化组织和人民团体中担负着先锋模范作用，党内监督的状况在很大程度上决定了人大监督、民主监督的状况，只有党内监督的基础作用得到充分发挥，人大监督与民主监督才能获得健康发展。

二要正确处理党内监督与党外监督的关联。党内监督是指党自身的监督，党外监督是相对于党内监督而言的，两者互相依存、互为补充，统一于全面从严治党全过程。从唯物辩证法看，党内监督是矛盾的主要方面，党外监督是矛盾的次要方面。新修订的《中国共产党党内监督条例》聚焦全面从严治党中监督难、难监督这一难点问题，在坚持党内监督与党外监督相结合的原则基础上，对党内监督与党外监督相结合的内容以及如何结合作出具体规定，把党内监督作为党和国家各项监督形式中最基本的、第一位的监督，放到更加突出、更加重要的位置，同时注重发挥党外监督的作用，并从制度和机制上把党内监督与党外监督结合起来，实现了党内监督制度的重大创新。这是党的十八大以来，以习近平同志为核心的党中央对马克思主义党建理论的创造性运用和发展，对于强化党内监督具有重要的理论和实践指导意义。

同时，正确处理党内监督与党外监督的关系，还要把握好以下四个原则。第一，在党内监督与党外监督的关系上，强调党内监督的根本性。应该说，党内监督与党外监督的出发点是一致的，都是为了维护党和人民的根本利益，但从根本上讲，还在于强化党内监督。第二，在党内监督和党外监督的监督体系中，强调党内监督的重要性。党内监督始终居于统摄地位，起着核心作用。第三，在推进国家治理体系和治理能力现代化的大格局中，强调党内监督对党外监督的统合性。党内监督要同国家监察、群众监督结合起来，同法律监督、民主监督、审计监督、司法监督、舆论监督等协调起来，才能形成监督合力。第四，要完善监督制度，做好监督体系顶层设计，既加强党的自我监督，又加强对国家机器的监督；健全国家监察组织架构，形成全面覆盖国家机关及其公务员的国家监察体系。

三要正确处理党内监督中广义监督与狭义监督的关联。广义监督是指党委履行主体责任的监督；狭义监督是指纪委专责执纪的监督。党内监督既离不开狭义的专责监督，也离不开广义的全面监督，二者相互依存、缺一不可，统一于党内监督全过程。新修订的《中国共产党党内监督条例》对纪委专责监督作出明确规定，强调纪委是党内监督的专责机关；同时，又把党委的全面监督摆在更加突出的位置，赋予党委监督更加丰富的内涵，凸显了党委在党内监督中的主体责任。特别是把党的工作部门职能监督纳入党委监督，并对党委监督的职责、对象、重点、方式、方法等作出明确规定，使广义监督无论是主体还是客体，无论是内容还是形式等方面，都实现了全覆盖，成为实实在在的全面监督。这一制度安排坚持党委监督与纪委监督的辩证统一，实现了党委监督与纪委监督各居其位、各履其职、各尽其责，相互监督、互相推动、共同提高，形成党内监督的科学体制机制。

综上所述，要正确处理广义监督与狭义监督的辩证关系，需要把握好以下三点。第一，要坚持广义监督与狭义监督同时加强、同向发力，相互促进、相互推动。既高度重视广义的全面监督，又高度重视狭义的专责监督、一手抓党委（党组）的全面监督、一手抓纪委的专责监督，从而保证党委监督与纪委监督各在其位、各履其职、各尽其责，把广义监督与狭义监督统一于党内监督全过程。第二，要坚持把党委监督作为全面的监督、第一位的监督。党要管党、从严治党，"管"和"治"都包含监督。党委监督在党内监督中承担首要的政治责任。第三，要坚持纪委监督的权威性。新修订的《中国共产党党内监督条例》第一次把纪委的定位从专门机关发展到专责机关，强调纪委的职责就是监督执纪问责，凸显了纪委专责监督的权威性。

三、一些认知误区

有的过分强调民主监督而忽视组织监督。这种认识反映在党内监督实践中，往往导致在责任分配上，把监督重担更多地压给下级和普通党员干部，淡化了上级组织和领导干部的责任。比如，在制度措施上，弱化了组织监督措施的实施和创新；在监督手段上，容易弱化强制性的组织权力，使党内监督刚性不足、宽松软问题突出。实际上，民主监督指党员对党组织和领导干部、下级对上级的监督，组织监督指上级对下级、组织对个人的监督。上级监督下级虽然具有权威性，但广泛性不够；下级监督上级虽然具有广泛性，但权威性不够，只有将组织监督和民主监督两者有机结合、有效衔接，才能优势互补、消除"空档"、形成合力。

有的错把国法当党内监督尺子。这种认识是习惯用国法甚至刑法去衡量党员干部的行为，总觉得违法犯罪才是值得去监督的"大事"，单纯违反党纪只是"小节"。产生这种认识的后果，就是对违纪视而不见、姑息放纵，甚至有些党员干部只知有"法"不知有"纪"。这就要求认真学习党章党规党纪，准确把握党的"六大纪律"，深刻理解党纪和国法界限，切实把纪律挺在前面，把违反党纪和中央八项规定精神的问题作为监督重点，注重从信访举报、巡视巡察和审计、司法移送案件中发现违纪线索。同时，运用好监督执纪"四种形态"，发现苗头就及时提醒、触犯纪律就及时处理，让咬耳朵、扯袖子，红红脸、出出汗成为常态，党纪轻处分、组织调整成为大多数，重处分、重大职务调整的是少数，而严重违纪涉嫌违法立案审查的只能是极少数。

有的片面强调制度作用而忽视责任担当。这种认识往往把制度建设重心放在了追求立规数量多、出台快上，容易忽视制度执行，从而导致制度形同虚设、敷衍了事、机械执行等现象严重；更有甚者还用"没有规定"为借口搪塞自己应负的责任，为自己不敢不愿监督的问题放弃职责、寻找理由。实践中，要围绕责任设计制度，坚持问题导向，把自己摆进去，强化制度执行，决不能为"立规"而立规；要对执行监督制度不力进行严肃问责，动员千遍不如问责一次，坚持有责必问、问责必严，维护监督制度的严肃性和权威性。

有的认为强化班子内部监督就会影响团结。这种认识导致本应经常开展的相互监督会越来越弱，本应开诚布公的思想交锋会越来越少，该提醒的不提醒，该批评的不批评，致使问题越积越多、矛盾越拖越深，进而影响民主集中制和相关制度贯彻实施，最终使党内政治生活失去严肃性、原则性、战斗性，既耽误同志成长进步，更损害党和人民事业。实践中，要敢于监督，用好批评和自我批评这个武器；要善于监督，把握好政策界限，讲究方式方法；要勇于接受监督，具备有则改之、无则加勉的胸怀。（林青，2016）

综上所述，党内监督是一个系统工程，是全党的共同任务。只有监督者和被监督者全面地、正确地理解监督，才能自觉地倡导监督、加强监督、接受监督。党内监督是"找毛病"，更是爱护，要及时发现问题、纠正偏差，帮助被监督者及时发现身上存在的苗头性、倾向性问题，做到早提醒、早纠正。不论是监督者还是被监督者，都应该懂得"严管就是厚爱""信任不能代替监督"。党内监督是权利，也是义务，要深刻认识到各种形式的党内监督是《中国共产党章程》和《中国共产党党内监督条例》赋予各类监督主体的神圣权利，应当理直气壮地行使，任何人都无权干涉和剥夺。同时，党内监督也是监督主体应尽的责任和义务，决不能对领导干部的错误乃至违法犯罪行为不闻不问、听之任之，否则不仅害了干部，也会给党的事业带来危害。

第二章 发展历程

第一节 古代监督制度

"监"字始见于商代甲骨文及商代金文，其古字形描绘的是一个人俯身低头面对盛水的器皿，本义是以水为镜照视自己。这种照视是由上往下看，引申出自上视下的意思，由此又引申出监察、监督等含义。监督法律、法令的实施，维护国家法律、法令和法制的统一，参与并监督中央和地方司法机关对重大案件的审理活动，是中国古代监察机构及监察官员的主要职责。总体来看，中国古代监察系统由两部分组成：一是御史监察系统，工作对象是百官；二是谏官言谏系统，工作对象是皇帝。这两个系统对于纠正官邪、维持纲纪秩序、匡正君失、审查国家政策起到了重要的作用。（张晋藩，2012）

腐败作为社会的毒瘤，是古今各国政府的沉疴，严重威胁到政权稳定、经济发展、国家威信。各个历史时期，统治者为了维护统治，无不设立了具有监察职能的机构官员，对行政官员的权力运行进行监督监察，也无不对腐败行为进行严厉打击。我国监察制度经历了四千多年的发展过程，从未中断过，其系统性、完整性、典型性受到普遍重视。

一是战国与秦时期。战国时期，职掌文献史籍的御史官就已有明显的监察职能。秦始皇统一中国后，建立起封建专制的中央集权制度，并创建了相对独立的监察制度。在中央设立御史大夫，位列三公，以贰丞相、御史府为其官署，掌握天下文书和监察。在地方上，皇帝派御史常驻郡县，称"监御史"，负责监察郡内各项工作。

二是西汉时期。西汉时期，中央仍设御史大夫作为长官，御史中丞为副，兼掌皇帝机要秘书和中央监察之职。在地方上，西汉初年废监御史，由丞相随时委派"丞相史"，分刺诸州。汉武帝时，为加强中央对地方的控制，全国分为 13 个监察区，称州部，每个州部设刺史 1 人，为专职监察官，以"六条问事"，对州部内所属各郡进行监督。丞相府设司直，掌佐丞相举不法。朝官如谏大夫加官给事中，皆有监察劾举之权。郡一级有督邮，代表太守，督察县乡。

三是唐代。唐初，中央设御史台，由正三品御史大夫为台长，设正四品御史中丞 2 人为辅佐。御史台称宪台，大夫称大司宪。武则天时，改御史台为左右肃政台。唐中宗后又改为左右御史台。御史台的职权是"掌邦国刑宪典章之政令，以肃正朝列"（《唐六典》卷十三）。御史台下设三院：台院，侍御史属之，"掌纠举百僚，推鞫狱讼"；殿院，殿中侍御史属之，"掌殿廷供奉之仪"；察院，监察御史属之，"掌分察百僚，巡按郡县，纠视刑狱，肃整朝仪"。

四是宋代。宋代监察机构随着封建专制的发展而加强。中央沿袭唐制，御史台仍设三院。地方设通判，与知州平列，号称监州，有权随时向皇帝报奏，成为皇帝在地方上的耳目。此外，路一级的转运使、提点刑狱公事等，也负有监察州县的责任。

五是元代。元代中央设御史台，御史大夫秩高从一品，"非国姓（蒙古贵族）不以授"（《元史·太平传》），还在江南和陕西特设行御史台，其组织与中央御史台相同，作为中央御史台的派出机关。这是元代监察制度的重大发展。全国分为 22 道监察区，各设肃政廉访使（即监察御史）常驻地方，监察各道所属地方官吏。

六是明代。明代监察制度随着君主专制中央集权的强化而得到充分发展和完备。中央将御史台改为都察院，"主纠察内外百官之司"。都察院设左右都御史、副都御史和佥都御史。下设 13 道监察御史，负责具体监察工作。监察御史虽为都御史下属，但直接受命于皇帝，有独立进行纠举弹劾之权。都察院除执行监察权外，还握有对重大案件的司法审判权。

七是清代。清代监察机构沿袭明代，又有所发展。在中央，仍设都察院。早在入关之前，皇太极即下诏："凡有政事背谬及贝勒、大臣骄肆慢上、贪酷不清、无礼妄行者，许都察院直言无隐。"各级官吏均置于都察院监督之下。清代都察院以都御史为主事官，其与六部尚书、通政使、大理寺卿等重要官员共同参与朝廷大议。都察院下设 15 道监察御史（清末增至 22 道），专司纠察之事。监察权的集中，是清代监察制度的一大特点。（常冰霞等，2020）

同时，为使监察督核能够收到实际效果，历代统治者采取了检核簿册、举劾案章、连坐告密、遣吏巡行、牵制监督、密查侦缉、密奏传呈等方法，主要有以下七种。

一是检核簿册法。检核簿册法是进行监察的常规方法。古代各级政府部门在年终时汇集各种政务情况，制成簿册，逐级呈报审查，上级核对簿书，以此鉴定下级是否完成规定的任务。出于同等目的，监察人员也经常到各级政府部门去"督促文书"。在检核簿册过程中，除了检核文书中的错谬和失误之处以外，对于公文运转是否符合期限和程式、内容是否有弄虚作假等，都要进行监察。检核簿册是按照国家和政府部门的"令""格""式"等法规进行的，有严格的工作程序。

二是举劾案章法。监察人员检举和揭发各种违反朝章礼法的人和事，称之为"案章"；对违法乱纪的人进行弹劾，称之为"举劾"。举劾有一定的仪式和程序，可以当朝进行面劾，也可以用书面奏劾。官员接受弹劾以后，则要暂时离开自己的职任以避嫌，等候君主的批示和有关部门的处理意见。被弹劾的官员有申辩的权利，有时还允许与弹劾人员在朝廷或官厅进行对质辩争，使监察人员与被监察人员之间构成相互监督的关系。然而，监察人员拥有举劾权，不管被举劾人员的辩争是否能够胜诉，都必须先要离任受讯，是否能够官复原职则成为未知，因此，各级官吏对监察人员都存在一种畏惧心理。

三是连坐告密法。连坐告密是在商鞅变法以后长期实行的制度，告密的范围包括逃避赋税兵役、非议君主吏师、私藏诗书和"盗贼"等项，涉及范围相当广泛；与此同时，上至公卿、下至什伍，都必须实行连坐，这样的做法经常被统治者贯彻到监察制度当中。连坐与告密相结合往往使用十分残酷的手段，但取得的效果却是短暂的，必然会带来极坏的后果。匿名告密的盛行，不但使全国臣民战栗自危，而且还给奸恶小人诬陷良善带来可乘之机，破坏社会的稳定。

四是遣吏巡行法。遣吏巡行就是派遣使臣出去，代表君主"巡"，对地方实施监察的方法是由君主直接操作的监察手段，也是监察职能深入全国各地的表现。遣吏巡行在一定时期内曾经起到过澄清吏治、加强统治的效用。然而，因为所遣之吏拥有权力过大，又缺乏制约的机制，所以许多遣吏依恃特权而肆行威福，揽权蔑法，甚至贪赃索贿，有意制造冤狱。

五是牵制监督法。即有意设置监督机制，如中央辅政系列实行多轨辅政制，中央各政务系列的职权交叉重复，司法系列"三法司"并存。这是中国古代官制的重要特点。

六是密查侦缉法。即君主为直接了解情况而采取的特别监察手段，常派御史、使者、宦官、亲信等奉旨持节以监督和处理各项事务，如拷问盗贼、刺举奸非、监军、监财税等。

七是密奏传呈法。即经特殊渠道将奏报的内容直接送呈君主，由君主亲阅，再朱批处理，并不通过各级军政部门，拥有最大的权威。如汉代规定群臣可"上封事"，即将上奏内容密封传进，不必通过正常的运转渠道，可从皇宫南边的司马门投入由宦官呈递给皇帝，又如清代康熙、雍正时的密折制。（郭叙雷，2022）

需要注意的是，凡事有利也有弊。监察官权力大，有助于行使职权，相反也助长了滥用职权。为防止监察官的腐败，历代统治者采取了许多有效措施，比如，一是"选正直之人"，直言敢谏者；二是实行奖惩，凭实绩黜步；三是"互相纠举"和采用百姓举报的监督办法，防止以权谋私、滥用职权。

综上所述，中国古代监察督核机制是由一整套自上而下、纵横交错的网络组织来保证实行的，监察督核的对象是各级文武官员和勋臣贵戚，也兼及普通人民，监察督核的内容除了政纪、法纪、军纪等国家大政之外，还深入到赋税、营造、漕运、盐铁茶马专卖和科举考试、学校教育等多方面。从国内古代监督制度研究概述中，我们可以受到一些启发：以铜为镜，可以正衣冠；以史为镜，可以知兴替。我们现在虽已形成较为完善的国家监督治理体系，但还应通过对历史的不断反思，推动中国特色社会主义治理体系和治理能力与时俱进、协同发展。特别是，纪检监察工作是政治性极强的工作，必须在党的集中统一领导下开展。实践证明，纪检监察机关作为党的政治机关、纪律部队，只有坚持和加强党的领导，坚决捍卫"两个确立"，才能准确定位、大有作为。中国古代监察制度自始至终未使封建王朝摆脱"其兴也勃焉，其亡也忽焉"的历史宿命，而当今监督制度具有鲜明的社会主义性质，是与党的全面领导、人民至上紧密结合的权力监督制度和以人民民主专政为依托的现代监察制度，是对中国古代监察制度的批判性继承和革命性改造，彻底使以前的皇权政治工具转变为实践人民民主、加强自我监督、推动社会革命从而跳出历史周期率的现代武器。

第二节　近代以来监督制度

近代以来，监督工作进入了新阶段，中国监察工作有了纪律检查的内容。中国共产党作为无产阶级政党，从成立之初，就非常重视党的纪律和党内监督机制的建设。学界对我国从新民主主义革命时期以来中国共产党纪律检查工作进行了总结，指出中国共产党的纪律检查工作的产生和发展，是马克思主义关于无产阶级党的组织原则和纪律原则同中国共产党的建设实际相结合的过程，是党的历史的重要组成部分。

新中国成立后，我国纪检监察制度经过多次变革，有的学者将新中国纪检监察领导体制大致分为从新中国成立之初的党委单一领导体制，到党的十二大后的双重领导体制，再到21世纪以来纪检体系改革突破点的派驻统管体制三个阶段的演变过程；有的对新中国成立以来党政纪检监察体制变革进行了分析，认为中国共产党的纪检监察机关经历了分立到合并、合并到分工、分工到合署办公三个阶段；有的重点研究了改革开放以来我国行政监察制度的变迁，认为我国行政监察制度在改革开放以来经历了恢复、改革和深化三个阶段，概括起来，主要如下。

一、在 1921 年 7 月至 1949 年 10 月纪检监察制度的创建时期

面对复杂残酷的生存和发展环境，纪检监察机关以严明纪律、防止消极腐败现象为重点，探索了靠密切党群关系、严格执行党的纪律端正党风、筑牢红色基因的成功经验，内容如下。

一是明确纪律要求和执纪原则，为纪检监察工作奠定基础。党的一大通过的第一个党的纲领，奠定了"纪律立党"基石。党的二大通过的第一个党章，首次设立"纪律"专章，共9个条文，对组织纪律、宣传纪律、党员从业纪律等作了规定。党的五大通过的《组织问题议决案》首次提出了政治纪律的概念。1927年6月中央政治局会议通过了《中国共产党第三次修正章程决案》，强调"严格党的纪律是全体党员及全体党部最初的最重要的义务"。1938年，毛泽东在《论新阶段》报告中首次提出"纪律是执行路线的保证"，

提出了"党规""党的法纪"等概念。1945 年党的七大党章规定，"中国共产党是按民主的集中制组织起来的，是以自觉的、一切党员都要履行的纪律联结起来的统一的战斗组织"。

二是产生专门的纪律检查监督机构，党的纪律检查制度探索发展。党的五大选举产生了党的历史上第一个中央纪律检查监督机构——中央监察委员会，此后中央政治局会议通过的修正党章，专列"监察委员会"一章，规定中央监察委员会的职责是："巩固党的一致及权威"，并要求"在全国代表大会及省代表大会选举中央及省监察委员会"。党的六大党章将"监察委员会"改为"审查委员会"。1933 年 8 月，中共中央作出《关于成立中央党务委员会及中央苏区省县监察委员会的决议》，规定了中央党务委员会及省县监察委员会的职责。1945 年党的七大党章再次专列"党的监督机关"一章。

三是开展党纪教育和执纪活动，探索建设廉洁政府。严肃执行党的纪律，体现了"对于自己的党员与红军成员不能不执行比较一般平民更加严格的纪律"的理念。1931 年 11 月，中华苏维埃共和国临时中央政府成立后，建立中央工农检察人民委员部和各省县区的工农检察部，于 1933 年 12 月发布《关于惩治贪污浪费行为》训令，开展大规模的检举运动，严肃查处一批腐败案件。抗日战争时期，1937 年 8 月，洛川会议明确提出了建设"廉洁政府"的目标任务。陕甘宁边区颁布了《惩治贪污暂行条例》。解放战争时期，党中央充分认识到执政带来的风险。1949 年 3 月，党的七届二中全会上毛泽东鲜明提出的"两个务必"，就包含着对即将诞生的人民政权实现长治久安的深刻忧思。

二、在 1949 年 10 月至 1978 年 12 月纪检监察制度的发展探索时期

纪检监察机关通过严明纪律维护党的路线方针，加强思想和制度建设，探索了执政条件下开展纪检监察工作的成功经验，内容如下。

一是建立各级党的纪律检查机关和政府监察机关。1949 年 11 月，中央政治局决定成立中央及各级党的纪律检查委员会。1955 年 3 月，中国共产党全国代表会议决定成立党的中央和地方各级监察委员会，代替中央和地方各级的党的纪律检查委员会。1962 年 9 月党的八届十中全会通过了《关于加强党的监察机关的决定》，监察机关自身建设全面加强。为加强对国家机关和公务人员监督，在党中央统一领导下，各级行政监察机构建立。1949 年 10 月政务院人民监察委员会成立，1954 年 9 月 21 日第一届全国人民代表大会第一次会议决定设立国家监察部。

二是从思想和制度两方面开展反腐倡廉工作。1956 年 9 月，邓小平在《关于修改党的章程的报告》中指出："党除了应该加强对于党员的思想教育之外，更重要的还在于从各方面加强党的领导作用，并且从国家制度和党的制度上作出适当的规定，以便对于党的组织和党员实行严格的监督。"党中央将开展整党整风运动作为加强反腐倡廉思想教育的重要方法之一。1950 年整风，主要任务是整顿全党作风首先是领导干部的作风；1951—1954 年整党，着重是进行思想整顿和组织整顿；1957 年整风，主要整顿主观主义、宗派主义、官僚主义，解决全党适应社会主义建设新时期要求的问题。在抓思想教育的同时，注重惩治腐败的制度建设。1952 年《中华人民共和国惩治贪污条例》出台，这是新中国第一部专门惩治贪污腐败的法律。

三是适应执政后的新情况开展监督和执纪工作。1951 年 12 月，党中央决定在全党开展"反贪污、反浪费、反官僚主义"的"三反"运动。各级纪检监察机关在党委领导下，全力投入反贪污斗争，严厉查处了刘青山、张子善等一批贪污腐败大案，形成强烈震慑。1953 年 6 月，党在过渡时期总路线提出后，中央纪委通过检查和处理有关在执行党的总路线和总任务中违犯党纪的各种案件，保证总路线的顺利执行。

三、在 1978 年 12 月至 2012 年 11 月纪检监察制度的开拓创新时期

纪检监察工作把改革、发展、稳定同推进反腐败斗争结合起来，在坚决惩治腐败的同时，不断拓展从源头上防治腐败工作领域，探索了在社会主义市场经济下开展纪检监察工作的成功实践，内容如下。

一是完善纪检监察机关领导体制和工作机制。1978 年 12 月，党的十一届三中全会选举产生了中央纪律检查委员会。1982 年 9 月，党的十二大党章明确规定纪律检查工作实行双重领导体制。1987 年 6 月，国务院监察部成立。1993 年，党中央决定党的纪律检查机关和行政监察机关合署办公，极大增加了监督的权威性。在职责定位上，纪委在承担党内监督专责的同时，"归口"组织协调反腐败工作。党的十六大党章首次增加了纪委协助党委"组织协调反腐败"重大职责，强化了党对反腐败工作的集中统一领导。

二是坚持两手都要抓、两手都要硬，把反腐败贯穿于改革开放全过程。从党的十一届三中全会到党的十三届四中全会，纪检监察工作的重点是在拨乱反正、正本清源中端正党风、严肃党纪，推动党内政治生活逐步恢复正常，保证党的基本路线贯彻执行。从党的十三届四中全会到党的十六大，纪检监察工作

的重点是坚决遏制腐败蔓延，维护党中央权威和政令统一，维护社会主义市场经济体制健康发展。从党的十六大到党的十八大，纪检监察工作通过加强对党中央重大决策部署落实情况的监督检查、严肃整治政风行风、保持惩治高压态势、建立健全惩治和预防腐败体系，为全面建设小康社会保驾护航。

三是正确处理惩治腐败治标与治本的关系。党中央坚持标本兼治、综合治理，在加大治标力度的同时，"逐步解决引发腐败现象的源头和深层次问题，达到标本兼治"。纪检监察机关探索建立了领导干部廉洁自律、查处违纪违法案件、纠正部门和行业不正之风三项工作格局。同时，把反腐败寓于各项改革和重要政策措施之中，着力从源头上预防和解决腐败问题，积极推动军队、武警部队停止生产经营活动，政法机关与所办经营性企业彻底脱钩。党的十六大后，党中央作出建立健全教育、制度、监督并重的惩治和预防腐败体系的重要决策，深化行政审批制度、财政管理体制、干部人事制度、国有资产经营管理体制、金融体制等重大改革，努力减少滋生腐败的土壤。

综上所述，监督制度是对公权力发生异化的防火墙，监督制度如果不能及时有效地制止权力发生异变，就会形同虚设，监督权就会与异变的权力同流合污。权力是职能的工具，权力的行使对于政治机关发挥其职能有着至关重要的作用，没有惩戒权的保障，其他监督权力就会流于形式。从国内近现代监督制度研究概述中，我们可以受到一些启发：要坚持监察权力的合理配置，既能打苍蝇，也能打老虎；要建立健全监察法律法规，整合各种监督力量，让人民监督权力，维护广大人民群众的根本利益；要坚持党的集中统一领导，确保权力运行和监督的正确政治方向。党的领导是当代中国最高的政治原则，与西方"三权分立"的权力制衡体系不同，中国特色监督体系的最根本特征就是在中国共产党长期执政条件下始终坚持党的集中统一领导。其目的不是为了某个党派或集团的利益，不是为了监督而监督，而是要防止权力滥用、以权谋私，更要确保权力高效有序运行。

第三节　党的十八大以来监督制度

自我监督是世界性难题，是国家治理的"哥德巴赫猜想"。党的十八大以来，以习近平同志为核心的党中央把健全党统一领导、全面覆盖、权威高效的监督体系作为战略性安排，精心谋划、部署、实施，以非凡的理论创新和实践创新回答"窑洞之问"。党的十九大特别是党的二十大以来，健全党和国家监督体系作为新时代全面从严治党实践的经验总结，成为完善党的自我革命制度规范体系的重要举措，充分彰显了我们党深刻把握执政规律的非凡智慧和解决大党独有难题的历史主动，不断开辟我们党实现自我净化、自我完善、自我革新、自我提高的新境界。

新时代以来，在党中央坚强领导下，中央纪委国家监委和各级纪检监察机关深刻把握在推进自我革命、促进社会革命中的功能、价值、定位，一以贯之学习贯彻习近平新时代中国特色社会主义思想，一以贯之督促推动全党增强"四个意识"、坚定"四个自信"、做到"两个维护"，一以贯之贯彻落实全面从严治党战略方针，忠实履行党章和宪法赋予的职责，保持正风肃纪反腐政治定力，围绕现代化建设大局发挥监督保障执行、促进完善发展作用，推动纪检监察工作高质量发展不断取得新成效，为党和国家事业发展提供坚强保障。我国纪检监察制度也进入跨越发展时期，我们党探索出一条长期执政条件下解决自身问题、跳出历史周期率的成功道路，构建起一套行之有效的权力监督制度和执纪执法体系，探索了新时代坚持和发展中国特色社会主义事业中开展纪检监察工作的成功实践，主要如下。

一是形成了新时代纪检监察工作理念、机制与方法。党中央推进全面从严治党，以零容忍的态度正风肃纪反腐，构建起党统一领导、全面覆盖、权威高效的党和国家监督体系，强化对权力的制约和监督；确立了纪检监察工作的根本原则，即坚持党的全面领导，坚决做到"两个维护"；确立了纪检监察机关职责定位，即履行党章和宪法赋予的职责，围绕现代化建设大局发挥监督保障执行、促进完善发展作用；确立了纪检监察工作的领导体制，即在同级党委和上级纪委监委双重领导下进行工作，上级纪委监委加强对下级纪委监委的领导；确立了在全面从严治党中党委负主体责任，纪委监委负监督责任；确立了纪检监察工作的发展方向，即推进规范化法治化建设，实现新时代纪检监察工作高质量发展等。

二是围绕"两个维护"强化政治监督，确保党中央决策部署落地见效。"两个维护"是党的最高政治原则和根本政治规矩。纪检监察机关要深刻认识"两个确立"的决定性意义，在坚定践行"两个维护"上作表率，以强有力的政治监督，推动党的理论和路线方针政策落到实处。各级纪委监委把学习贯彻习近平新时代中国特色社会主义思想作为忠诚履职之本，坚持把党的政治建设摆在首位，坚决做到"两个维护"。纪检监察机关要把自己摆进去，带头贯彻关于加强和维护党中央集中统一领导的若干规定精神，坚守职能职责，推动政治监督具体化常态化，围绕增强"四个意识"、坚定"四个自信"、做到"两个维护"，聚焦贯彻党的理论和路线方针政策，抓深抓实政治监督。

三是把纪检监察工作有效融入党和国家治理体系之中。纪检监察机关通过开展常态化政治监督，维护党的领导和治理制度权威性；通过严格监督落实中央八项规定精神，打好作风建设持久战，扭转了多年形成的"四风"惯性，推动党风政风社风民风发生深刻变化；通过牢牢把握监督基本职责、第一职责，把党的纪律挺在前面，深化运用"四种形态"，推动党员干部严守纪律、干事创业；通过落实以人民为中心的发展思想，把整治群众身边腐败和作风问题摆在更加突出的位置，厚植党执政的政治基础；通过将防腐措施与改革举措同谋划、同部署、同落实，推进重点领域监督机制改革，推动党和国家实现高质量发展、高效能治理。

四是持续加固中央八项规定堤坝，锲而不舍纠"四风"树新风。党的十九大闭幕后，中央政治局会议审议通过《中共中央政治局贯彻落实中央八项规定的实施细则》，彰显了党中央坚持率先垂范、以上率下，坚定不移推进作风建设的决心和意志。中央纪委国家监委和各级纪检监察机关坚决落实党中央决策部署，一刻不停歇推动落实中央八项规定精神，深化纠治"四风"顽瘴痼疾，对享乐主义、奢靡之风等歪风陋习露头就打，把整治形式主义、官僚主义摆在更加重要的位置，坚决查处不顾基层实际和群众需求的乱作为问题以及推诿扯皮、玩忽职守、不思进取的不作为问题，深刻认识"四风"问题的顽固性隐蔽性，及时研判"四风"新表现新问题，坚决防反弹回潮、防隐形变异、防疲劳厌战。

五是把握惩治腐败基本规律，完善一体推进"三不"体制机制。始终坚持"无禁区、全覆盖、零容忍，重遏制、强高压、长震慑"这个基本原则，坚持受贿行贿一起查，查处大批贪污腐败分子，产生了巨大的震慑效应，这是改革开放以来惩治腐败力度最大的时期。持续扎紧不能腐的笼子，持续开展思想道德和党纪国法教育，正确把握不敢、不能、不想的内在联系，坚持一体推进，深化标本兼治，要求抓住"不能"这个关键，做实以案为鉴、以案促改、以案促治，把查办案件与堵塞制度漏洞、强化监督监管有机结合；要求抓住"不想"这个根本，认真贯彻落实《关于加强新时代廉洁文化建设的意见》，用廉洁文化滋养身心，夯实拒腐防变的思想根基，深化运用违纪违法干部忏悔录和典型案例，引导党员干部知敬畏、存戒惧、守底线。坚持和完善党和国家监督体系，加大对各类监督统筹力度，构建多主体协同监督机制、主体责任和监督责任贯通协同机制、执纪执法贯通机制、监察衔接司法机制等，加强对权力运行的制约和监督。

由此可知，党的十八大以来，以习近平同志为核心的党中央以前所未有的巨大勇气和强大定力全面从严治党，打出了一套自我革命的"组合拳"，形成了一整套党自我净化、自我完善、自我革新、自我提高的制度规范体系。针对严重影响党的形象和威信、严重损害党群干群关系的突出问题，我们党坚持严的基调，强化监督执纪问责，抓住"关键少数"，以上率下，着眼"绝大多数"，层层传导压力和落实责任，党在革命性锻造中更加坚强有力。特别是我们党以猛药去疴、重典治乱的决心，以刮骨疗毒、壮士断腕的勇气，坚定不移"打虎""拍蝇""猎狐"，清除了党、国家、军队内部存在的严重隐患。反腐败斗争取得压倒性胜利并全面巩固。经过不懈努力，党找到了自我革命这一跳出治乱兴衰历史周期率的第二个答案，我们党在浴火中获得重生。新时代新征程怎样推进党的自我革命，以习近平同志为核心的党中央不断进行实践探索和理论思考。2022 年 1 月，习近平总书记在十九届中央纪委六次全会上，深刻总结新时代党的自我革命的成功实践，阐述了"九个坚持"的规律性认识和"六个必须"的原则性要求。同年 6 月，习近平总书记在中央政治局第四十次集体学习时的讲话中，进一步归纳了反腐败斗争的"六条经验"。2022 年 10 月，习近平总书记在党的二十大报告中，提出了"必须时刻保持解决大党独有难题的清醒和坚定"的重要要求。2023 年 1 月，习近平总书记在二十届中央纪委二次全会上的重要讲话中，对解决大党独有难题用"六个如何始终"进行了深刻阐述。

值得注意的还有，纪律是管党治党的"戒尺"，加强纪律建设是全面从严治党的治本之策。2023 年 12 月，新修订的《中国共产党纪律处分条例》发布，这是党的十八大以来党中央对这一条例的第三次修订，释放出越往后执纪越严的强烈信号，突出严的基调深化党的纪律建设。要把《中国共产党纪律处分条例》作为党委（党组）理论学习中心组和各级党校（行政学院）、干部学院必学内容，作为纪律教育学习月活动和领导干部党章党规党纪教育培训班的学习重点，着力解决对党规党纪不上心、不了解、不掌握等问题；必须以规范运用以"四种形态"为导向严格纪律执行，推动准确定性量纪执法；必须在拧紧责任全链条上下功夫，推动"一把手"履行第一责任人责任、领导班子其他成员落实"一岗双责"，坚持抓早抓小，敢于动真碰硬。

综上所述，纪检监察机关职能从抓党风到组织协调反腐败，再到协助党委推进全面从严治党，任务越来越重、责任越来越大。纪检监察工作既严格依规依纪依法，又强化思想政治工作，充分体现党的政策和策略，越来越注重教育挽救、防止小毛病变成大问题。反腐败从靠整党整风运动来推动，到靠制度、靠法治来规范，逐步走上法治化规范化轨道；从着力治标、侧重遏制到标本兼治、综合治理，越来越注重政治生态、政治文化建设，努力从源头上根治腐败。反腐败工作既抓大案要案，又抓群众身边腐败问题，惩治力度不断加大，坚定不移推动全面从严治党向基层延伸；从实行党风廉政建设责任制，到落实党委主体责任、纪委监督责任，形成全党动手一起抓的良好局面。从新时代监督制度研究概述中，我们可以受到一些启发：只有加强党的集中统一领导，权力运行和监督才能沿着正确的方向前进，才能确保党和人民的权力始终用来为人民谋幸福。在新的起点上以自我革命精神抓监督，就是要构建以党内监督为主导的监督体系，注重把党内监督同人大监督、民主监督、行政监督、司法监督、审计监督、财会监督、统计监督、群众监督、舆论监督贯通协调起来，形成强有力的监督体系，充分发挥党委的监督主体作用，党委书记对监督工作负总责，班子成员之间相互监督、相互促进，完善领导班子内部监督制度，党委各部门履行本系统的监督责任，纪委发挥专责监督机关作用。

第三章　新形势下农业科研单位
纪检、巡察、审计工作研究

新时代对纪检监察体制改革提出了新要求，党的十八届三中全会通过决定要改革党的纪律检查体制，健全反腐败领导体制和工作机制，明确提出纪检监察机关落实"转职能、转方式、转作风"的要求，这是新时期纪检监察工作的重大转变。纪检监察部门落实"三转"，同时应加强职能部门的监管责任。纪检监察部门通过对职能部门落实监管责任的再监督，实现构建反腐倡廉工作的整体合力。纪检监察工作是党组织对党员、干部进行党风廉政建设、反腐倡廉教育和监督管理的重要组成部分。纪检监察部门的主要职责包括以下几个方面。

一是制定党风廉政建设和反腐倡廉工作的规划和计划。根据党的领导要求及国家法律法规制定详细的纪检监察工作规划和计划，对党员和干部开展监督管理和反腐倡廉教育，加强党员和干部的党性修养和思想教育。同时，还需要建立监督责任体系，落实各项监督管理措施。

二是开展党风廉政宣传、培训和宣讲。通过各种媒体手段、培训课程等形式开展反腐倡廉教育和宣传，加强党员和干部的思想教育，引导广大群众树立正确的道德观和价值观，树立起高尚的人生追求和价值目标。

三是加强监督检查和审查调查。对党员和干部的言行和行为进行监督检查，发现和查处违反党纪和国家法律法规的问题。同时，还需要开展审查调查工作，对涉嫌违法犯罪的问题开展深入调查，并及时向上级党组织和有关部门汇报。

四是加强制度建设和监督落实。建立完善的制度框架，制定相关的规章制度和操作规程，加强制度建设和监督落实，确保制度得到有效执行，防止出现漏洞和失误。同时，还需要对有关政策、规章制度和工作要求进行宣传和解释，使广大党员和干部能够更好地理解和遵守制度规定。

五是整体协调和监督管理。作为党组织内重要的监督管理部门，应加强与其他有关部门的协调和沟通，认真总结工作经验，加强调查技能和业务水平培训，提高监督管理的水平和质量。

强国必先强农，农强方能国强。没有农业强国就没有整个现代化强国；没有农业农村现代化，社会主义现代化就是不全面的。要铆足干劲，抓好以乡村振兴为重心的"三农"各项工作，大力推进农业农村现代化，为加快建设农业强国而努力奋斗。全面推进乡村振兴是新时代建设农业强国的重要任务，人力投入、物力配置、财力保障都要转移到乡村振兴上来。

纪检监察机关是党内监督和国家监察专责机关。《乡村振兴责任制实施办法》中明确规定，"中央纪委国家监委对乡村振兴决策部署落实情况进行监督执纪问责"，并将全面从严治党要求贯穿乡村振兴全过程各环节，坚持数量服从质量、进度服从实效，坚决反对形式主义、官僚主义，推动乡村振兴各项工作落到为农民办实事、解难题上。各级纪检监察机关立足监督第一职责，紧紧围绕党中央关于"三农"工作的决策部署，强化监督检查，精准履职尽责，为加快建设农业强国提供坚强保障。

乡村振兴战略是全面建成小康社会的重要举措，是新时代乡村地区战略规划与发展的重要举措，要大力发展农村产业经济，推进农业科技创新和科研成果转化，整合开发农村资源，强化农村生态、文化、制度建设，完善治理体系，构建"产业兴旺、生态宜居、乡风文明、治理有效、生活富裕"的现代化乡村。乡村振兴是一项基础性、长期性的工作，需要各相关部门和人员的密切配，共同参与乡村振兴战略的实施。其中，农业科研院所发挥着积极的作用，其工作的实施有助于推进农业科技创新和科研成果转化，助力乡村地区做好农业技术推广工作，推进农业现代化。

近年来，农业农村部印发《"十四五"推进农业农村现代化规划》《"十四五"全国农业农村科技发展规划》和《关于深化农业科研机构创新与服务绩效评价改革的指导意见》，不断深化农业科技体制机制改革创新，加强顶层设计，推动全国农业科技创新力量"一盘棋"布局。同时，还高度重视和支持地方农业科研单位各类人才队伍建设，积极推进相关人事制度改革；持续强化对地方科研单位种业科技创新方面的支持；积极强化种业领域产学研深度融合、"放管服"改革等，持续推动地方种业创新发展。主要开展了以下工作。

第一，关于加强顶层设计，明确农业科研机构功能定位。不断深化农业科技体制机制改革创新，加强顶层设计，推动全国农业科技创新力量"一盘棋"布局。一是印发《"十四五"推进农业农村现代化规划》，提出要深化农业科技体制改革，推动重点领域项目、基地、人才、资金一体化配置，强化高水平农业科研院校建设，优化地方农业科研机构和创新团队建设。二是印发《"十四五"全国农业农村科技发展规划》，明确重塑中国特色农业农村科技创新体系的重点任务，引导国家与区域农业科技力量强化协同，鼓励地市级科研机构与省级机构打造创新与应用共同体，推动包括各级农业科研机构在内的创新主体，构建完善公益性研究机构与市场化研发主体优势互补、中央和地方各级农业科研机构分工协作、农技推广机构和专业化社会化服务组织衔接补充、各级各类科技创新平台支撑有力的农业科技新格局。三是印发《关于深化农业科研机构创新与服务绩效评价改革的指导意见》，推动中央、省（自治区、直辖市）、地（市）农业科研机构进一步明确主体定位与核心使命，聚焦主责主业，建立分工协作、优势互补的协同创新格局，不断提升国家农业科技创新体系整体效能。

第二，关于加大改革力度，调动基层科研人员积极性。高度重视和支持地方农业科研单位各类人才队伍建设，积极推进相关人事制度改革。一是印发《"十四五"农业农村人才队伍建设发展规划》，聚焦农业农村主体人才、支撑人才、管理服务人才3类10支人才队伍，坚持分类施策、分层推进、分工协作，加强农业农村人才政策统筹谋划和系统创设，强化人才培育发展的平台抓手，构建有利于主体人才兴乡、支撑人才和管理服务人才返乡下乡，各类人才融入乡村、服务乡村、发展乡村的体制机制。二是推进农业技术人员职称制度改革，科学界定、合理下放职称评审权限，根据职称评价结果合理使用农业技术人员，实现职称评价结果与农业技术人员聘用、考核、晋升等用人制度的衔接。

第三，关于建立长效机制，强化育种创新支持力度。持续强化对地方科研单位种业科技创新方面的支持。一是加强国家现代农业产业技术体系建设。在地（市）级农业科研单位聘请了多位首席科学家、岗位科学家和综合试验站站长，涉及水稻、玉米、小麦、大豆、马铃薯、大宗蔬菜、中药材、肉牛牦牛、肉羊、大宗淡水鱼等40个体系，支持专家重点在遗传改良、栽培、病虫草害防控、加工等领域开展全产业链关键环节联合攻关和集成示范。二是加强科研项目支持。通过国家科技任务等渠道，提升优势地方农业科研单位自主创新能力，培养产业科技创新团队。通过中央引导地方科技发展资金，支持地方区域科技创新工作。通过科技能力条件建设专项，支持地方科研院所建设实验室、种质资源库（圃、场、区）等，提升平台条件支撑水平和资源保护等能力。三是推进南繁基地建设。划定南繁科研育种保护区，全部上图入库实行用途管制，长久保障南繁用地。建成精准设计育种中心、南繁作物表型研究设施等 10 个公共性、开放性科研平台，改善南繁科研基础硬件条件。

第四，关于鼓励地市级农业科研院所与种业企业合作，支持地方种业发展。积极强化种业领域产学研深度融合、"放管服"改革等，持续推动地方种业创新发展。一是鼓励地方农业科研院所参与国家农业科技创新联盟建设，指导江苏里下河地区农业科学研究所牵头成立了小麦赤霉病综合防控协同创新联盟，集聚 19 家联盟成员单位和国家小麦产业技术体系等力量，协同开展抗赤霉病新品种鉴定筛选和遗传改良等任务。二是组织开展良种联合攻关，积极推动种业企业和科研院校在资源发掘、材料创制、育种技术等领域开展合作，建立健全商业化育种体系，加快选育优良品种。三是实施全国畜禽遗传改良计划，聚焦全面强化自主创新、育种基础、育种体系和企业主体四大任务，力争建成比较完善的商业化育种体系，显著提升种畜禽生产性能和品质水平，自主培育一批具有国际竞争力的突破性品种。四是实施现代种业提升工程项目，支持优势企业建设育种创新基地，引导资源、技术、人才、资本等要素向优势企业集聚，不断提升企业自主创新能力和竞争力。五是积极推进"放管服"改革，拓宽品种审定试验渠道，在国家统一试验基础上开通绿色通道试验和联合体试验，允许育繁推一体化企业对自主研发的主要农作物品种自行开展试验，允许具备试验能力的企业、科研单位联合开展试验，大幅提升了试验审定效率。

第一节　农业科研单位纪检工作研究综述

　　农业科研院所是我国实施创新驱动发展战略的重要支撑力量，农业科研院所纪检监察监督执纪工作应当从科学研究规律出发，立足全面从严治党总要求，强化责任担当，建立融合工作机制，推动农业科研院所各项事业的高质量发展。纪检组织是农业科研单位的纪律保障队伍，是农业科研单位发展和稳定至关重要的组成部分，增强农业科研单位的纪检组织监督执纪能力对于农业科研单位健康发展具有重要意义。特别要对标"国之大者"和农业科研院所重大改革发展，牢牢抓住"机遇期"，找准定位，明确目标，主动作为，展现使命担当，要坚定不移落实全面从严治党要求，紧紧围绕科研工作，提高服务水平和能力，认真落实好党委主体责任、纪委监督责任，压实"一岗双责"，努力建设具有农业科研特色的监督体系，加强纪检队伍建设，要求纪委委员和党支部纪检委员要早一步、先一步、深一步学习党的各项要求，强化政治监督，为科技创新提供坚强有力的政治保障。有关研究情况梳理如下。

　　钟娟（2017）通过研究指出，党的十八大以来，中央高度重视科技创新，围绕实施创新驱动发展战略、加快推进以科技创新为核心的全面创新，作出了一系列战略部署。财政部、科技部等相关部门深入推进科研领域"放管服"改革，释放了一系列给科技松绑的利好政策。面临新形势新要求，如何立足全面从严治党总体要求，创造性地开展科研领域的监督执纪工作，为政策"春风"添上一把廉洁"清风"，切实发挥为科技创新保驾护航的重要作用，是摆在农业科研院所纪检监察部门面前的首要任务。一是要把握纪检监察工作面临的形势任务。全面从严治党对纪检监察提出了更高要求，科研领域纪检监察必须符合科研活动规律，将纪检监察放在科技创新大局中谋划和推进。二是要探索符合科技创新规律的监督执纪方式。以"再监督"推动中央科技创新决策部署落实，对重点人、重点领域、重要时间节点实施"点对点"精准监督，把创新贯穿于谋划、推进、落实工作的全过程。三是要尊重、关心、爱护科研人员。对科研人员的教育管理尤其要注意方式方法，要善于把握科研工作特点，在教育上体现尊重和真诚，管理上注重亲和与沟通。

　　叶雪萍等（2019）以中国热带农业科学院为例，对农业科研单位纪检监察工作现状进行了系统研究，并就如何提高监督执纪问责水平提出了相应对策。一是主体责任和监督责任落实不到位。在工作中，仍有单位对这两者的关系理不清，工作定位找不准，履职内容不明确，影响了全面从严治党的效果。二是监督定位欠精准，精准监督发力不足，如重点领域监督有待加强、日常监督有待抓细抓实、监督方式有待创新。三是纪检干部履职能力有待提升。纪检组织力量不强、分工不明，纪检干部缺乏专业知识，业务能力也存在欠缺，参与核查、审查调查事项少，缺乏实践经验。同时，探讨提出一些建议对策，如强化"两个责任"落实，聚焦重点实现精准监督，提升纪检干部履职能力，通过不断完善工作机制，压实主体责任，层层推动责任落实，创新监督方式，强化重点领域监督和日常监督，多种途径提升纪检干部履职能力，推动农业科研单位纪检监察工作向高质量发展。

路明祥等（2022）基于我国科技体制改革的现状提出，农业科研院所的纪检监察工作应从实际情况出发，主动适应当前新形势变化，积极探索监督执纪方式及途径。由于农业科研院所没有行政权，其纪检监察部门在机构设置、履行职责、工作程序上呈现公益性事业管理的特点。农业科研院所的纪检监察工作要准确把握农业科学研究的客观规律。由于单位工作涉及农业设施的基本建设、设备采购、资产管理、人事管理、项目管理、科研经费使用及管理等多个方面，且单位职工大多是高学历、高职称的知识分子，学习能力强，接受新知识、新事物快，农业科研单位纪检监察工作的总体特点可以概括为公益性事业管理、自然学科特点显著、工作覆盖面广和人员思想政治基础坚定。同时，农业科研院所的纪检监察工作现状也需要引起重视。一是纪检监察与农业科学研究融入性有待加强。业务部门与纪检监察部门之间的沟通协调较少，导致二者在共享信息、制定措施、健全制度、规范管理、追踪整改、风险防控等工作中融入性不显著，增加了违法违纪事件发生的风险性、潜在性和监督成本。二是纪检监察部门急缺复合型人才，懂经济、懂法律、懂管理、懂财务的一专多能复合型人才匮乏。三是纪检监察人员在监督过程中存在顾虑和压力。纪检监察干部与监督对象相互熟悉，在问题线索处置和案件办理工作过程中，以及对本单位人员进行监督执纪时，有时存在顾虑和压力，容易出现不便监督、不会监督、淡化监督、不敢坚持原则和避重就轻等问题。探讨提出了以下建议对策。一是加强纪检监察部门工作融入性，强化纪检监察职能。纪检监察部门在实际工作中与其他业务部门相互融合、合作互补，真正参与到科研院所核心工作中去，起到七分监督、三分问责的实际效果。二是优化纪检监察部门选人用人机制，提升纪检监察干部履职能力。纪检监察部门在选人用人工作中要注意人员专业结构的搭配，积极寻求上级纪委监委或派驻纪检监察组的帮助，获取更多的培训机会，不断加大对纪检监察干部在问题线索处置、谈话技巧、文书规范和办案程序要求等纪检监察基础业务知识的学习培训。三是加强部门的协调沟通，建立健全"三位一体"的监督管理机制。业务部门可以结合工作实际，针对内部巡察、基本建设、设备采购、资产管理、人事管理、科研经费等重点领域，及时征求纪检监察部门的建议；纪检监察部门通过信访和举报等监督手段，向业务部门提供普遍性、苗头性和倾向性问题清单，不断建立和完善各项规章制度。

范丽梅等（2021）分析了农业科研单位纪检监察的内容，进一步阐述了纪检监察监督等工作现状。一是监督责任与主体责任不清。在实施纪检监察工作过程中，部分人员对这两种责任的认知比较模糊，无法厘清两者联系，导致工作定位和履职不够准确，影响单位全面从严治党的实施效果。二是监督队伍能力水平参差不齐。当前，从事纪检监察工作的人员主要存在的问题有专业能力不足、缺乏责任感和自律意识、对职责认知不清、纪检监察工作与管理制度要求脱节等。三是监察体系尚不完善。农业科研单位的人员编制、部门设置等经常根据实际情况调整，有时会使相同级别部门之间的纪检监察工作人员编制不统一。现行纪检监察体系尚不够完善，致使纪检监察监督工作受阻。四是监督关联机制缺失。在监督实践过程中，纪检监察部门过于关注反腐倡廉、教育和惩防体系建设，未认真执行纪检监察人员考核机制，无法达到预期的监督效果。另外，还提出了一些建议对策。一是落实主体责任，要加强监督人员的主体责任观念，要加强监督职责的集中管理，层层落实监督责任。二是组建高效监察队伍，要选用高水平的纪检监察人员，合理调整纪检监察队伍结构。三是优化监察体系，既要创建主要管理制度，又要创建关联制度。四是创新监督模式，保证政务公开，明确监督工作目标。

邱昱东（2022）以江苏省农业科学院纪检监察工作为例，阐述了以闭环思维提升科研单位纪检监察监督质效的实践探索，推进全院全面从严治党不断向纵深发展、向基层延伸发展。一是要构建责任落实工作闭环，浓厚从严监督氛围，筑牢"不想腐"的堤坝。具体措施包括以工作闭环推进监督责任落实落地，以例行约谈强化"关键少数"知责履责，以纪检委员履责夯实支部监督基础，以主题纪律教育浓厚从严监督氛围。二是构建监督检查工作闭环，完善治理体系建设，扎紧"不能腐"的笼子。具体措施包括以问题导向强化专项治理精准性，以"回头看"推进问题整改落实，以高质量巡察提升政治监督质效，以"嵌入式"监督打造立体监督网络，以制度建设堵塞漏洞，标本兼治。三是构建审查调查工作闭环，强化深层次监督，形成"不敢腐"的震慑。具体措施包括以规范线索受理筑牢监督执纪基础，以高质量案件办理推动深层次监督，以"后半篇文章"推进监督贯通融合，以容错纠错凸显监督的力度与温度等。

路明祥等（2022）阐述了农业科研院所纪检监察监督执纪工作的重要性，并从加强党风廉政日常教育工作、建立完善的融合工作机制、提高纪检监察干部队伍自身素质等方面探索了纪检监察监督执纪融入科学研究工作的途径。一是要加强党风廉政日常教育工作，农业科研院所要把党风廉政建设和反腐倡廉工作作为各级党组织一项经常性、基础性工作来抓。二是要建立完善的融合工作机制，要建立科学研究部门和纪检监察部门的联动机制，加强农业科研院所内部管理控制工作。三是农业科研院所纪检监察工作需要有"三度"——对科技人员的教育有"温度"，对典型案例的剖析有"深度"，对违规违纪的处理有"硬度"。四是提高纪检监察干部队伍自身素质，要利用办理专案、借调学习和业务培训的机会，严格遵循办案流程，善于分析研判案情，熟练掌握严谨的审计工作方法、法律常识和财务知识，不断提高自身的文化素质和业务能力，以应对纪检监察工作遇到的新情况、新问题。

钱玉婷等（2022）分析了当前农业科研单位纪检监察工作的特殊性。一是公益性事业单位管理性质凸显。农业科学研究的自然学科特点显著，研究工作覆盖范围广泛，农业科研单位纪检监察对象特殊。二是农业科研单位纪检监察工作的难点主要包括：纪检监察部门作用不被重视，职能发挥不充分；监察机构设置有待健全，人员配备不足；纪检监察人员能力不够全面，工作效率不高；纪法与情理未有机融合，"三个效果"体现不够。另外，还提出了加强农业科研单位纪检监察工作的对策建议。一是探索建立立体化监督机制，发挥各部门合力作用，切实发挥多监督主体"连横合纵"作用，深入开展"嵌入式"监督，真正将监督触角精准嵌入管理服务各环节和农业科技创新的全过程，构建各类主体互联互通、有效衔接的"立交桥"。二是强化纪检监察队伍建设，打造纪检监察铁军，提高纪检干部综合能力，提升纪检监察工作质效。三是坚持宽严并济原则，促进"三个效果"有机统一。

刘慧娟等（2022）针对农业科研单位纪检组织存在的职责意识有待提高、业务素质需要强化、风险防控能力需要提升等现状进行分析，并提出提升监督执纪能力的建议对策。一是强化政治武装。通过理论中心组学习、支部"三会一课"、交流研讨、纪检人员全员培训、新任人员任前培训等方式，使其自觉树牢"四个意识"、廉洁意识、责任意识，以扎实的政治理论为基础，履行监督执纪重要使命职责。二是优化监督机制。要在时间上靠前尽早，程度上抓早抓小，范围上全方位无死角，力度上准确运用"四种形态"，善于把握"四个区分开来"。三是加强队伍建设。农业科研单位要根据科研单位纪检工作特点，完善机构设置，合理人员配置，明确职责分工，建立规范的业务实训流程，健全工作业绩考核制度等全程培养建设机制。四是夯实业务基础。应结合农业科研单位纪检工作业务专一、对外交流少的实际，分种类、分形式开展有针对性、操作性和指导性的学习培训、交流研讨、自查自学和借调锻炼。五是创新工作方法。农业科研单位纪检组织要活跃创新思维，活化工作动力和活力，通过先进经验交流、廉政教育基地主题活动、警示教育短片制作、"科研人员重点纪律红线"测试比拼、党规党纪学习再创作等，依托新平台，树立新理念，探索新方法。

李成蹊等（2022）以江苏省农业科学院为例，分析了农业科研单位纪检监察队伍现状及在体制机制、能力素质、身心状态等方面存在的问题，探究了江苏省农业科学院纪检监察队伍建设的有效措施，并从以下几个方面，提出了加强农业科研单位纪检监察队伍建设的建议对策：突出政治建设，在深化党性锤炼、履行政治责任上再加强；加强能力建设，在掌握斗争规律、精准有效监督上再提升；完善体制机制，在推进工作规范化、制度化上再发力；加强严管厚爱，在强化自身建设、自我约束上再从严。

印莉等（2023）也以江苏省农业科学院为例，从提升纪检委员履责能力、强化纪检委员履责工作的实际需要出发，深入开展调查研究，分析了当前形势下基层党组织纪检委员工作难点。比如，人员力量还不齐备，履责能力有待提升；履责工作不够精准，监督成效有待提高；考核体系不够完善，培训机制有待健全；等等。另外，还提出一些建议对策。一是加强人员队伍建设。坚持德才兼备、以德为先的原则，选优配强农业科研单位基层党组织纪检委员。二是提升履责能力水平。基层党组织纪检委员应采取多种形式，深入学习上级相关制度规定。强化履责工作质效。基层党组织纪检委员活跃在监督一线，要想真正实现基层党组织党内监督无死角、无盲区，就必须充分发挥纪检委员的监督"前哨"作用。三是进一步健全考核培训机制。充分保障科研人员科研时间，动态调整季度和年度考核形式及考核内容，适当减少考核频次，探索运用简明表格形式或者抽查方式开展考核。

李成蹊等（2023）以江苏省农业科学院为例，深入分析当前科研院所案件审理工作存在问题，查找在制度建设、队伍建设、办案能力、办案质量等方面的欠缺与不足，从积极推进纪检监察体制改革、扎实有效开展案件审理工作、深化运用监督执纪"四种形态"、做细做实案件"后半篇文章"等内容入手，详细阐述了当前案件审理工作的基本概况和经验做法，并根据新时期审理工作相关要求，结合科研院所实际，提出了加强审理工作制度建设。中央纪委国家监委、各省、市纪委监委发布的指导性文件是开展审理工作遵循的基本原则，科研院所在实际运用过程中，要严格根据国家监察体制改革后审理理念、职能、程序等方面的新变化，并结合自身工作实际，加强调查研究，制定出台、修改完善案件审理工作制度，构建全流程工作规范，做到与时俱进、守正创新。要优化案件审理部门设置，针对现实情况进行合理优化调整，设置专门的案件审理部门，严格执行"凡案必审""查审分离"，切实保证案件审理工作的独立性、公正性和权威性。要选好配强案件审理干部，案件审理工作政治性、政策性、专业性都很强，案件审理工作人员必须实现专业化和专职化。要创新工作机制，积极推进片区协作机制，建立科研院所纪检监察干部审理人才库，开展"交叉审理""联合审理"，破解"熟人社会"的监督难题等改进案件审理工作的办法。

刘文哲等（2023）通过研究提出，农业科研机构的纪检监察工作要调整思路，创新工作职能和工作重点。一要持之以恒推进全面从严治党向纵深发展，时刻保持解决大党独有难题的清醒和坚定。二要全面从严执纪，坚持有令必行、有禁必止，坚决查处各种违反纪律的行为，防止出现"破窗效应"。三要坚持党的政治建设，提高政治站位，强化政治意识，切实把"党领导一切"的原则纳入科研业务等各项工作之中。四要坚持"三转"，即深化转职能、转方式、转作风。五要坚持把纪律挺在前面，突出抓好廉政风险点排查和防控，严格落实重大事项报告、述责述廉、廉政谈话等制度。六要坚持制度建设，结合农业科研实际，要对现有制度规范进行梳理，及时废改立，实现有规可依、有章可循。七要加强廉洁文化建设，引导党员干部自觉弘扬党的优良传统，修身律己，廉洁齐家。八要坚持紧盯关键少数，做实做细同级监督，给"关键少数"的权力套上"缰绳"。九要坚持盯住关键环节，在容易出问题的关键环节要做到监督再监督，检查再检查。十要坚持以案促改，引导党员干部守纪律、讲规矩，遵守科研活动规律等。

第二节　农业科研单位巡察工作研究综述

农业科研单位巡视巡察工作要准确把握农业农村科技工作面临的新形势新要求，切实履行好职责使命，持续巩固深化政治巡察，推动巡察工作向深拓展、向专发力、向下延伸，保障党中央重大决策部署和省部院等重点工作在本单位落地见效。要坚持党对农业科研工作的全面领导，充分发挥巡察综合监督平台作用，提升监督治理效能，认真抓好巡察监督与纪检、信访、组织、财会、审计等监督贯通融合，形成监督合力，扎实写好"后半篇文章"。巡察工作领导小组各成员单位要统一思想，提高站位，深入学习领会习近平总书记关于巡视工作重要讲话精神，牢牢把握巡察政治方向，高度重视巡察工作，积极主动入位，要立足各自职能领域做好监督工作，认真落实巡视巡察工作五年规划，全环节、全流程参与到巡察监督工作中来，充分发挥职能监督作用，全力配合巡察工作，做好协同推进，聚焦全面从严治党工作中存在的问题和薄弱环节，紧盯风险防控重点领域深入开展工作，注重同题共答，进一步健全巡察工作机制，注重解决深层次问题，狠抓整改落实，务求实效。有关研究情况梳理如下。

张昊冉（2020）指出，巡视是全面从严治党的重大举措和党内监督的战略性制度安排。政治巡视是一个逐步探索的过程，随着内容更全面、重点更聚焦、成效更明显，其对农业科研单位加强党风廉政建设、促进事业高质量发展的作用和意义也日益彰显，并结合实际探讨提出了农业科研单位政治巡视"一二三四"工作有关方法。一是突出"一种本质"。巡视本质上是政治监督，是对党组织和党员领导干部的政治体检，必须旗帜鲜明讲政治，盯住"关键少数"找偏差。农业科研单位的政治巡视，要坚持以习近平总书记关于"三农"工作的重要论述为指导，聚焦农业科研职责使命，把主责主业完成情况作为重点内容、摆在突出位置，紧盯领导班子及班子成员履职表现。二是坚持"两个抓手"。发现问题是巡视工作的生命线，推动解决问题是巡视工作的落脚点。巡视工作要聚焦"政治"目标，坚持问题导向，既要抓好谋划设计，确保巡视任务层次清晰，又要抓好现场操作，确保进驻工作顺利开展。三是加强"三个建设"。加强联动建设，巡视工作要加强联动，拓宽协同渠道，确保合力推进；加强队伍建设，巡视工作要巩固组织，建立一支稳定的、高素质的巡视人才队伍，为巡视有序开展提供组织保障；加强能力建设，巡视工作要增强担当，通过理论学习和培训指导相结合，提高巡视组成员发现问题、分析问题的能力。四是做实"四点整改"。做好巡视"后半篇文章"，关键要在整改上发力，要把握好科研单位巡视整改与深化改革、紧实责任、反馈交流、指导把关四者之间的关系。特别是，农业科研单位作为专业从事农业科学研究的机构，拥有行业中先进的科研成果、科技信息和涉农经验，以及数量众多、学科背景深厚、学科层次齐全的科技人才，通过做深做细巡视任务，抓严抓实整改落实，有助于不断推动农业科研单位高质量发展，进一步激发农业科研单位潜能，将其储备的丰富专业知识转化为现实生产力，助力实施乡村振兴战略。

《湖北巡视巡察》杂志于 2021 年刊登文章《发挥巡察利剑作用　推动农业科技创新高质量发展》，介绍了湖北省农业科学院巡察工作的主要成效和经验做法。文章指出，2016 年以来，湖北省农业科学院党委把巡察工作作为落实全面从严治党"两个责任"的有力抓手，突出政治巡察定位，坚持问题导向，有力促进了院属各单位更好履行职责使命，进一步提升管党治党水平，巡察利剑作用得到充分彰显。巡察工作开展以来，湖北省农业科学院党委切实加强组织领导，制定《巡察工作实施办法》等配套制度，从组织机构、人员安排、工作经费等方面保障巡察工作顺利开展。截至 2020 年底，已完成一轮对院属 13 家二级单位的巡察全覆盖；做深做实"后半篇文章"，对巡察发现的具有普遍性、突出性问题，在全院各单位自查自纠、举一反三，强化标本兼治；加强巡审联动，巡察过程中借助第三方审计力量，把巡察监督与审计监督贯通融合，结果共享共用，提升监督质效；优化配强巡察干部，把巡察作为发现、培养、锻炼干部的重要平台，为巡察工作提供有力组织保障和人才支撑。

汪茂文等（2022）探讨了农业科研单位巡察工作的实践与思考，以安徽省农业科学院为例进行深入剖析。巡察工作是巡视的延伸和补充。充分发挥巡察工作的政治"显微镜"作用，对完善基层党内监督具有深远意义。省级农业科研单位作为推动农业快速稳定发展的重要力量，其巡察工作的有效实施和成果运用具有深远意义。文章以安徽省农业科学院为例，详细阐述了农业科研单位巡察工作的实践情况。巡察组以严谨的态度联系被巡察单位，着力同题共答，通过听取汇报、查阅资料、个别谈话、民主测评等方式，全面了解被巡察单位的党建工作、事业发展和管理工作等方面的情况。同时，巡察组还组织开展问卷调查、实地走访等活动，广泛听取干部职工的意见和建议，确保巡察工作的全面性和客观性。然而，农业科研单位巡察工作也面临着一些现实困境。

一是对巡察工作的重视程度不够，巡察力量相对不足，巡察组成员多为兼职人员，难以保证巡察工作的连续性和深入性；二是巡察工作的制度建设和运行机制尚不完善，精准发现问题的能力有待提高，影响了巡察工作的效果；三是巡察成果运用不够充分，巡察发现的问题整改不到位、效果不明显，以及巡察成果的运用和转化机制还有待进一步健全等问题时有发生。这些问题制约了巡察工作的深入开展和取得实效。针对这些问题，文章提出了深化农业科研单位巡察工作的建议。首先，要进一步落实巡察主体责任，明确各级党组织和领导干部在巡察工作中的职责和任务，确保巡察工作的深入开展。其次，要加强巡察队伍建设，提高巡察人员的业务素质和综合能力，为巡察工作的顺利开展提供有力保障。最后，在以积极的态度完成整改和总结全年巡察工作、深化运用巡察成果等方面持续改进，为农业的快速稳定发展提供有力支撑。总之，农业科研单位巡察工作是推动全面从严治党向基层延伸的重要举措，对于确保党的路线方针政策在农业科研单位的贯彻执行具有重要意义。通过加强巡察工作的实践与思考，不断完善巡察工作的制度建设和运行机制，深化运用巡察成果，以适应新时代农业科研单位发展的新要求和新挑战。

　　江苏省农业科学院制定出台了《关于提高巡察发现问题能力的意见》，围绕巡察发现问题线索的具体工作提出了实操性意见和要求，为进一步提高巡察发现问题能力，提升发现问题线索质量，充分发挥巡察"利剑"震慑作用提供了制度保障。一是坚持问题导向，注重实际操作。针对院党委前六轮巡察中发现的问题线索数量较少、质量不高等问题，该意见在总结成功经验、借鉴典型案例的基础上，注重与现有制度规定相衔接，贯穿巡察发现问题线索全过程，从巡前准备工作、问题线索来源、问题线索定位、问题线索报告4个方面，提出12条指导性意见要求，从政治层面和操作层面帮助巡察组聚焦巡察重点、精准定向发力、综合运用方法、深入查找问题线索。二是明确分类标准，建立会商机制。该意见依据三类问题线索分类处置和监督执纪"四种形态"的对应关系，对问题线索的分类定性提出严格标准、把握尺度、准确判断三点要求；建立了问题线索会商机制，明确会商时间、人员、内容"三要素"，指明问题线索最终认定责任人；对巡察移交的问题线索坚持"两准、两有"原则，既要站位准、情况准，又要有事实、有佐证，辅助巡察组掌握问题线索报告的写作构架、表述方式和报告重点，强调对于"进一步了解关注"类问题线索要特别谨慎，需要点名、点事、明确作出判断。三是强化巡纪联动，提升工作质效。为有效提升问题线索发现效率，构建党委巡察与纪检监察工作的协作机制，该意见进一步梳理巡察发现问题线索过程的难点、痛点、堵点，规范了问题线索的审核把关，明确难度较大的问题线索由纪检监察部门提前介入，及时锁定证据，快速查办，并从情况通报、政策咨询、人员选派、专业支持等角度整合巡察监督和纪检监察力量，推动巡察与纪检监察工作互联互助、互促共进。

同时，江苏省农业科学院为筑牢巡察工作基础，加强巡察制度建设，全面提升巡察工作规范化、专业化、科学化水平，对现有巡察工作制度和模板进行"立、改、废"工作，建立健全和修订完善相关工作制度、工作机制、工作模板82个，编印形成《巡察工作制度和模板汇编》，为巡察工作高质量发展提供重要制度保障。一是健全制度保障体系。围绕巡察工作流程"六大环节"，构建以《中共江苏省农业科学院委员会巡察工作实施办法》为主体，以《巡察准备工作规范》《巡察听取汇报工作规范》《巡察反馈工作规范》《巡察整改工作规范》《巡察整改质效"五方联评"暂行办法》等31项巡察制度为支撑，以《巡察情况综合报告模板》《巡察整改质效评估表》等50项实操模板和工作表格为保障的巡察制度体系，紧扣巡察工作闭环实现巡察制度闭环，确保每一个环节、每一道程序、每一项工作都有章可循、有规可依，为巡察实践提供规范化、标准化参照。二是建立协作配合机制。建立院党委巡察办公室与各职能部门协作配合机制，明确巡察办与纪检监察、组织人事、审计财务、科研管理、工程基建等11个部门之间力量联合、协调合作路径。通过巡前统筹信息共享、人员抽调、政策解读与咨询，巡中加强会商研判、推进立行立改、提供支撑保障，巡后成果处置、联合督查、问题协查、质效评估，推动形成巡察"一盘棋"工作格局。同时，强化巡察办公室和巡察组协作机制，坚持巡察重点办组会商、巡察报告办组会审、问题线索办组会核"三会"机制，有效增强巡察机构叠加战斗力。三是切实强化成果运用。建立成果运用清单管理制度，加强成果运用分类管理、分级负责和跟踪办理，以流程图表化、成果具体化、信息数据化，做到责任清、情况明、数据准。进一步规范工作程序，紧紧抓住报告、反馈、移交、整改、公开等工作环节，分解任务、压实责任，形成"巡察报告报账、巡察反馈交账、巡察移交转账、巡察督办查账、巡察整改销账"的完整链条。加强监督问责，充分运用专责监督、群众监督、舆论监督，对整改情况及时跟踪督查和"回头看"，同时规范巡察宣传和公开，接受广大干部职工监督，对责任不落实、整改不彻底、效果不明显严肃追责问责，切实维护巡察公信力和严肃性。

此外，江苏省农业科学院坚持巡察政治定位，把加强巡察整改和成果综合运用作为践行"两个维护"、捍卫"两个确立"的实际行动。通过做实做细整改工作，标本兼治解决问题，切实发挥巡察监督效能，全面提升院所治理能力，实现以巡促改、以巡促建、以巡促治的目标。一是规划"清晰路线"，高位引领整改。院党委坚持反馈问题与高质量整改并重。每轮巡察完成后，院党委巡察工作领导小组都会召开会议，逐个审议巡察相关报告，提出明确整改要求，严格审批反馈意见；院党委会议听取巡察工作综合报告，画出具体、鲜明的整改工作"路线图"。在"一对一""双反馈"的基础上，同时向分管院领导反馈巡察情况，以便准确掌握分管领域存在的问题，加强后期整改督促，实现反馈与整改的"无缝衔接"。院党委巡察办对巡察整改方案实行"四步审核制"，即"上报、预审、修改、定稿"，不符合要求的坚决打回，符合要求的才进入整改流程。巡察办列席指导被巡察党组织的整改专题组织生活会，帮助被巡察党组织班子成员凝聚共识，统一思想，把好整改"第一关"。二是聚焦"突出问题"，有效助推整改。院党委将巡察中发现的关系到事业发展的体制性、机制性问题作为突出问题，要求被巡察党组织重点整改，并以此为"切入点"强化全面整改。从院党委第七轮巡察开始，增设巡察突出问题整改专题汇报环节，被巡察党组织主要负责人向院党委巡察工作领导小组专题汇报突出问题整改情况，院党委书记、巡察工作领导小组组长和每位成员逐一对突出问题的整改情况进行点评，精心谋划、悉心指导整改中的难点、堵点，帮助被巡察党组织明确整改责任要求，找准突出问题背后的根源，及时准确调整思路和方向，形成有效整改措施和有力工作"抓手"，督促真改实改、改出成效，实现对巡察整改的"再推动"。三是探索"五方联评"，全面检视整改。院党委出台《巡察整改质效"五方联评"暂行办法》，由巡察办联合纪委办、组织部（人事处）、党委工作部等五个方面相关人员组成巡察整改质效评估小组，紧扣巡察整改相关要求和关键时间节点，对巡察整改情况进行全程跟踪和全面把控。"五方联评"通过审阅报告、查阅台账、调研走访、个别谈话、问卷调查等方式开展，以"整改工作重视度、整改报告契合度、整改台账完整度、整改任务完成率、整改结果满意率"等"三度""两率"定性指标和定量指标，对整改情况实行百分制评估，形成"好、较好、一般、较差"四个等次的评估结论，经巡察工作领导小组审阅后，"点对点"反馈至被巡察党组织，实现对整改落实情况的深入评估和全面检视。四是强化多措并举，督促落实整改。巡察整改半年后，开展巡察整改"回头看"，将巡察整改"回头看"督查和问题整改监督检查相结合，"清单式"检查整改情况，发现问题及时督促改进。将巡察整改个性化问题列入年度工作提醒函，为巡察整改再"加楔"，要求相关单位（部门）认真对照检查，建立长效机制，以闭环管理倒逼责任落实。汇总每轮巡察发现的共性问题向全院通报，要求各基层党组织对标对表、举一反三、未巡先改，保持巡察震慑常在。同时，不断提升问题线索处理质效，重大问题线索先期移交、提前介入，做到查处一批、问责一批、通报一批，对发现的 16 件问题线索快速查办，已处理人员 14 人，充分发挥巡察"利剑"作用，提升干部职工获得感，提高巡察公信力。根据巡察中发现的突出问题以及可能存在的风险点，先后推动开展违规租赁社会车辆、私车公养，问题整改落实，违规外拨经费和小型建设工程管理等 10 多项问题专项治理，推动出台院级有关管理制度 30 多项，持续提升院所治理能力和水平。

中国农业科学院在 2023 年巡察工作动员部署会上指出，中国农业科学院巡察工作是农业农村部巡视工作的重要组成部分，担负着保障院系统党的队伍、党的事业坚定不移沿着正确方向前进，不折不扣贯彻落实党中央重大决策部署和部党组工作安排的重要任务，要坚持严的基调不动摇，做到在思想认识上、问题查摆上、巡察反馈上、整改监督上从严从实，真正实现巡察"推动改革、促进发展"的作用。会议强调，要深入贯彻落实习近平总书记和党中央关于巡视工作的新部署新要求，不断强化做好巡察工作的政治自觉，准确把握巡察监督重点，找准找实影响被巡察单位的突出问题，强化巡察整改和成果运用，扎实组织开展好 2023 年巡察工作，以有力政治监督保障党的二十大决策部署落实见效。会议要求，巡察组、被巡察单位党委要提高政治站位，聚焦"四个落实"，坚持问题导向、同题共答、凝心聚力做好巡察工作。各巡察组要带头严守政治纪律和政治规矩，严格执行巡察制度，保持优良工作作风。被巡察单位领导班子要强化巡察整改政治责任，党政"一把手"主动抓整改、带头抓整改，班子成员落实好"一岗双责"。院机关各部门要在情况互通、工作互动、信息共享等方面探索更加有效的贯通方式，建立健全"专业力量深度参与"的制度机制，进一步形成工作合力，提升监督质效，确保新一轮巡察工作开好局起好步。

中国热带农业科学院在 2023 年巡察工作动员部署会上指出，中国热带农业科学院巡察工作是农业农村部巡视工作的重要组成部分，担负着保障院系统党的队伍、党的事业坚定不移沿着正确方向前进，不折不扣贯彻落实党中央重大决策部署和部党组工作安排的重要任务，要把严的基调贯穿院内巡察全过程，坚持发现问题、形成震慑、推动改革和促进发展不动摇，深入查找和推动解决影响事业发展的责任问题、能力问题、作风问题及体制机制问题。会议强调，要深刻学习领悟习近平总书记关于巡视工作的重要讲话和重要指示精神，认真贯彻落实部党组对巡视巡察工作的部署要求，聚焦监督重点，坚持问题导向，紧盯主责主业、"一把手"和领导班子、权力责任、队伍建设等工作落实情况，院巡察组、被巡察单位、巡察办和巡察工作领导小组成员部门要立足各自职责，提高政治站位，强化责任担当，实现新一轮院内巡察良好开局。会议要求，2023 年巡察工作要切实提高政治站位，贯彻落实好部党组巡视工作动员部署精神和院党组巡察工作安排，巡察组要务实、深入、有效开展工作，切实维护巡察权威，严肃巡察工作纪律，被巡察单位要全力支持配合，做好同题共答，以巡察为契机，积极回应干部职工广泛关注的问题，主动破解制约改革发展的深层次问题，真正把接受巡察监督与推动本单位事业高质量发展结合起来。

第三节　农业科研单位审计工作研究综述

我国是一个农业大国，也是粮食生产与消费大国。粮食问题是国家一直以来十分重视的大问题，粮食安全事关国家生存。我国农业生产资源有限，科技创新是农业发展的唯一出路，也是现代农业的重要支撑。农业科研单位承担着农业科技创新的重大任务。国家对农业科研单位的投入逐年增加，农业科研单位的责任也越来越大，如何用好国家投入的科研资金产出应有的成果是每一个农业科研单位负责人应该思考和承担的责任。因此，实施农业科研单位经济责任审计成为检验单位负责人经济责任完成情况，推动党风廉政建设的重要管理手段。当前发展形势下，农业科研单位对内部审计进行转型是适应经济发展新常态的要求，也是应对经济结构调整挑战的要求，同时是内部审计自身发展与反腐倡廉的要求。有关研究情况梳理如下。

朱秀侠等（2019）通过研究提出，农业科研单位内部审计文化是组织文化的有机构成部分。单位在科研项目审计、经济责任审计、基本建设审计、企业审计、自然资源审计等方面，通过内部审计文化涵养正气、淬炼思想、升华境界、指导实践，促使农业科研单位的人才、技术、资金发挥"内燃机""调控器""黏合剂"的作用，在科研工作中发挥传承、交流、增进、教化、培育、廉洁等功能，促进农业科研服务农业现代化建设、服务"三农"。内部审计文化建设主要存在的问题有：内审机构设置不合理，表现为内审机构或与纪委监察机构合署办公，或与财务、资产机构合署办公；内审队伍建设存在短板，内部审计人员入行门槛低、角色错位、专业性不强，知识结构单一，考核机制不健全，内审人员精神不够振奋；对内部审计文化认识不足，对内部审计指导和监督存在空白，联动不畅通，甚至视内部审计可有可无，内部审计法规的刚性约束不强；传播的媒介载体少，内部审计文化主要通过审计报告、审计考试、审计培训和审计会议等渠道传播，很少通过音频、视频等载体进行宣传；内部审计文化"贵族"化，内部审计文化理念、制度文化建设缺失，远离组织文化、廉政文化，形成"贵族"文化，难成合力。另外，存在找关系、上项目，重立项、轻结题，虚报、套取、截留、挤占、挪用等诸多问题，以及诚信缺失、内部审计"亚文化"现象。

王文华（2019）通过研究发现，我国农业科研单位内部审计中的一些情况亟须重视，比如，定位不够准确，缺乏与时俱进理念；机构设置不合理，缺乏独立性与权威性；内部审计力量薄弱，缺乏高素质人才；制度不够健全，结果利用程度较低。因此，农业科研单位发展中的内部审计转型路径主要包括：明确内部审计目标，更新内部审计理念；对内部审计体制合理改革，确保其独立性与权威性；加强内部审计队伍建设，提高审计人员专业素养；完善内部审计制度，强化内部审计绩效。

皇甫江河（2020）在文献研究过程中指出，在党和国家监督体系中，审计扮演着举足轻重的角色，是推动国家治理体系和治理能力现代化的关键力量。如何紧密结合工作实际，尤其是内部审计面临的形势与挑战，包括审计任务繁重、审计资源有限、审计效率要求高等，按照习近平新时代中国特色社会主义思想的要求，创新内部审计方式，已成为农业科研单位管理面临的重要任务。其通过对 Z 省农业科学院内部审计连续三年预算执行情况的案例进行分析，探讨了巡审联动这一审计实践方式的应用与成效，以期为农业科研单位内部审计工作提供有益的参考。首先文章详细阐述了 Z 省农业科学院优化内部审计巡审联动机制的具体措施，包括建立审计项目库、制定巡审计划、强化审计团队建设、强化审计协同、完善审计质量控制等方面。通过实践探索，Z 省农业科学院内部审计巡审联动机制取得了显著成效。一方面，审计效率得到大幅提升，促进一批历史遗留问题整改、完善内控管理、管理规范化水平逐年提升，审计质量得到有力保障；另一方面，审计覆盖面更加广泛，审计发现问题更加精准，为单位的科学决策和规范管理提供了有力支撑。同时，也发现了"三公"经费及会议费培训费等支出执行不够规范、科研经费使用方面管理不够严格、往来款管理欠规范、内控制度建设和政策执行不够规范和个别单位资产和投资管理不够规范等问题。其次还总结了 Z 省农业科学院内部审计巡审联动实践中的经验教训，提出了进一步完善审计机制的建议，包括持续关注共性问题、加强审计在政治监督中的作用、加强制度执行审计、做好审计后半篇文章等。这些建议对于推动内部审计工作的创新发展、提升审计效能、提升规范化管理水平，具有重要的现实意义和参考价值。总之，巡审联动作为一种创新的审计实践方式，在 Z 省农业科学院的内部审计工作中取得了显著成效。它通过加强跨部门合作、优化审计项目组织形式、深化审计结果应用等途径，构建了"多专业有机融合、多层级优势互补、多部门高效协同"的审计模式，有效提升了审计效能，为农业科研单位的稳健发展提供了有力保障，为农业科研单位内部审计提供借鉴。

张晓峰（2020）在实际工作中发现，"科研第一"是包括农业科研单位在内的所有科研单位比较普遍的提法，贯穿其全部工作，在紧紧抓住农业科研这一主业的同时，必须充分认识与厘清财务管理和审计监督的作用，利用其优势，主辅互补，将"科研第一"落到实处。比如，在财政资金并不充沛的情况下，加强内部审计监督，可以促使财务观念转变，提高资金利用率，充分发挥资金的使用效能，适时开展任期经济责任审计、经济效益审计、专项审计和审计调查等审计工作，将内部审计有机地嵌入财务管理的全过程，变事后查账、监督为事前审计；适时对所承接的科研项目开展审计监督，更科学、更严谨地评估进展情况和实施效果。

李超（2021）通过研究指出，构建一套适用于本行业的标准清晰、体系完整、重点突出的内部经济责任审计评价指标体系对于指导内部经济责任审计实践具有十分重要的意义，并以某农科院的下设分支机构主要负责人有关离任审计项目为例，阐述了评价指标体系构建的现状，分析了其中的不足。一是指标体系不完整，缺少分支机构主要负责人贯彻执行党和国家经济方针政策、决策部署情况，缺少分支机构重要发展规划和政策措施的制定、执行情况，以及主要负责人在经济活动中落实有关党风廉政建设责任和遵守廉洁从政规定情况等内容的相应指标。二是指标设计不完善，对任期内部控制建设及执行情况进行审计评价时，仅有内部管理制度制定的个数和制度是否有效执行这两项指标，无法反映制度建设的完善程度和制度的合法合规性；在对重大经济事项决策进行审计评价时，仅有专题研究"三重一大"事项会议召开次数这一项指标，无法反映是否所有的重大经济事项都经过党政班子集体决策以及有无遗漏。三是指标对区分经济责任的作用不明显，前后任之间经济事项权责不明，一旦产生问题难以进行责任追究。四是指标缺乏农业科研单位特点，指标均是对经济数据进行评价，缺乏针对农业科研单位负责人履行职责使命进行审计评价的特点，对履行国家赋予的职责关注不够。

孙聪（2021）以某科研院所为例，对当前农业科研单位科研副产品管理源头管控存在薄弱环节、处置方式片面化、制度执行不到位、处置收入管理不规范等方面进行分析，提出加强科研副产品管理的意见建议。一是加强科研副产品全程管理。研究制定科研副产品管理办法，对科研副产品进行清晰界定，明确牵头管理部门，加强科研副产品全过程管理。二是规范科研副产品处置方式。研究所应在摸清科研副产品家底的前提下，明确除能够直接对外出售的科研副产品外，对未获得市场准入、有毒有害以及其他存在安全隐患的科研副产品，应严格分类处置，严禁课题组为片面追求经济效益或小团体利益。三是强化科研副产品实物及收入管理。针对审计中发现的各类科研副产品管理处置不规范的现状，加强对科研人员财经法纪教育和廉政风险提醒，压实课题负责人直接管理责任和监督责任，研究所科研副产品归口管理部门应会同课题组建立健全科研副产品实物登记制度。四是加大科研副产品管理处置监督检查力度。农业科研副产品管理和处置，根据种类不同具有季节性、周期性的特点，应重点针对处置规模较大、金额较高、频次较多的科研副产品，本应产出科研副产品但其收入却长期为零的，科研副产品处置收入上下年度出现不合理波动等事项。

肖晓英等（2021）认为，工程项目审计是确保农业科研事业单位工程项目实施效果的重要制度保障。目前，政府审计实务多以专项资金是否规范使用这一单一目标作为审计重点，很难全面客观地反映工程行为。其构建了专项资金审计、工程行为审计和绩效评价审计三阶段组合的多目标综合审计模式，并以部分科研院所工程实例为例，阐述了多目标综合审计模式的实施路径。第一阶段，通过执行审计程序，开展专项资金审计，监督和规范经济行为；第二阶段，通过合理安排控制测试和灵活运用各种审计方法，开展工程行为审计，完善制度建设；第三阶段，通过考核科研产出绩效指标，开展绩效评价审计，落实项目运行效果。依据上述实施路径，全面客观地反映工程行为，揭示工程中出现的根源性问题，并提出了一些改进建议。一是在多目标综合审计第一阶段，重点是专项资金审计，以监督和规范经济行为；二是在多目标综合审计第二阶段，重点是工程行为审计，以完善制度建设；三是在多目标综合审计第三阶段，重点是工程绩效评价审计，以落实项目运行效果。

王展等（2022）通过分析指出，当前农业科研事业单位内部审计现状主要体现在四个方面。一是单位领导对内部审计缺乏全面认识，内部审计意识稍显薄弱；二是内部审计制度有待完善；三是内部审计机构独立性有待强化；四是内部审计人员专业能力素养有待提高。另外，还提出了相应的建议对策。一是优化内部环境合理配置资源。实施内部审计是保证农业科研事业单位实现长远发展的内在需要，要主动接受内部审计监督。管理层与内部审计人员必须以加强内部控制、改善经营管理及单位价值增值为目标，同心同德，利益与共，为内部审计工作的开展创造良好条件。二是完善内部审计规章制度。结合农业科研事业单位业务特点，从单位全局层面建立健全内部审计制度体系。三是保持内部审计独立性。农业科研事业单位可以结合自身规模和工作需要设置相应的内部审计机构。内部审计机构可以直接向决策层报告，履行内部审计职责时，应不受任何干扰。四是加强内部审计队伍建设。在内部审计人员的选聘上，要选拔政治素质、事业心和责任感较强的人员；注重优化内部审计人员专业结构，要选聘具有相关专业技术知识的人员。

王琼烯（2022）针对农业科研单位内部审计中普遍存在的内部审计定位不明确、管理者对内部审计工作重视不够、内部审计专业人员数量少且参与度低等问题，从加强内部审计对内部控制体系建设的意义、提高内部审计以增强内部控制的措施等方面进行了阐述和分析，认为内部审计能够促进内控制度的完善、促进内部控制目标的实现、保证内部控制制度的实施。针对以上分析他提出了相应建议。一是设立独立的审计机构。有效的内部审计才能实施有效的内部控制，要求农业科研单位必须具有完善、健全的内部审计制度以及独立、高效的内部审计机构。二是提高内部审计人员的专业素质。只有不断地提高内部审计人员的职业素质和道德水平，才能使单位内部审计制度制定得更合理，内部审计执行得更有效。三是进一步明确内部审计工作目标。要根据形势发展需要对审计工作目标有一个明确的定位，如发展效益型审计等。四是着力提升农业科研单位内部审计质量。

聂安琪等（2023）以某农业科研单位科技扶贫审计中的困境分析为例，在总结归纳科技帮扶特点的基础上，梳理脱贫攻坚背景下科技扶贫审计面临的科技帮扶双方可能成为利益共同体导致监督失效、专业背景和监督管理双缺失导致审计深度不够、物资帮扶监督失效导致审计盲区、事后审计导致监督滞后等困境，并剖析其原因和提出解决对策。一是要加强监督，建立内外联动监督机制，包括及时沟通，及时收集前期审计资料；仔细甄别，内部审计人员在审计过程中，应当对被审计方提供的第三方证明资料或情况说明的可靠性与完备性，保持必要的审计敏感性；绩效挂钩，将扶贫绩效审计与主管领导干部经济责任审计、驻村干部工作绩效挂钩。二是要整合资源，提高帮扶领域审计的水平，包括整合人力资源和整合信息资源。三是要全程跟踪，提升帮扶领域审计精度，包括强化内部审计的作用和事前事中监督。

王莉（2023）探讨了在新时代科研事业"放管服"相关政策背景下，内部审计在科研院所治理体系中的重要性以及其发挥作用的路径。一是以制度建设为纲，开创新时代内部审计工作新格局。制度建设是工作开展的前提保障，科研院所应依据国家有关法律法规和单位章程建立健全内部审计制度，筹划内部审计工作机制。通常情况下，建立内部审计制度体系包括三个层次，即内部审计章程、管理办法和实施细则。二是树立良好的关系管理理念和意识，正确处理与相关各方的关系。内部审计是内控管理机制的重要组成部分，内部审计人员日常工作中经常与组织内外相关机构和人员发生业务合作与交流，在确保独立、客观的前提下，应正确处理好与相关各方的关系，取得相关各方的理解和支持配合。在这些关系中包括与组织最高管理层的关系、与管理层及内部各职能部门的关系、与被审计单位的关系、与组织外部相关机构和人员的关系等。三是加强自身建设，努力提高内部审计人员的专业胜任能力。依法审计是职业的准绳，廉洁自律是职业的保证，内部审计机构要努力打造一支理想信念坚定、业务精通过硬、作风求真务实、清正廉洁高效的高素质专业化内部审计人员队伍。

梁晓斐（2023）认为新形势下农业科研单位内部审计转型面临缺乏对内部审计转型的重视、农业科研单位内部审计机构设置不合理两方面问题，并提出新形势下农业科研单位内部审计转型的四点建议对策。第一，强化农业科研单位对内部审计转型的了解和认识。一是企业领导层要提升对审计环节及相关工作转型的重视程度；二是审计人员要在审计环节及工作转型中加强与外部部门的沟通；三是单位内部要积极组织其他部门的人员学习审计工作方面的相关流程及程序。第二，精准定位内部审计职能，在遵循法律法规的基础上来定义和定位审计工作的职能，不断促进单位审计工作程序的规范化和流程化。第三，提升内部审计工作实力。一是农业科研单位要对其内部审计工作进行重新定位；二是利用现代化的审计模式改变传统的审计方式。规范内部审计工作流程，要从规范农业科研单位内部审计工作流程入手，制定合理的单位内部审计工作计划并落实审计现场，对审计复核审理的过程进行严格把控。第四，加强内部审计人员培训。一是农业科研单位要提高内部审计人员的招聘门槛；二是农业科研单位要积极聘请相关的审计管理讲师对内部审计人员进行有针对性的专业培训；三是农业科研单位要组织内部审计人员借助网络信息平台与内部审计转型的先进单位进行交流学习；四是加强农业科研单位对内部审计人员的法律法规教育及职业道德教育。

杨秀兰等（2023）通过研究发现，目前国内针对高校科研经费绩效审计的工作体系尚未形成，如何进行绩效审计成为当前亟须解决的工作，并参照国外最新审计方法，以 5E 评价内容为核心，结合逻辑模型，从经济性、效率性、效果性、环境性和公平性五个方面构建科研经费绩效审计评价体系，利用层次分析法和德尔菲法确定各项指标权重，即经济性审计评价、效率性审计评价、效果性审计评价、环境性审计评价、公平性审计评价。与我国现行的高校科研经费绩效审计相比，新的审计方法不再以评价财务收支、注重科研经费使用的合规性和真实性为主，且评价内容不再以传统的对经济性、效率性、效果性评价为主。

孔贺等（2023）在研究中指出，新形势下农业科研单位内部审计转型面临缺乏与时俱进的理念、内部审计的独立性与权威性不足、内部审计制度不完善、人员素质有待提升等四方面问题，针对这些问题重点提出了五点促进农业科研单位内部审计顺利转型的策略，以期为农业科研单位开展内部审计提供新思路。一是转变审计人员理念，积极推动内部审计转型；二是建立健全规章制度，实现内部审计规范性与标准化；三是改革内部审计体制，强化审计独立性与权威性；四是丰富内部审计内容，创新内部审计工作的技术手段；五是重视人员素质提升，打造高素质内部审计队伍等。

下篇
实践研究汇编

第四章　部署要求

　　工作中强化部署是为了确保工作能够高效、有序地进行，提高工作效率和质量，同时保障工作的顺利完成。强化部署是工作中不可或缺的一环，它不仅能够提高工作效率和质量，保障工作的顺利完成，还能促进团队协作和沟通，帮助组织更好地应对挑战和风险。强化部署涉及多个方面，包括但不限于以下几点。一是提高工作效率和质量。通过强化部署，可以确保各项工作有明确的目标和计划，避免工作中的盲目性和随意性，从而提高工作效率和质量。二是保障工作顺利完成。强化部署有助于合理安排资源和时间，确保各项工作按照既定的计划和时间表进行，从而保障工作顺利完成。三是促进团队协作和沟通。强化部署要求各部门和人员之间进行有效的沟通和协作，明确工作目标和任务，促进团队协作和沟通，减少工作中的摩擦和误解。四是应对挑战和风险。在面对工作中的挑战和风险时，强化部署能够帮助组织快速调整策略，有效应对，减少不利影响。五是提升组织的适应性和灵活性。通过强化部署，组织能够更好地适应外部环境的变化，调整内部策略，提升组织的适应性和灵活性。本章汇总梳理了有关农业科研单位纪检、巡察、审计等相关工作五个方面的部署要求。

关于坚持不懈纵深推进
全面从严治党有关部署要求

党的十八届六中全会专题研究了全面从严治党重大问题，充分展现了党中央坚定不移推进全面从严治党的决心和信心。党的十八大以来，党中央以前所未有的勇气和定力推进党风廉政建设和反腐败斗争，刹住了一些多年未刹住的歪风邪气，解决了许多长期没有解决的顽瘴痼疾，清除了党、国家、军队内部存在的严重隐患，管党治党宽松软状况得到根本扭转，探索出依靠党的自我革命跳出历史周期率的成功路径。在全面从严治党不断向纵深推进的过程中，"两个责任""一岗双责"和纪检"三转"等蕴含着丰富的科学内涵，具有经久不衰的时代价值。

一、辩证看待"两个责任"

"两个责任"制度不仅是深化反腐倡廉建设的必然要求，也是推动全面从严治党抓长抓常抓深的重要抓手和制度利器。"两个责任"作为全面从严治党的重要理论、实践和制度创新成果，经过了不断发展的历史演进。

1998 年 12 月，《关于实行党风廉政建设责任制的规定》指出领导班子对党风廉政建设负责，明确班子主要负责人是第一责任人，但这时还未提出"主体责任"这一概念。2010 年，中共中央、国务院结合反腐倡廉实践，对1998 年的《关于实行党风廉政建设责任制的规定》修订完善，明确党委（党组）领导班子对其职责范围内党风廉政建设的"全面领导责任"，规定"一把手"为"第一责任人"。

党的十八大以来，以习近平同志为核心的党中央进一步强调党风廉政建设责任制建设的重要性。2013 年，党的十八届三中全会明确指出："落实党风廉政建设责任制，党委负主体责任，纪委负监督责任。"这也是党的文件中首次提出"两个责任"。在此基础上，党的十九届四中全会明确提出"完善和落实全面从严治党责任制度"这一重要命题。2020 年，中央办公厅印发《党委（党组）落实全面从严治党主体责任规定》，对党委（党组）落实全面从严治党主体责任进行全面规定。

从党风廉政建设的"两个责任"制度升级为全面从严治党的"两个责任"制度，即"落实全面从严治党党委主体责任、纪委监督责任"，对于推进全面从严治党、深化反腐败斗争具有更直接的意义，主要如下。

一是意味着各级党委要推动党风廉政建设与全面从严治党的政治建设、思想建设、组织建设、作风建设、纪律建设和党内法规制度建设结合起来，从整体上推动全面从严治党向纵深发展。

二是明晰了党委、党委主要责任人和主要成员的责任，增强党政领导干部的责任意识，形成上下贯通、层层负责的工作格局。

三是纪委作为党内专门的监督机关，过去承担了大量本来由党委和相关职能部门承担的工作，不利于集中精力进行纪律监督，"两个责任"制度进一步明确了纪委的监督职责。

四是进一步明晰了党委和纪委的关系。一方面，二者各司其职，党委主体责任是前提，发挥统一领导、总揽全局作用；纪委监督责任是保障，承担协助职责和监督责任。另一方面，二者相互联系，有党委坚强领导和大力支持，纪委才能敢于善于监督；有纪委监委积极协助、有力监督，党委才能更好承担全面从严治党主体责任，确保履责质效。

二、压紧压实"一岗双责"

"一岗双责"指既要抓好分管的业务工作，又要以同等的注意力抓好分管部门的党风廉政建设，把反腐倡廉、案件防范等工作与业务工作同研究、同规划、同布置、同检查、同考核、同问责，真正做到"两手抓、两手硬"。《关于实行党风廉政建设责任制的规定》指出，领导班子对职责范围内的党风廉政建设负全面领导责任。领导班子主要负责人是职责范围内的党风廉政建设第一责任人，领导班子其他成员根据工作分工，对职责范围内的党风廉政建设负主要领导责任。

比如，某个业务处室的领导，他的岗位主要职责是搞好业务工作，但按照"一岗双责"的要求，不仅要抓好处室业务工作，还要抓好干部职工的思想工作和廉政建设。

党的十八大以来，管党治党责任不断压实，"两个责任"不断强化，但一些党组织领导班子副职落实"一岗双责"的主动担当意识还未及时跟上。比如，有的认为只要抓好分管业务就行了，有的把落实"一岗双责"中的党风廉政建设责任，当成"捎带"工作，只是开会讲话时传达部署，对分管领域的党员干部日常教育监督管理比较薄弱。曾因分管领域下属出现严重违纪违法问题被处分的一位单位领导班子成员在检讨书中这样写道，"对党风廉政建设工作不够重视，觉得有党委、纪委在抓，自己只要遵守好纪律就行了，忽视了作为分管领导应该承担的责任。"一般来看，党员领导干部履行"一岗双责"不到位主要存在主客观两方面原因。

一是主观方面，有的班子副职认识不够，虽重视了行政职务职权，但把党内职务仅当成了参与党委（党组）决策的身份，没有准确认识到自身承担的党风廉政建设责任分量；有的在管人、管思想问题上认识存在偏差，担心管多了越位，害怕管严了得罪人。

二是客观方面，有的党委（党组）书记对班子成员落实"一岗双责"传导压力不到位，没有压实责任；有的党风廉政建设责任划分不清，一些副职领导干部不知从何抓起。

总之，管党治党是全党的大事，在"一把手"扛起"第一责任人"责任的同时，每位班子成员都应提高政治站位，做到工作职责和掌握的权力管到哪里，党风廉政建设的职责就延伸到哪里，形成责任互联互通、压力传导畅通、大家齐抓共管的合力。

三、深刻认识纪检"三转"

"三转"是纪检监察专用语，主要指转职能、转方式、转作风。2014 年 1 月，十八届中央纪委三次全会指出："必须明确纪检监察机关职责定位，围绕党章、党内法规和行政监察法赋予的职责，转职能、转方式、转作风。"其中，转职能，指明确定位，突出职责主业，厘清责任；转方式，指抓住关键，创新工作方法；转作风，指自我监督，摆正位置，廉洁自律。

经过多年实践和探索，特别是党的十九大以后，随着《中华人民共和国监察法》的出台和监察体制改革，纪检监察机关在"三转"上取得了较好成效，党风廉政建设和反腐败斗争也取得了令人瞩目的成果，但一些地方和单位的"三转"不到位问题依旧存在。比如，有的还是把纪检机关作为推动工作的"救火队""开山斧"，在经验主义、惯性思维和求成心理影响下，把纪律监督检查等同于职能部门的业务监督，表面上看似强化了监督推动的力度，实则削弱了职能部门的责任、矮化了纪检监察机关"政治监督""监督的再监督"的权威；还有的纪检监察机关由于对"政治监督"职责定位把握不准，出现了"监督变牵头、牵头变主抓、主抓变负责"的尴尬局面，如某纪检监察机关被要求对当地开展的创卫、"厕所革命"等工作进行跟进监督，监督发现的问题竟然是"某单位厕所消毒记录不齐全、某村委会办公区域环境卫生差、某村民小组的鸡未圈养、某村小组巷道内污水乱排放"之类的问题，完全背离了职责要求。

长此以往，这只会导致纪检监察工作覆盖面越做越宽，战线拉越拉越长，任务越来越散，纪检干部虽疲于奔命但背道而驰，纪检监察机关监督的权威性、专业性也会大打折扣。因此，在解决纪检监察机关"三转"问题时，还应把握处理好四种关系。

一是处理好监督保障执行和"监督的再监督"之间的关系，要重点围绕党的路线、方针、政策以及本地区、本单位、本部门中心工作开展监督，在监督的对象、范围、方法上准确把握"监督的再监督"要求，不可越俎代庖，什么事都去"凑热闹"、什么工作都"搭把手"，致使精力发散、监督质效不高。

二是处理好纪检监察机关专责监督和其他监督之间的关系，要深刻理解《中国共产党党内监督条例》中关于党内监督体系的规定，全面推动党委（党组）全面监督、纪律检查机关专责监督、党的工作部门职能监督、党的基层组织日常监督、党员民主监督等党内监督五方面力量同向发力。同时，在更大范围整合运用监督力量，提升基层纪检监察机关监督能力，完善纪律监督、监察监督、派驻监督、巡视监督统筹衔接制度，强化纪委监委监督的协助引导推动功能。

三是处理好政治监督要求与纪检监察业务能力提升的关系。纪检监察干部要履行好监督这个基本职责、第一职责，必须坚持政治监督，通过理论学习联系实际，把职责、工作和自己摆进去，深刻理解和掌握政治监督的内涵和外延，提高法治素养和执纪执法本领，面对纷繁复杂的现实做到精准监督、创新监督，既不泛化职责，也不层层加码。

四是处理好当为与不为的关系。"三转"不但要求工作职责、工作方法转变，而且工作主体的思想更要深刻转变，纪检监察干部必须克服畏难思想，树牢正确的政绩观和利益观，增强责任意识、斗争精神和"主动转"的自觉，做到不越位、不缺位、不错位，聚焦主责主业和中心任务，强化监督执纪问责。

总之，深化"三转"永无止境，纪检监察机关转职能、转方式、转作风是一个长期坚持、长期实践的工作，特别是在深入开展主题教育和纪检监察干部队伍教育整顿的重大决策部署下，各级纪检监察机关要坚持把以学铸魂作为核心要求，学思用贯通、知信行统一，自觉用习近平新时代中国特色社会主义思想武装头脑、指导实践、统领纪检监察一切工作，要在回归本职的基础上，自觉担起主体责任，持之以恒正风肃纪，面对新形势新任务不断开拓创新，通过长期深入的思路理念、体制机制、方式方法创新，不断实现聚焦主责主业，推动纪检监察工作高质量发展。

关于讲好集体廉政谈话暨讲廉政党课有关部署要求

集体廉政谈话暨讲廉政党课既是深化全面从严治党的一项重要举措，也是不断推进党风廉政建设、营造风清气正干事创业政治生态的一项具体内容。通过集体廉政谈话和讲廉政党课，让党员干部深刻领悟新时代廉洁文化建设的重要意义，深刻认识全面从严治党的责任制度，做到对党绝对忠诚，不断提高政治能力，恪守纪律规矩，自觉接受群众监督，尽职尽责，不断增强担当作为。通过集体廉政谈话，让科研单位进一步转变思想观念，提高廉政意识，正确处理好做人、做事和做好科研的关系，常思贪欲之害，常怀律己之心。

一、要深刻领悟新时代廉洁文化建设的重要意义

"廉"字本义与建筑物有关，指堂屋侧边，特点平直、有棱、方正。约在春秋时期，"廉"转化、引申为清廉、方正、刚直、俭约、明察等含义，并运用在政治领域中。自古以来，清正廉洁就是中国传统道德的一个基本规范，被视为"国之四维"之一，又被视为"仕者之德"。

廉洁文化是指在全社会建立一种由政府倡导、与当前主流文化相适应的道德观念、价值追求以及相应的行为规范模式。与廉政文化相比，廉洁文化的关注点更加全面，意蕴也更为深厚，主要体现在两个方面。一方面，廉政文化关注的重点主要是公共权力机构人员，而廉洁文化包括了整个社会层面的廉洁风尚、家风家教等社会环境风气营造。另一方面，廉政文化反映的是廉洁从政的文化理念和执政方式；廉洁文化不仅内在包含廉政，而且进一步强调思想的纯洁性。

不同于古代士大夫的廉政文化，我们中国共产党人的廉洁文化集中体现的是党的先进性和纯洁性，彰显克己奉公、崇廉拒腐、尚俭戒奢、甘于奉献的价值理念，反映社会对廉洁价值、廉洁规范、廉洁风尚的思想认同和精神追求。新时代廉洁文化，本质上是"廉洁"和"文化"的有机结合，重要载体和表现形式是"文化"，根源于中华优秀传统文化、革命文化、社会主义先进文化中"廉"的思想，以弘扬正气和弘扬廉洁为核心任务，对保持党的先进性和纯洁性具有教育引导、价值评价和精神凝聚的功能，既是落实全面从严治党主

体责任的重要组成部分，也是培育和弘扬廉洁价值理念的重要保证，更是抵御腐败文化侵蚀的内在要求。

（一）加强廉洁文化建设是自我革命的战略举措

党的十八大以来，党中央高度重视廉政教育和廉洁文化建设，并将其纳入全面从严治党战略布局，在制度治党、依规治党的同时更加注重思想建党。党的二十大报告指出，全党必须牢记，全面从严治党永远在路上，党的自我革命永远在路上，决不能有松劲歇脚、疲劳厌战的情绪，必须持之以恒推进全面从严治党，深入推进新时代党的建设新的伟大工程，以党的自我革命引领社会革命。党的二十大审议通过的《中国共产党章程（修正案）》首次写入"自我革命"。2022 年 1 月，中央办公厅印发的《关于加强新时代廉洁文化建设的意见》指出，党中央高度重视廉洁文化建设，强调反对腐败，建设廉洁政治，这也是我们党一贯坚持的鲜明政治立场，是党自我革命必须长期抓好的重大政治任务。

（二）加强廉洁文化建设是反腐败斗争的必然要求

廉洁文化是有关清正理论及其行为方式的总和，倡导清正廉洁、克己奉公的为人品格和为官品质，要求正确认识"公"与"私"的关系，善于处理"公"与"私"的矛盾，始终做到清清白白做人、干干净净做事，不徇私情，不谋私利。现实生活中，有的党员干部没有处理好"公"与"私""他"与"己"的关系，甚至还将自己的家人带坏，继而触碰了党纪国法、走上了犯罪道路。

（三）加强廉洁文化建设是党员干部正心修身的重要方式

为政之道，修身为本；为人之道，正心为本。要提升廉洁从政的精神境界，靠的是长期自我修养和党性锻炼，教育引导党员干部自觉树立良好家风，做廉洁自律的表率，持续抓好《中国共产党纪律处分条例》《中国共产党廉洁自律准则》等党内法规的学习教育，增强党员干部对廉洁从政、廉洁用权、廉洁修身、廉洁齐家的思想自觉和行动自觉。

（四）加强廉洁文化建设是年轻干部启智润心的重要载体

近年来，不少年轻干部接受审查调查通报引发社会各界关注，有的身处关键岗位容易成为不法分子重点"围猎"对象，有的在自身不良嗜好、虚荣心与享乐欲驱使下误入歧途，有的党性锻炼、社会阅历、基层历练不足，受到不良诱惑或遭遇挫折时因心态失衡而"偏航"，有的所在单位重使用、轻监管，内部管理有漏洞。因此，推进廉洁文化建设抓早、抓小、抓实、抓好，以及着力培育青年涵养廉洁文化，刻不容缓。

二、深刻认识全面从严治党的责任制度

党的二十大报告中明确指出，全面从严治党是党永葆生机活力、走好新的赶考之路的必由之路，要坚定不移全面从严治党，深入推进新时代党的建设新的伟大工程，全面从严治党永远在路上，党的自我革命永远在路上，决不能有松劲歇脚、疲劳厌战的情绪，必须持之以恒推进全面从严治党，深入推进新时代党的建设新的伟大工程，以党的自我革命引领社会革命。

各机关部门负责人及内设机构部门负责人，平常关注业务工作较多，同时还必须强化认识"两个责任""一岗双责"等全面从严治党责任制度。

一方面，要深刻认识"一岗双责"。"一岗双责"指既要抓好分管的业务工作，又要抓好分管领域、分管部门的党风廉政建设工作，把反腐倡廉、案件防范等与业务工作同研究、同规划、同布置、同检查、同考核、同问责，真正做到"两手抓、两手硬"。比如，某个业务处室的领导，他的岗位主要职责是搞好业务工作，但按照"一岗双责"的要求，不仅要抓好处室业务工作，还要抓好干部职工的思想工作和廉政建设。

党的十八大以来，管党治党责任不断压紧压实，"两个责任"也不断强化，但一些党组织领导班子副职落实"一岗双责"的主动担当意识还没有及时跟上。

某90后会计挪用数百万元公款的报道，曾引发广泛关注。某乡镇中心卫生院会计张某某，在十年工作期间，利用职务之便贪污5万余元，挪用公款400余万元。案发后，不仅贪污挪用者张某某身陷囹圄，监管不力者卫生院院长杜某某、出纳金某某也跟着受了牵连，受到开除党籍和开除公职处分。数百万元公款被一名会计轻易挪用，却长期无人发现，事情本身是一人所为，究其责任却绝非一人之失。这起案件，既是单位负责人轻忽"一岗双责"的反面教材，也是纪检监察机关坚持"一案双查"的典型案例。

另一方面，要辩证看待"两个责任"。从党风廉政建设的"两个责任"制度升级为全面从严治党的"两个责任"制度，即"落实全面从严治党党委主体责任、纪委监督责任"，对于推进全面从严治党、深化反腐败斗争有更直接的意义。

近年来，上级单位转发的个别典型案例，暴露出来的背后制度、监管和责任不健全不完善、单位领导班子长期失职失察、工作作风不严不实，以及单位监督执纪失之于宽、制度漏洞、廉洁风险防控不到位、内部管理有缺失等深层次问题，值得每位同志深思和警醒。各单位、各部门要以案为鉴、以案促改、以案促治，举一反三，引以为戒、警钟长鸣，清醒地认识到当前党风廉政建设和反腐败斗争所面临的严峻形势。大家要坚持问题导向，从个案中找出共性问题和制度漏洞，真正履行好"一岗双责"，抓实抓细分管领域全面从严治党工作，做到抓早抓小、防患未然。

深刻剖析产生这些问题的原因，概括起来主要有两个方面。一是遵守和维护党的纪律的自觉性不够。有的党员干部对新时代党的纪律和规矩学习不够，真学、真懂、真信、真用不够，遇到问题不会也不善于从政治高度分析把握。由于政治敏锐性、警觉性、判断力不够，价值观错位，一旦环境条件具备，就会一点一点产生作风懈怠、物欲贪婪、生活腐化，进一步丧失政治站位和自觉自律底线，什么规矩都敢破，什么红灯都敢闯，与党的初心使命渐行渐远。二是对全面从严治党的要求还没有落实到位。有的单位对党员干部教育管理监督不够，对看到的问题表现不报告，当领导的听到了甚至自己也看到了，但就是不过问、不深思、不尽责，得过且过；有的对身边的歪风邪气不敢抓、不敢管；有的对党员干部谈心谈话和思想政治教育流于形式，实效性、针对性、精细化不够；有的局限于单位及职工眼前利益，归根结底还是抓早抓小这个功能没有实现，错失清除政治灰尘的最佳时机，长期温水煮青蛙，污染了单位的政治生态，不仅影响党员干部个人，也给组织肌体健康造成了不利影响。院所各级领导干部要切实履行好主体责任、监督责任、"一岗双责"和院机关部门行业监管职责。

第一，对于院属单位党政一把手而言，要落实好主体责任，共同履行好本单位党风廉政建设第一责任人的职责。一要加强研究部署。每年至少进行一次党风廉政建设情况的专题调研，每半年至少召开一次党风廉政建设领导小组会议，分析研究党风廉政建设和反腐败工作现状，听取工作汇报，及时解决存在的突出问题，保证纪委（纪检小组）履行监督责任。及时全面掌握本单位本部门党风廉政建设和反腐败工作状况及其他领导班子成员、下级领导干部的廉洁从政状况。二要大力支持纪委（纪检小组）工作。重要环节亲自协调、重要案件亲自督办。采取积极有力措施，支持纪检监察干部队伍建设。三要高度重视廉洁教育。坚持每年组织开展党风廉政建设系列教育活动，中心组每年要安排党风廉政建设专题学习，定期开展廉政约谈、提醒谈话。四要带头开展检查考核。督促领导班子成员以及下级领导干部抓好廉洁从政，主动参加落实党风廉政建设责任制情况检查考核。五要做廉洁从政表率。模范遵守中央八项规定精神以及党员领导干部廉洁从政有关规定，严格按制度管权管人管事，加强对亲属、身边工作人员的教育、监督和管理。

第二，对于院属单位班子成员副职而言，因为有党政主要领导承担主体责任，有纪委书记承担监督责任，其他班子成员副职容易忽视遗忘"一岗双责"。按照规定，领导班子成员对分管范围内的党风廉政建设负主要领导责任。一要主动研究部署。协助本级领导班子及其主要负责人抓好党风廉政建设工作，有针对性地指导制定与分管部门业务特点相符合的党风廉政建设工作计划和推进措施，坚持做到业务工作与党风廉政建设同研究、同部署、同落实、同检查、同考核。二要支持查办案件。三要加强督促指导。对分管范围内的党风廉政建设工作开展经常性的督促指导，对分管部门、分管领域党员干部开展经常性教育监管。四要参加检查考核。加强对分管部门及其负责人廉洁从政、改进作风、履行党风廉政建设职责情况的日常检查。五要严格廉洁自律。认真执行中央八项规定精神以及党员领导干部廉洁从政有关规定，严格按制度管权管人管事，教育管理好亲属、身边工作人员。

同时，任职纪委书记的班子成员副职还要做到以下几点。一是维护协助责任。维护党的章程和其他党内法规，组织检查党的路线、方针、政策和决议的执行情况，协助本单位党组织加强党风廉政建设和协调组织反腐败工作。二是教育监督责任。经常对党员干部进行讲规矩、守纪律的教育，对党员领导干部行使权力进行监督。三是处理受理责任。组织检查和处理党的组织和党员违反党的章程和其他党内法规的案件，受理党员的控诉和申诉，保障党员的权利。四是报告备案责任。向本单位党组织和院纪检组、院机关纪委报告案件中的问题和处理的结果；对本单位党员受到党纪处理和其他处理的情况，及时报院纪检组、院机关纪委备案。

第三，对于院属单位内设机构主要负责人而言，要履行本部门党风廉政建设第一责任人的职责。一要定期向上级党组织报告本部门党风廉政建设情况，重要情况、重大问题及时报告。二要加强党员队伍建设，严格管理党员。三要加强以科研经费使用及工程建设、设备购置、经营开发为重点的廉政风险防控工作，建立健全制度，带头执行制度。四要坚决抓好中央八项规定精神落实，持续推动作风建设。五要配合和支持上级纪检组织查处违纪违规问题。

第四，对于院机关部门而言，部门负责人要认真履行第一责任人职责，既要挂帅，又要出征，坚决种好责任田，对本部门党风廉政建设工作负全面领导责任，要强化政治担当，主动落实党要管党、从严治党要求，负责本部门党风廉政建设工作的领导、部署、协调、监管和考核工作，负责本行业领域的监督和管理工作。部门副职也要切实履行各自职责，做到守土有责、守土尽责，强化"一岗双责"，履行好分管范围内管党治党责任，决不能当"甩手掌柜"。各处室内部既要强化自上而下的组织监督，也要改进自下而上的民主监督，发挥干部之间相互监督的作用，坚持惩前毖后、治病救人，抓早抓小、防微杜渐，还要牢固树立"管业务必须管监督""监督不是纪检、巡察、审计一家的事"理念，自觉把监督融入科研、项目、财务、资产、人事、基建、科研诚信、学术道德等管理领域全链条和全过程，强化重大决策执行落实的监督，强化对履行核心职责和"国之大者"任务落实的监督。

实际工作中，有些同志懒于讲政治、抓党建，乐于谈业务、办事务，一些单位（部门）和党员干部党章党规党纪学得少，政治站位不高、组织生活不严格，存在党建与业务二者一软一硬、一冷一热的问题。面对一些干部特别是业务骨干的过错，有的领导不是批评教育，而是护着藏着，自以为这是对同志的关爱，其实是包庇护短、养痈成患，最终会害了同志。大家一定要强化责任意识，把管党治党融入本单位本部门各项业务工作之中，以对同志高度负责的态度，发现苗头性倾向性问题及时提醒指出，帮助同志健康成长，特别要加强跟进关注职工思想动态和意识形态分析研判，进一步提高对意识形态工作的重视程度，筑牢干部职工思想防线，加强干部职工谈心谈话，树立集体荣誉感和责任感，发扬奉献精神，凝聚团队合力，不断提振干事创业精气神。

党的二十大报告强调，全党要把青年工作作为战略性工作来抓，用党的科学理论武装青年，用党的初心使命感召青年，做青年朋友的知心人、青年工作的热心人、青年群众的引路人。现实生活中，当绝大多数年轻干部在摸爬滚打中增长才干，在层层历练中积累经验时，有一些人却没有守住拒腐防变的防线。近年来，年轻干部违纪违法案例并不少见，游戏充值、归还赌债、迷恋奢侈品等腐败动机多种多样。年轻干部是党和国家事业的接班人和生力军，对于年轻干部，既要培养选拔好，又要持续教育管理监督好，扣好廉洁从政、廉洁科研的"第一粒扣子"，增强底线意识和自律意识，拧紧思想"开关"，加强约束和规范，督促年轻干部廉洁自律，严格按制度和程序办事，时刻保持清醒的头脑。

三、要对党绝对忠诚，不断提高政治能力

"天下至德，莫大于忠。"衡量干部是否有理想信念，关键看是否对党忠

诚。领导干部要忠诚干净担当，忠诚始终是第一位的。忠诚和信仰是具体的、实践的，归其本质，就是要增强"四个意识"、坚定"四个自信"、做到"两个维护"，始终在政治立场、政治方向、政治原则、政治道路上同以习近平同志为核心的党中央保持高度一致，坚决防止和纠正一切偏离"两个维护"的错误言行。

有的同志可能会问，"两个维护"具体体现是什么？就是贯彻落实习近平总书记重要指示批示和党中央决策部署。"政治纪律是最重要、最根本、最关键的纪律，遵守党的政治纪律是遵守党的全部纪律的重要基础。""干部在政治上出问题，对党的危害不亚于腐败问题。"公开报道中，习近平总书记首次提到"政治三力"（政治判断力、政治领悟力、政治执行力）是在 2020 年 12 月 24 日至 25 日中共中央政治局召开的民主生活会上，此后，又在不同场合多次予以强调。

党的二十大报告指出："加强党的政治建设，严明政治纪律和政治规矩，落实各级党委（党组）主体责任，提高各级党组织和党员干部政治判断力、政治领悟力、政治执行力。"旗帜鲜明讲政治，是马克思主义政党的鲜明特征，也是我们党一以贯之的政治优势和一切工作的生命线。党的政治建设是党的根本性建设，提高政治能力，是加强党的政治建设的重要内容和重要路径。政治上的主动是最有利的主动，政治上的被动是最危险的被动。

什么是政治？"政者，众人之事也，治者，管理也，凡涉及管理众人之事就是政治。"既然我们的工作时时处处都涉及政治，那就必须要有很强的政治意识、政治能力，说到底，就是要有把握方向、把握大势、把握全局的能力，要有辨别政治是非、保持政治定力、驾驭政治局面、防范政治风险的能力，善于从政治上研判形势、分析问题，自觉围绕党和国家制度战略想问题、谋思路、干事业，做到一切服从大局、一切服务大局。

四、要恪守纪律规矩，自觉接受群众监督

《中国共产党纪律处分条例》列出了对违反政治纪律、组织纪律、廉洁纪律、群众纪律、工作纪律和生活纪律六类违纪行为的具体处分情节。作为党员干部，哪些事情不能做、做了会违反哪些规定、受到什么处分，心里要明白、言行得拎清。不仅要严守政治纪律，还要严守组织纪律，对组织的决定安排坚决做到令行禁止、步调一致，不能挑肥拣瘦、推诿扯皮，对不讲配合、不愿担当、推脱责任、贻误工作的，将按照有关规定严格追究责任；要严守廉洁纪

律，全面防控廉政风险，严把廉洁底线，强化法治思维和底线思维；要严守群众纪律，保持党同人民群众的血肉联系；要严守工作纪律，项目投资、工程建设、物资采购等，都要严格执行公开招标、阳光采购、分级审核、集体研究等制度；要严守生活纪律，自觉培养高尚的道德情操和健康的生活乐趣。

"各级领导干部要主动接受监督，这既是一种胸怀，也是一种自信。""党员干部决不能以任何借口拒绝监督，党组织也决不能以任何理由放松监督。"对干部进行监督，不是谁和谁过不去，而是一种关爱、一种保护。人非圣贤，孰能无过？有了监督，就能防微杜渐；有人经常咬耳扯袖，就能避免错误和偏差。要主动接受各方面的监督和批评建议，把监督作为最大的关心、最好的保护、最真诚的帮助。接受上级的监督要真心，不要看作是对自己的不信任，怀有抵触情绪；接受同级的监督要虚心，不要当成是为难自己，怀有戒备心理；接受下级的监督要诚心，不能以为是不尊重自己，怀有反感情绪。有的同志不能正确对待监督，把上级的监督看成是对自己不信任，把同级的监督看成是跟自己过不去，把下级的监督看成是对自己不尊重，这种想法是不对的。

近年来，从中央到地方，先后制定印发了加强"一把手"和领导班子监督有关制度文件，这正是对各级主要领导干部监督制度和领导班子内部监督制度的进一步集成完善。老话说，"距谏者塞，专己者孤"。如果把监督当成找茬挑事或形同摆设，就听不到真话、看不清真相，久而久之，有了失误、犯了错误也浑然不知，这将十分危险。身为领导干部，要习惯在"探照灯"里履职尽责，在"放大镜"下工作生活，这样才能站得直、走得正、行得稳。纵观所有落马贪官的案例，很多人都是从不愿意接受监督开始的，不把监督当回事，认为监督会束缚自己，到最后铸成大错，落入违规违纪违法的深渊，追悔莫及。

五、要尽职尽责，不断增强担当作为

古人云，"在其位，谋其政；行其权，尽其责""水能载舟，亦能覆舟"。俗话说，"千险万险，都不如脱离群众危险。"领导干部的岗位是组织任命的，领导干部的权力是人民赋予的，必须为人民服务、对人民负责，这也是一切工作的出发点和落脚点。职为先、权在后、责其中。对于公职人员来讲，在选择公职之后理应学会敬畏"公职"、敬畏"公权"。有的同志可能会想：我虽然是公职人员，但并没有官权。这种想法不对，浅薄地以职位高低为借口，单方面否认了自己作为公职人员所具备的权力，忘却了手中掌握着公共资源，进而就会潜意识里摒弃了自己应负的责任。

"公权力姓公，也必须为公。各级国家机关和公职人员都要牢记手中的权力是党和人民赋予的，是上下左右有界受控的，切不可随心所欲、为所欲为。要盯紧公权力运行各个环节，管好关键人、管到关键处、管住关键事、管在关键时，特别是要把一把手管住管好。""责任担当是领导干部必备的基本素质，干部有多大担当才能干多大事业……要为担当者鼓劲，为干事者撑腰。""领导干部要以'功成不必在我'的精神境界和'功成必定有我'的历史担当，保持历史耐心，发扬钉钉子精神，一张蓝图绘到底，一任接着一任干。"这些重大指示要求为广大党员干部干事创业进一步指明了方向。"功成不必在我"，表明的是一种大局观，彰显的是胸怀和境界；"功成必定有我"，表明的是一种事业心，彰显的是责任和担当。

一方面，建功立业绝非易事，依靠的是集体，需要的是时间，每个人每时每刻的付出都是在为干成事业添砖加瓦；另一方面，干事创业就像接力赛跑一样，除了要自己跑好外，关键还得接好棒、传好棒，只有在前任基础上做好衔接性、继承性、持续性的工作，为后任做好铺垫性、基础性、长远性的工作，才能不断拾级而上，既有利于自己有所作为，也有助于事业取得成功。总之，不管在哪个岗位，大家都要清楚岗位职责、主动承担责任、积极破解难题，体现奋进向上的精神、彰显担当作为的面貌，分内工作要尽职尽责、主动作为，配合工作要认领职责、靠前作为。

制度的生命力就在于执行，各项制度制定了，就要严格执行，不能说在嘴上，挂在墙上，写在纸上，把制度当"稻草人"摆设，而是应该落实在实际行动上，体现在具体工作中。俗话说，一分部署，九分落实。制度是抓好落实的保障，但是再好的制度，不狠抓落实、不严格执行，不仅效果等于零，还会产生不好的影响。落实是决策的归属，也是决策的目的，落实是做好一切工作的基础和保障。推进工作不仅要着力研究目标、任务和政策，更要善于研究实现目标、完成任务、落实政策的领导方法和工作办法，坚决避免简单化的上传下达、形式化的文来文往、官僚化的发号施令，否则落实就会落空、实效就成无效。要坚决抵制形式主义、官僚主义，坚决反对不敬畏、不在乎、喊口号、装样子等行为，坚决禁止"只做给上级看"的表面功夫，把精力和心思用在说实话、办实事、求实效上，做一名既能担当作为又会抓好落实的领导干部。

关于做好农业科研单位纪检业务
培训有关部署要求

组织开展纪检业务培训，是提升科研院所纪检干部监督执纪问责能力的重要举措，只有不断充"电"补"钙"，才能使其在事业改革发展中更好地发挥监督保障执行、促进完善发展的重要作用，进而推动科技创新高质量发展。各级纪检组织和纪检干部要把讲政治贯穿纪检工作全过程，要强化政治监督、聚焦"两个维护"，要强化学习教育、锻造过硬本领，要以学增智、提高履职尽责水平，要廉洁自律、增强拒腐防变能力，不断充电赋能"强筋骨"、以学促干"淬尖兵"，打造一支政治素质高、忠诚干净担当、专业化能力强、敢于善于斗争的纪检监察铁军。

一、要把讲政治贯穿纪检工作全过程

纪检监察机关是党的政治机关，纪检组织是党内监督的专责机构，必须把讲政治贯穿纪检工作全过程和各方面。一要忠诚拥护"两个确立"，坚决做到"两个维护"，学懂弄通做实习近平新时代中国特色社会主义思想，准确理解把握"国之大者"，深刻认识落实全面从严治党与履行主责主业之间的紧密内在关系，要强化政治监督，贯通运用纪律监督、巡察监督、审计监督和政治监督、日常监督、专项监督，积极扛起监督责任，认真做实监督举措，以踏石留印、抓铁有痕的劲头落实好党中央重大决策部署。二要锤炼党性，坚定理想信念，以坚定的理想信念坚守初心、滋养初心、践行初心，坚持用科学理论武装头脑，不断培植精神家园，巩固拓展好主题教育成果，建立常态长效机制，不断提高政治判断力、政治领悟力、政治执行力。三要敢于善于斗争，牢记反腐败是最彻底的自我革命，面对腐败问题、消极现象，不能当"看客"和"吃瓜群众"，要敢于亮剑、担当作为，既在正风肃纪反腐道路上坚定不移，又要讲究策略、火候。

二、要强化政治监督，聚焦"两个维护"

各级纪检组织和纪检、巡察、审计干部要不断增强政治判断力、政治领悟力、政治执行力，胸怀"国之大者"，自觉把本单位纪检工作放到促进科研事业高质量发展要求中把握谋划、部署推进。一是聚焦"两个维护"，抓好政治监督。要深入学习贯彻党的二十大精神和二十届中央纪委二次全会精神、农业农村部全面从严治党工作会议精神，围绕习近平总书记重要指示批示精神和党中央重大决策部署，推进政治监督具体化、常态化、精准化，督促各级党组织和党员干部自觉把上级党组织中心工作、上级纪检监察组织、上级直属机关党委纪委各项要求落实到科技创新工作中。二是聚焦科研主责主业，抓好专项监督。立足科研院所职责使命，坚定不移贯彻全面从严治党各项工作部署，紧盯党组织、党员干部中长期存在的问题和干部职工反映强烈的问题，找准制约科技创新发展的突出问题，坚持不懈推进反对形式主义、官僚主义的监督检查，把握重点领域和关键环节，持续开展廉洁风险防控监督检查和机制建设。三是聚焦"关键少数"和年轻干部，抓好日常监督。认真贯彻落实党中央和上级党组织关于加强对"一把手"和领导班子监督的有关规定，加强对年轻干部教育监督管理，引导扣好廉洁奉公、廉洁科研"第一粒扣子"。全院各级党组织、纪检组织要认真贯彻落实全面从严治党主体责任、监督责任，班子成员要落实好"一岗双责"，职能部门要落实好行业监管职责。要深化监督执纪"四种形态"特别是第一种形态的运用，做实做细日常监督。要做深做好各类监督整改"后半篇文章"，督促做到真改实改彻底改。

三、要强化学习教育，锻造过硬本领

党内存在的种种问题，根本原因在于理想信念动摇、初心信仰迷失，管党治党必须从固本培元、凝神聚魂抓起，必须用科学理论武装头脑，不断培植我们的精神家园。现实中大量违规违纪违法案例表明，一些党员干部滑向腐败深渊的一个重要原因，就是长期忽视读书学习，放弃修德养性。善于学习、重视干部教育培训，是我们党的一大优势、一大传统，也是我们抓好纪检工作的重要方法。全院各级纪检干部都要树立"本领恐慌"意识，要主动学习、提升本领，把学习本领作为必备的第一位本领，不断提高纪法素养和业务能力，真正把学到的本领运用到实际工作中，不能以工作繁忙为借口放弃学习，既要善于"挤"，又要善于"钻"，沉下心把学习贯穿始终，做到干中学、学中干、学以致用、用以促学。

四、要以学增智，提高履职尽责水平

各级纪检组织要适应反腐败新任务、把握新要求、迎接新挑战，结合纪检干部队伍教育整顿部署安排，进一步提高政治站位，不断练好内功、提升素养、增强本领，有效发挥监督保障执行和促进完善发展作用。一要把读书学习当作一种政治责任、生活方式和自觉追求，树立终身学习的理念，变"要我学"为"我要学"的内在主动，把学习成效转化为实实在在的工作成果。二要坚持全员培训、实战练兵，建设高素质纪检干部队伍。一些同志业务不精、不会监督，在监督检查工作中看不出、找不准问题，要让他们参与到正风肃纪反腐一线扎实历练，推动以案代训，强化实战练兵。三要勤于思考，善于钻研，围绕单位主责主业和个人岗位职责，深入学习思考和调研总结，并结合实际查漏补缺，特别要围绕党风廉政建设的落实成效、"四种形态"的精准运用、廉洁文化建设的深入延伸等工作不断巩固提升。

五、要廉洁自律，增强拒腐防变能力

"执纪者必先守纪，律人者必先自律"，打铁的人首先要成为铁打的人。纪检干部是掌握纪法"标尺"监督别人的人，必须在清正廉洁、严于律己上有更高要求，自觉接受最严格的约束和监督，努力打造一支忠诚干净担当、可亲可信可敬的热科院纪检干部队伍。一要有敬畏律己之心。要时刻自重自省、自警自励，恪守职责权力边界，严格规范监督执纪，干干净净做人、踏踏实实干事，坚决维护纪检组织的良好形象。二要有明白戒备之心。纪检干部对腐败并没有天然"免疫力"，要不断增强政治定力、纪律定力、道德定力、拒腐定力，不要在人情世故中迷失自我，而要始终保持"赶考"的清醒坚定，防止被"围猎"、被"腐蚀"。三要有严管厚爱之心。各级纪检组织对干部绝不能"放养""散养"，要严字当头，坚持思想从严、监督从严、执纪从严、作风从严、反腐从严，从日常抓起、从点滴严起，发现干部职工出现了苗头性、倾向性问题要及时谈心谈话、提醒教育、批评警示，还要关心爱护干部成才成长，关注他们的身心健康，解决他们的实际困难。

关于抓好农业科研单位意识形态工作
有关部署要求

意识形态工作主要是指党的思想政治工作，是党的一项极为重要的工作，事关党的前途命运，事关国家长治久安，事关民族凝聚力和向心力，是为国家立心、为民族立魂的工作。党的十八大以来，以习近平同志为核心的党中央立足世界百年未有之大变局、统揽中华民族伟大复兴全局，针对新形势下意识形态领域的复杂情况，果断作出加强党对意识形态工作领导的战略部署，把意识形态工作摆在党的全局工作的重要位置，建设具有强大凝聚力和引领力的社会主义意识形态。农业科研单位要深刻领会抓意识形态工作的重要意义，抓好意识形态工作，是旗帜鲜明讲政治的重要体现，是全面从严治党责任落实的重要抓手，是筑牢干部职工思想根基的重要举措，要坚定为农业科技创新筑牢思想根基和底座。

一、抓好意识形态工作，是旗帜鲜明讲政治的重要体现

党中央印发的《关于坚持和完善中国特色社会主义制度、推进国家治理体系和治理能力现代化若干重大问题的决定》《中国共产党宣传工作条例》《党委（党组）意识形态工作责任制实施办法》，对落实意识形态工作责任制都作了部署要求。

各级党组织、纪检组织和广大党员干部要坚决做到"两个维护"，坚定道路自信、理论自信、制度自信、文化自信，坚定不移听党话、跟党走，为实现高水平科技自立自强、支撑全面乡村振兴、引领农业农村现代化提供思想保障。一方面，要心系"国之大者"，认真学习领会习近平总书记关于意识形态工作的重要论述精神，贯彻落实好举旗帜、聚民心、育新人、兴文化、展形象的职责使命。另一方面，要科学研判单位实际情况和干部职工的群体特点，加快推动意识形态工作守正创新发展。

二、抓好意识形态工作，是全面从严治党责任落实的重要抓手

意识形态是一个宽泛的定义，它存在于我们工作生活中的方方面面。单位

一块社会主义核心价值观宣传栏、部门举办的一场职工群体性活动、领导班子召开的民主生活会等，都属于意识形态的范畴。要牢牢把握意识形态工作的正确方向，始终绷紧政治这根弦，不断增强党员干部"四个意识"，坚定"四个自信"，做到"两个维护"，坚定捍卫"两个确立"。要强化政治引领和思想教育，不断增进干部职工对习近平新时代中国特色社会主义思想的政治认同、思想认同、理论认同、情感认同。要推动理想信念教育常态化制度化，弘扬民族精神、时代精神和科学家精神，发挥"全国科学家精神教育基地"的作用，不断增强干部职工的自豪感、归属感。要深入细致地开展干部职工思想状况调查，及时发现普遍性、苗头性、倾向性问题，并及时采取措施，点对点做好思想政治工作。要深入开展谈心谈话，认真听取干部职工的意见建议和工作、学习、生活及个人成长发展、身心健康等方面的诉求，积极做出回应。要开展形式多样的文体活动，丰富业余文化生活。要加强人文关怀，关心关注弱势群体，有效解决好职工群众"急难愁盼"的问题。

各级党组织、纪检组织要严格贯彻落实意识形态工作责任制要求，各单位、各部门党组织书记是第一责任人，要带头抓、带头管，重要工作亲自部署、重要问题亲自过问、重大事件亲自处置；各单位分管领导是直接责任人，要协助党组织书记抓好统筹协调指导；各级领导要按照分工和"一岗双责"要求，抓好分管部门、党建联系点的意识形态工作，对职责范围内的意识形态工作负领导责任。纪检组织负责人要把意识形态工作责任制落实情况作为强化政治监督的重要抓手，详细了解落实意识形态工作责任制的关键环节，深入调查研究，加强监督检查，通过听取汇报、查阅资料、走访座谈等方式，及时发现问题，有效反馈意见建议，持续督促整改完善，特别要高度重视干部职工反映集中反映强烈、多次反映重复反映的问题，对信访举报和问题线索要增强政治敏锐性、提高政治判断力。纪检组对本单位意识形态领域出现问题或造成严重后果的，将视情严肃追责问责。各级党组织、纪检组织要进一步加强学习制度文件，认真贯彻落实要求，坚持党管意识形态和主管主办原则，牢牢掌握意识形态工作领导权，努力营造风清气正的学术生态和科研环境。

三、抓好意识形态工作，是筑牢干部职工思想根基的重要举措

各级领导干部必须深刻认识到，抓好意识形态工作是落实全面从严治党的关键，意识形态工作弱化会带来严重问题危害，关乎国家安全和社会稳定，其

至导致党员、干部理想信念丧失走向腐化堕落、政治生态恶化，以及党组织纪律涣散、组织涣散等。各单位开设的门户网站、微信公众号、微博，以及单位承办的学术期刊、会议、论坛等，都是必须管好守好的意识形态阵地。另外，还要配齐配强工作队伍，健全工作机制，确保意识形态阵地有人抓、有人管、管得好，密切关注、及时了解干部职工的思想动态，深入细致地做好思想政治工作，不断提高干部职工投身科研事业的精气神。

各单位、各部门要积极探索把握新时代意识形态工作的特点和规律，注意方式方法，主动掌握干部职工思想动态，持续加强农业科研作风和学风建设，管好"国家队"每位"队员"，管好国家主权、粮食安全、海洋权益、科技创新、民族宗教、科学家精神、国际交流合作、学生思政教育、网络平台阵地、革命历史题材等重要领域，决不给错误思想观点提供传播渠道，决不允许搞法外之地、"舆论飞地"。

各单位、各部门要把握好风险点，聚焦主责主业和中心任务，自觉把监督融入科研、项目、财务、资产、基建、人事人才、科研诚信、学术道德等管理领域全链条和全过程，强化对关键少数、重要岗位、年轻干部和新入职人员教育管理监督，多举措加强党员干部"八小时以外"监管，织密廉洁从业风险防控体系，坚持底线思维，增强忧患意识，敢于担当亮剑，旗帜鲜明反对和抵制各种错误观点，特别要高度重视互联网管理，把互联网这一最大变量变成事业发展的最大增量。

关于提升农业科研单位纪检组织
负责人履职能力有关部署要求

二十届中央纪委二次全会强调，要增强斗争本领，加强全员培训和实战训练，深化纪检监察基础理论研究，不断提高依规依纪依法履职能力，练就善于斗争的硬脊梁、铁肩膀、真本事。各级纪检组织要提高依规依纪依法履职能力，要把纪律和规矩挺起来、立起来，严格按照纪法尺度，把执纪执法贯通起来，重点把握好三个关系：一是要深刻领会把握科技创新和监督执纪之间的关系，二是贯通运用各类监督为科研院所改革创新和高质量发展保驾护航，三是打造忠诚干净担当、敢于善于斗争的科研单位纪检干部队伍。

一、要深刻领会把握科技创新和监督执纪之间的关系

党的十八大以来，以习近平同志为核心的党中央高度重视科技创新，把创新摆在国家发展全局的核心位置。习近平总书记围绕科技创新重大问题，作出了一系列重要论述：一是坚持党对科技创新的全面领导，发挥好党在总体工作布局、组织协调方面的领导优势；二是擘画科技创新的战略目标，指出我国要实现高水平科技自立自强，跻身创新型国家前列，建设世界科技强国；三是夯实科技创新的根基，着力加强基础研究、科学基础设施建设与科学普及工作；四是强化国家战略科技力量，建设好国家实验室、国家科研机构、高水平研究型大学、科技领军企业；五是深化科技创新体制机制改革，包括建立健全新型举国体制、科技项目分类评价制度、科技成果转化机制等；六是加强高水平科技人才培养、创新科技人才评价机制、强化科技人才引进等；七是完善科研伦理法规条例、规范前沿科技发展方向、深度参与全球科技治理，不断健全科技创新的伦理规范；八是厚植精神支撑，大力弘扬科学家精神。

科技是国家强盛之基。"科技立则民族立，科技强则国家强。""科技是国之利器，国家赖之以强，企业赖之以赢，人民生活赖之以好。"党的十八大以来，以习近平同志为核心的党中央统筹中华民族伟大复兴战略全局和世界百年未有之大变局，坚定不移深化全面从严治党，持之以恒正风肃纪，一体推进不

敢腐、不能腐、不想腐。党的二十大报告指出，全面从严治党永远在路上，党的自我革命永远在路上，决不能有松劲歇脚、疲劳厌战的情绪。二十届中央纪委二次全会强调，各级纪检监察机关要围绕落实党的二十大战略部署强化政治监督，有力发挥政治巡视利剑作用，持续深化落实中央八项规定精神、纠治"四风"，全面加强党的纪律建设，深入推进纪检监察体制改革，锻造高素质纪检监察干部队伍。

各级纪检组织要立足职责职能，深刻认识落实全面从严治党与履行主责主业之间存在的紧密内在关系，积极扛起监督责任，认真做实监督举措，切实加强科技创新日常监督和专项监督，有力保障和推动院所勇担国家战略科技力量，推动上级党组织中心工作和本单位重点目标任务落地见效。一是要不断提高政治站位，保持政治清醒，扛起政治担当，切实把"两个维护"体现到加强科技创新政治监督的实际行动中。二是要切实打好"科研出国家级成果、出战略科技力量"的翻身仗，做好"三个协助推动"：第一，协助党组织推动本单位全体干部职工从讲政治的高度审视重视关键核心技术创新攻关难题、加强基础研究的重大意义和强化国家战略科技力量的使命担当；第二，协助所在单位推动打好"科研出国家级成果、出战略科技力量"的翻身仗；第三，协助落实整改推动解决科研单位"主责主业不强、创新能力不够，政治建设不强、从严治党不够"这一"两个不强、两个不够"共性问题。

二、贯通运用各类监督为院所改革创新和高质量发展保驾护航

党的十八大以来，以习近平同志为核心的党中央坚持问题导向、加强顶层设计，构建起党统一领导、全面覆盖、权威高效的监督体系，党和国家监督体系实现了理论突破和实践创新，一系列促进各项监督贯通协同的党内法规和国家法律也陆续出台。党的二十大报告指出，完善党的自我革命制度规范体系，不仅需要健全党统一领导、全面覆盖、权威高效的监督体系，完善权力监督制约机制，以党内监督为主导，促进各类监督贯通协调，还需要推进政治监督具体化、精准化、常态化，增强对"一把手"和领导班子监督实效。

一是监督护航科技创新工作，要有精度。要立足职能职责，以具体化常态化政治监督保障党中央关于科技创新重大决策部署贯彻落实。要紧扣"国之大者"强化政治监督，自觉担负起"两个维护"的特殊使命和重大责任，紧盯党中央关于科技创新作出的一系列事关长远、全局的重要部署，准确把握新形势新任务新需要，认真研究科技创新在党风廉政建设和反腐败斗争中出现的

新机遇新挑战，持续开展监督、深化专项整治和促进系统治理。要聚焦国家中长期科技发展规划、"十四五"科技规划重点任务和关键核心技术攻关等重大科技项目，跟进监督、精准监督、下沉监督，推动政策落实落地。要围绕科技助力扶贫支撑乡村振兴、重大国际合作项目、巡视整改等，深化引导本单位监督工作，强化重大决策执行的监督，当好监督者的监督人，推动所在单位完整、准确、全面贯彻新发展理念，确保贯彻落实不偏向、不变通、不走样。要立足"监督的再监督"职责，找准工作切入点、结合点、着力点，抓好"关键少数"责任落实，自觉把监督融入科研、项目、财务、资产、人事人才、科研诚信、学术道德等管理领域全链条和全过程。

二是监督护航科技创新工作，要有力度。坚持一体推进"三不腐"，持之以恒纠治科研管理领域腐败和作风问题。科研管理领域反腐败斗争形势严峻复杂，随着党中央对科技创新在政策、投入等方面的大力支持，科研项目评审、经费管理、科技奖励等重点领域和关键环节廉政风险隐患较大。有的科研人员学术造假，有的科研管理重痕迹、轻效果，有的利用"走关系""打招呼"等途径获得科研项目和评审成绩，更有甚者甚至在一些重大科研项目的申报、评审、实施、验收、监督检查和评估评价等环节存在欺上瞒下、数据造假，严重损害了国家利益。作为纪检组织，要把严的主基调长期坚持下去，以"零容忍"的态度依规依纪依法查处科技发展、科研管理领域腐败问题，把正风肃纪反腐同持续推进深化科技改革、完善管理制度、促进科技治理贯通起来，做深做实以案促改、以案促治，强化对科研管理权力的监督与制约，推动深化科研管理领域体制机制改革，营造良好科研生态环境。

三是监督护航科技创新工作，要有温度。干事业总是有风险的，不能期望每一项工作只成功不失败。对工作中出现失误的干部职工，如果不分青红皂白打板子，势必会挫伤他们的积极性，使大家工作起来瞻前顾后、畏首畏尾，产生多干多错、少干少错、不干不错的消极心态。因此，纪检监察机关在对科技发展、科研管理领域政策落实情况进行监督的过程中，还要坚持严管与厚爱结合、激励与约束并重，认真贯彻落实"三个区分开来"，对科学技术人员在科技创新中出现的失误合理"容错"，进一步激发科学技术人员干事创业激情，推动科技自立自强不断迈向新高度。

三、打造忠诚干净担当、敢于善于斗争的纪检干部队伍

旗帜鲜明讲政治，是纪检监察机关与生俱来的政治基因。纪检监察机关是

党和国家监督专责机关，责任重大、使命光荣。打造忠诚干净担当、敢于善于斗争的纪检监察铁军，是推动新时代新征程纪检监察工作高质量发展的组织保障，事关全面从严治党、正风肃纪反腐的实际成效。党的十八大以来，以习近平同志为核心的党中央高度重视纪检监察干部队伍，始终寄予极大期望，给予极大信任，提出严格要求，并在多次发表重要讲话时谈到纪检监察干部队伍建设，字字句句都蕴含着"更高""更严"的要求。

各级纪检组织要牢记"三个务必"，牢记纪检干部是践行"两个维护"第一方阵的排头兵和监督员，坚持打铁必须自身硬，坚持实事求是、客观公正、精准执纪，注重"两个结合"。一是结合纪检干部队伍教育整顿部署安排，有效发挥思想政治的"照镜子"、党性觉悟的"大体检"、纪律作风的"再出发"作用，督促认真履职尽责，发扬斗争精神，练就斗争本领，践行"三严三实"，坚决防止和纠治"灯下黑"，以实际行动树立起忠诚干净担当、可亲可信可敬的良好形象。二是结合《关于在全党大兴调查研究的工作方案》部署安排和学习贯彻习近平新时代中国特色社会主义思想主题教育要求，深入贯彻落实习近平总书记关于大兴调查研究的重要指示批示精神，促进纪检干部不断转变工作作风、密切联系群众、提高履职本领、强化责任担当，提高善于发现问题、敢于正视问题、准确剖析问题、有效提出对策、推动解决问题的能力，重点做好以下三个方面。

第一，提高认识，压实责任。系统梳理习近平总书记重要讲话精神和对科技创新工作的重要指示批示精神，认真组织学习近期发行的《习近平关于"三农"工作的重要论述学习读本》，制定贯彻落实和监督检查的工作方案，督促各级党组织将主体责任牢牢扛在肩上。深入科技创新、成果转化和所办企业等部门，通过列席专题会议、开展专题调研、约谈提醒等方式，对科技创新项目进展及时跟进，适时提出监督建议，保障关键核心技术攻关加速推进，逐步实现由"督促进度"向"督查问效"的转变。

第二，聚焦重点，精准监督。聚焦监督重点，从提升科技创新意识、确保内部要素保障和实现外部要素落地三个关键环节入手，把监督科技创新政策执行情况作为监督的具体内容，实现专项监督具体化常态化，确保科技创新生态迸发活力。同时，强化资源统筹协调，不断创新监督思路，整合分散的内控监督力量，切实提升监督的治理效能。比如，将对科研项目开展情况和科研经费使用情况作为巡察、专项监督、经济责任审计等具体内容，或者聚力对焦、精准发力、高效突破，探索开展机动灵活的监督方式，充分利用机动监督小、快、准的特点，快交快办、快出成效，擦亮监督"移动探头"，为科技发展提供有力支撑。

第三，督促整改，增强质效。坚持问题导向、目标导向和结果导向相统一，以督促监督发现的问题整改为重要抓手，聚焦过程督导发现的薄弱环节开展靶向治疗，强化监督成果运用，推动有关职能部门发挥职能监管、行业治理等作用，注重抓早抓小、防微杜渐，促进全面整改、系统整改、彻底整改，狠刹科研队伍中存在的不担当、不作为、不落实、乱作为等风气，对发现涉及科技创新项目、资金等问题线索严查快办。同时，以点带面、以面带全，督促推动本单位本系统领域加强作风建设，做实做细日常监督，加强廉洁风险防控，恪守廉洁从业底线，大力弘扬新时代科学家精神，培养树立新一代勤廉兼优的先进典型，营造风清气正、守正创新的科研工作环境。

第五章　研究成果

　　本章研究成果内容包括基础研究成果、应用研究成果和发展工作成果。基础研究成果侧重于理论探索和知识创新，而应用研究成果则更注重将研究成果应用于实际问题解决，发展工作成果则是在应用的基础上进行技术或产品的进一步开发和完善。工作成果在广义上可以理解为在工作过程中取得的成果，包括但不限于科学研究与技术开发领域的工作成果。在科研领域，工作成果特指执行研究开发机构、高等院校和企业等单位的工作任务，或者主要是利用上述单位的物质技术条件所完成的科技成果。这些成果可以是新的理论、技术、产品或服务，它们对推动科技进步和社会发展具有重要作用。总之，研究成果侧重于通过科学研究与技术开发所产生的具有实用价值的成果，而工作成果则更广泛地指在工作过程中所取得的成果，特别是在执行研究开发机构、高等院校和企业等单位的工作任务中所完成的科技成果。本章汇总梳理了有关农业科研单位纪检、巡察、审计等相关工作 10 个方面的研究成果。

新时代廉洁文化建设的现状分析与对策探讨

2022 年 10 月，中共海南省委直属机关工作委员会印发《关于表彰 2022 年海南省机关党建课题研究优秀论文的通报》（琼直党工〔2022〕27 号），《新时代廉洁文化建设的现状分析与对策探讨——基于对中国热带农业科学院 688 位干部职工的实证调查》荣获 2022 年海南省机关党建课题研究二等奖。课题调研撰写过程是在中国热带农业科学院廉洁文化建设体系成效的基础上，通过深入全院 17 家单位（含院本级）688 位干部职工开展问卷调查，并经过统计分析和进一步调研了解。课题内容主要分为四个部分：第一部分研究廉洁文化与廉政文化概念，二者的核心内容都是廉，都以崇尚廉洁、鄙弃贪腐为价值取向；第二部分研究新时代廉洁文化建设的内涵，主要体现在廉洁文化建设的制度体系、重要论述和经验做法三个方面；第三部分研究新时代廉洁文化建设的现状分析，具体以中国热带农业科学院为例，对廉洁文化成效氛围的评价、廉洁文化宣传教育的现状、廉洁文化多层深入的需求等进行调查分析；第四部分研究加强新时代廉洁文化建设的"一二三四"对策探讨，主要包括团结"一心"强化协作，紧盯"二数"严管厚爱，开展"三化"筑牢防线，实施"四抓"提升实效。此外，在该课题成果的基础上，中国热带农业科学院为深入贯彻党的二十大和二十届中央纪委二次全会精神，认真落实中共中央办公厅《关于加强新时代廉洁文化建设的意见》和农业农村部、驻部纪检监察组以及海南省有关要求，院纪检组把 2023 年确定为"廉洁文化年"，印发了《关于加强廉洁文化建设工作的通知》，通过在全院推进新时代廉洁文化建设，助力热区乡村振兴和清廉自贸港发展。该研究成果的具体内容如下。

"廉"字最早见于《仪礼·乡饮酒礼》中"设席于堂廉东上"，本义与建筑物有关，指堂屋侧边，特点平直、有棱、方正，约在春秋时期，廉转化、引申为清廉、方正、刚直、俭约、明察等含义，并运用在政治领域中。古人关于"廉"的论述，大体有"不苟取，不贪求私利、节俭、正直，志向清白高洁，品行方正收敛"等引申义。自古以来，清正廉洁是中国传统道德的一个基本规范，被视为"国之四维"之一。

一、廉洁文化与廉政文化

研究廉洁文化，要从文化的视角进行探讨，包括价值观念、行为规范和生活方式。在廉洁文化建设实践中，还会不同程度地与社会公德、职业道德、家庭美德和个人品德相结合，并融入部门、行业、基层、家庭等治理管理之中，发挥价值导向、行为约束、环境净化等基本功能。

与廉洁文化相近的概念是廉政文化，二者的核心内容都是廉，都以崇尚廉洁、鄙弃贪腐为价值取向。不同的是，廉洁文化建设的对象是所有社会成员，注重改造社会环境和社会风气，倡导廉洁、诚信、友善；廉政文化反映了执政理念，贯彻了廉洁文化的观点和要求。

二、新时代廉洁文化建设的内涵

党的十八大以来，习近平总书记发表一系列重要讲话，要求加强反腐倡廉教育和廉洁文化建设，督促党员干部特别是领导干部保持高尚品格和廉洁操守，在全社会培育清正廉洁的价值理念。2022 年 1 月，在十九届中央纪委六次全会上，习近平总书记鲜明强调，领导干部特别是高级干部要带头落实关于加强新时代廉洁文化建设的意见，从思想上固本培元，提高党性觉悟，增强拒腐防变能力，这是"新时代廉洁文化建设"首次出现在总书记重要公开讲话中。不同于古代士大夫的廉政文化，新时代廉洁文化彰显克己奉公、崇廉拒腐、尚俭戒奢、甘于奉献的价值理念，反映社会对廉洁价值、廉洁规范、廉洁风尚的思想认同和精神追求，主要体现在廉洁文化建设的制度体系、重要论述和经验做法三个方面。

（一）廉洁文化建设的制度不断完善

随着新时代全面从严治党不断向纵深推进，党内法规制度体系不断完善，建设廉洁文化的若干具体要求写入制度、固化下来，明确划出红线、标出雷区。比如，制定了中央八项规定，两次修订《中国共产党纪律处分条例》，《中国共产党章程》把"清正廉洁"与"信念坚定、为民服务、勤政务实、敢于担当"一道明确为各级领导干部的基本素质，《关于新形势下党内政治生活的若干准则》把"保持清正廉洁的政治本色"单列一款，《中国共产党廉洁自律准则》紧扣廉洁自律主题树立了看得见、摸得着的高标准，《关于加强新时代廉洁文化建设的意见》把加强廉洁文化建设作为一体推进"三不"的基础性工程，对社会、组织、家庭和个人等层面提出了全面具体的要求。

（二）廉洁文化建设的论述非常丰富

习近平总书记关于廉洁文化的论述非常丰富。比如，"思想纯洁是马克思主义政党保持纯洁性的根本，道德高尚是领导干部做到清正廉洁的基础"，阐述了廉洁文化的重要作用；"廉洁自律""廉洁从政""廉洁用权""廉洁修身""廉洁治家""廉洁奉公""永葆清正廉洁的政治本色"，对党员干部修身正己提出要求，"涵养廉洁文化""弘扬忠诚老实、公道正派、艰苦奋斗、清正廉洁等价值观"，对推进廉洁文化建设作出强调。

（三）廉洁文化建设的做法更加多样

一是更加突出思想政治引领，始终坚持以习近平新时代中国特色社会主义思想武装全党，提高广大党员干部思想道德素养和廉洁意识、纪法观念。二是更加注重锤炼党性修养，要求党员干部不断自省检视和提高党性修养，严肃党内政治生活，用好批评和自我批评武器。三是更加重视家风家教建设，将其提升到治国理政高度，要求广大干部特别是党员领导干部以纯正家风涵养清朗党风政风社风。

三、新时代廉洁文化建设的现状分析

反对腐败、建设廉洁政治，是我们党一贯坚持的鲜明政治立场和自我革命长期抓好的重大政治任务，各地各部门深入贯彻落实党中央决策部署，组织开展了形式多样的廉洁文化建设工作。以中国热带农业科学院为例，近年来，院党组纪检组贯通运用纪律监督、巡察监督和审计监督，聚焦"国之大者"推动政治监督具体化常态化，紧盯"一把手"、领导班子等"关键少数"和年轻干部这一"重点多数"，聚焦重点领域风险防控等开展一系列专项监督，持续发挥监督保障执行、促进完善发展作用，增强各级党员干部自觉接受监督、抵御风险诱惑的思想意识，引导广大干部职工知敬畏、存戒惧、守底线，为全院党风廉政建设和反腐败工作打下坚实基础。在此过程中，全院各级党组织、纪检组织对廉洁文化建设工作也尤为重视，取得了"三心"成效，主要如下。

（一）廉政文化上墙廊，以廉为镜守初心

在院党组高度重视和院党政主要领导大力支持下，院党组纪检组部署全院开展了一系列廉政文化体系建设工作，打造了由"两个层级、三项主题、四大板块"构成的廉政文化体系，建成了"1+16"全覆盖模式的廉政文化墙，较好地发挥了警示教育各级党员领导干部的作用，为营造风清气正的政治生态提供了强大精神支撑。

（二）廉政手册拿在手，以文载廉润公心

为深入宣传院党组、院党组纪检组落实全面从严治党要求和推进党风廉政建设的生动实践，策划献礼建党100周年党史学习成果，编印1700本《廉政文化手册》，对党员干部全覆盖进行廉政文化宣传教育，促进廉洁元素融入科研事业发展和海南自由贸易港建设之中，被海南机关党建专题报道，吸引省直机关纪检监察工委组织100多位纪委书记到院调研交流。

（三）廉洁提醒全覆盖，倡廉寄语暖人心

院党组纪检组、机关纪委充分把握重要时间节点和不同阶段、不同特征的监督对象，持续加固中央八项规定堤坝。一方面，专项部署廉洁过节和重点监督工作要求，督促各级党组织、纪检组织切实履行全面从严治党主体责任、监督责任，持续紧盯苗头性倾向性隐蔽性问题。另一方面，全覆盖开展廉洁过节提醒，将传统文化、纪律要求、格言警句与廉洁短信有效融合，增强日常教育监督的针对性和实效性。

综上所述，虽然全院廉洁文化建设工作取得了一定成效，但通过深入全院17家单位（含院本级，下同）688位干部职工开展问卷调查，经过统计分析和进一步调研了解，还发现了三个方面具体问题。

第一，关于廉洁文化成效氛围的评价。超九成干部职工对廉洁文化建设成效和廉洁氛围评价良好，超99%的被调查者认为有必要开展廉洁文化建设工作，但个别单位的认可度还有待提升。

一是关于全院廉洁文化建设情况成效的评价，有58%认为很好，34%认为较好，合计占比92%；有8%认为一般及较差、很差，且有8家院属单位该项占比超过8%。17家单位中，认为成效很好占比最高的单位是83%，最低的单位是39%，认为成效一般及较差、很差占比最高的单位是17%。

二是关于全院廉洁氛围的评价，有57%认为很好，36%认为较好，合计

占比93%；有7%认为一般及较差、很差，且有9家院属单位该项占比超过7%。17家单位中，认为氛围很好占比最高的单位是83%，最低的单位是32%，认为氛围一般及较差、很差占比最高的单位是12%。

综上所述，虽然全院廉洁文化建设情况及廉洁氛围总体评价良好，广大干部职工也能认识到加强廉洁文化建设的重要意义，但个别单位的廉洁文化建设还存在薄弱环节，职工评价认可度还有待提升。通过进一步调研了解发现，一方面，存在认识偏差。有的党委把主体责任看偏看轻了，没有主抓主管廉洁文化建设；有的领导干部对"一岗双责"认识不到位，对分管范围内的党风廉政建设工作经常性督导教育监管不够；有的单位对廉洁风险防控认识不足，内部管理不够规范，一些工作不够公正透明，削弱了评价效果。另一方面，重视程度不够。有的单位认为廉洁文化建设"见效慢""成效评估难"，部署开展工作不够积极主动；有的纪委没有深入探讨廉洁文化内涵和调研了解干部职工需求，缺乏统筹谋划和务实有效，开展工作紧一阵松一阵、抓一件算一件。

第二，关于廉洁文化宣传教育的现状。超五成干部职工经常关注单位廉政文化墙等宣传板块，近四成经常学习廉政文化手册，但不同群体的关注程度和学习强度差异明显。

一是经常关注廉政文化墙等宣传板块的干部职工约54%。其中，经常关注的男性有61%、女性有44%，管理人员有66%、科研人员有43%；同时，经常关注的人群占比高低与年龄大小呈正相关，28岁以下有42%，46岁以上有68%。

二是经常学习廉政文化手册的干部职工约38%。其中，经常学习的男性有47%、女性有25%，管理人员有47%、科研人员有29%；另外，28岁及以下、29～35岁的干部职工各有10%没见过廉政文化手册，党员有6%没见过。

综上所述，虽然全院各级纪检组织围绕新时代廉洁文化建设主题打造了廉政文化墙和廉政文化走廊，编印了《廉政文化手册》和廉政诗词格言警句，通过直观立体的宣传展示，持续增强廉洁文化的影响力、渗透力和感染力，但通过问卷调查发现，不同性别、不同工作性质、不同年龄阶段干部职工的关注学习程度还存在一定差异，相对而言，女职工、科研人员、年轻干部关注学习不够多，个别单位在落实党员干部全覆盖廉政文化宣传教育要求方面存在死角盲区。因此，要想完成好廉洁文化建设这项系统工程、长期任务，既要全面覆盖、全员参与，又要分级分类、因地制宜，有针对性地推进党风廉政建设与不同职工群体的实际需求深度融合。

第三，关于廉洁文化多层深入的需求。超六成干部职工喜欢通过电视新闻了解关注廉洁文化，近八成对反腐案例更感兴趣，过半数希望加强正面宣传引领、反面警示教育和廉洁文化活动，另有超四成希望加强制度宣讲和纪法教育，且不同群体的关注渠道和兴趣特点差异明显。

一是关于了解关注廉洁文化的渠道方面，占比较高的前 5 项依次是电视新闻（61%）、案例教育（59%）、权威网站或公众号（48%）、参观基地（43%）、会议宣贯（36%）。另外，28 岁及以下干部职工有 49% 喜欢影视表演，46 岁及以上干部职工有 31% 喜欢手机短信，但 28 岁及以下干部职工仅有 5% 喜欢手机短信。

二是关于感兴趣的廉洁文化内容方面，占比较高的前 5 项依次是反腐案例（79%）、党纪条规（51%）、大政方针（48%）、人物典故（45%）、舆论报道（42%）。其中，男性对党纪条规更感兴趣，占比高于女性 20%，而女性对人物典故、公益广告更感兴趣，占比高于男性 13%。

三是关于需要加强的廉洁文化建设工作方面，占比较高的前 5 项依次是正面宣传和模范引领（56%）、用反面典型警示警醒（55%）、开展丰富多样的廉洁文化活动（50%）、制度建设和政策宣贯（44%）、纪法教育和法治宣传（42%）。

综上所述，廉洁文化建设是一项系统工程、长期任务，不能仅依靠某个部门，也不能仅定位为教育宣传，需要动员多方力量和统筹多项资源部署开展。实际工作中，我们不能把廉洁文化建设狭义理解为喊几句口号、发几本书册、放几部片子，不仅要深入研究党风廉政建设和反腐败工作的新形势任务要求，将廉洁文化建设融入日常监督治理和贯穿党员干部及职工群众的平时工作、学习、生活之中，还要加强廉洁文化产品供给和创作力度，发挥各种文化资源和各类教育阵地作用，创新传播形式，延伸传播触角，注重规定动作和自选动作相结合，组织开展丰富多样的廉洁文化活动，吸引更多年轻群体参与廉洁文化建设。

四、加强新时代廉洁文化建设的"一二三四"对策探讨

（一）团结"一心"，强化协作

古人云：万人操弓，共射一招，招无不中。廉洁文化建设需要多方参与、共同创建。其中，党委要发挥主体作用，加强专题部署研究和考核传导压力，做好廉洁文化建设战略规划、资源配置和队伍培养。纪委要围绕一体推进不敢腐、不能腐、不想腐工作要求，立足实际、创新载体，以廉洁文化建设推动政治文化正气充盈。有关职能部门要在做好自身廉洁文化建设的同时，立足职责

积极融入廉洁文化建设全局，比如，纪检监察、组织人事、党务宣传等部门要加强组织推动、教育培训、宣传指引。行业主管部门要突出特点，抓好行业领域的廉洁文化建设。

（二）紧盯"二数"，严管厚爱

第一，领导干部特别是党政"一把手"作为干部职工的榜样，要强化自我修炼和自我约束，时刻自重自省自警自励；要做实述职述责述廉，自觉公开接受各方面监督；要结合具体问题、典型案例、身边事迹和工作实际，带头讲廉政党课。

第二，年轻干部是党和国家事业发展的生力军，要从严教育培养，加强党内法规学习和警示教育提醒，增强底线意识和自律意识，严格按制度程序办事；要严管厚爱结合，建立健全谈心谈话制度，时刻关注思想动态、工作状况和家庭困难。

（三）开展"三化"，筑牢防线

第一，强化理论武装，筑牢思想根基。要加强经常性廉洁文化培训教育，将总书记关于党风廉政建设、廉洁文化建设的重要论述，列入党组（党委）理论学习中心组学习计划，纳入新入职干部、新提拔干部、内设机构负责人和青年干部等教育培训重要内容。要注重巩固拓展党史学习教育成果，统筹推进党史、新中国史、改革开放史、社会主义发展史宣传教育，深入开展党的光荣传统和优良作风教育，赓续传承对党忠诚、艰苦奋斗、勇于善于斗争的精神品质。

第二，固化纪法教育，坚守自律底线。古人云：法度者，正之至也。要常态化开展"遵规守纪、知法守法"纪法教育活动，不断增强党员干部和职工群众的法治意识、党规意识、制度意识和纪律意识，促进依法履职、廉洁从政。要深刻总结新时代全面从严治党的经验做法和身边腐败及作风问题典型案例，梳理形成与行业行规廉洁文化相关的正面清单和负面清单，加强实践养成和示范引领。

第三，深化宣传引领，浓厚清廉风气。要用好革命文化、社会主义先进文化、中华优秀传统文化培根铸魂，讲好党的故事、革命的故事、英雄的故事和传统文化的经典廉洁故事，推动廉洁理念深入人心。要用好革命博物馆、纪念馆、党史馆等红色资源，以建设特色廉政文化为目标，将廉洁教育与党建活动有效结合。要结合单位性质特点、评选表彰和典范引领，开展各类廉洁文化主

题活动，吸引不同群体积极参与。

（四）实施"四抓"，提升实效

第一，抓实政策宣讲。加强党风廉政政策宣讲，采取形势报告、理论宣讲、制度解读等方式，宣传阐释全面从严治党重大原则、重大任务和历史性成就。督办检查各项规章制度落实情况，切实强化制度意识，带头维护制度权威。

第二，抓严警示教育。加大典型案件、身边案例通报力度，深刻剖析有关违纪违法典型案例，充分运用忏悔录和警示教育片，建立健全以案说德、以案说纪、以案说法、以案说责机制，深化以案为鉴、以案促改、以案促治。

第三，抓精品牌活动。积极吸引高等院校、高端智库、传媒机构、文化企业等单位，广泛参与廉洁文化建设理论研究、主题策划、活动组织、产品制作等各环节，不断提升廉洁文化的传播力、影响力、吸引力、感染力。

第四，抓细贯彻落实。要把廉洁文化建设纳入党风廉政建设责任制考核考评，坚持从实际出发，反对形式主义。加强经费保障，做到务实节俭，鼓励探索创新，引导各方力量积极参与，及时总结推广有效做法，久久为功抓好落实。

基层单位落实机关党建主体责任研究

2022 年 10 月，中共海南省委直属机关工作委员会印发《关于表彰 2022 年海南省机关党建课题研究优秀论文的通报》（琼直党工〔2022〕27 号），《基层单位落实机关党建主体责任研究——以中国热带农业科学院试验场为例》荣获二等奖。该调研报告全面分析了深刻认识基层单位落实机关党建主体责任的重要意义，认真查找基层单位落实机关党建主体责任存在的主要问题，特别是针对党员年龄老化学历偏低、"三会一课"制度落实不到位、基层党组织履行监督主体责任不到位、党员培养力度亟待加强、党建业务融合不够紧密等问题，提出了有针对性的建议对策，要求优化党员结构，严格组织生活，做好监督执纪，强化党员培养，做到党建业务相融合，以问题为导向，补短板强弱项，真正做到增强基层党组织创造力、凝聚力和战斗力，为中心建设提供有力思想保证，真正发挥基层党组织的战斗堡垒作用。该研究成果的具体内容如下。

基层党组织是贯彻落实党中央决策部署的"最后一公里"，是党的全部工作和战斗力的基础，是整个党的"神经末梢"。2020 年 6 月，中央和国家机关工委印发《全面推进党支部标准化规范化建设工作方案》，明确机关基层党组织的基本职责，要建强基本单元，筑牢战斗堡垒，扎实推进党支部标准化规范化建设。2021 年 12 月，中共中央办公厅印发《关于加强基层服务型党组织建设的意见》，对强化基层党组织建设提出了新要求。本课题组结合中国热带农业科学院试验场工作实际，围绕"基层单位落实机关党建主体责任"主题深入开展研究，提出了基层单位党组织落实党建主体责任的合理建议。

一、深刻认识基层单位落实机关党建主体责任的重要意义

（一）强化基层单位机关党建主体责任，是贯彻落实海南省党建工作要求的重要举措

党的基层组织是党全部工作和战斗力的基础，是团结带领群众贯彻党的理论和路线方针政策、落实党的任务的最基本单元。2018 年，在海南建省办经

济特区 30 周年大会上，习近平总书记提出要打造国家热带农业科学中心，明确要以中国热带农业科学院为技术依托，打造国家热带现代农业基地，塑造海南热带农产品品牌，推动热区乡村振兴战略实施，这些都需要发挥党建引领的积极作用，实现党建业务互融互促。2022 年，中国热带农业科学院联昌旧址建设项目被列入儋州市十大党建引领重点项目。中国热带农业科学院试验场需要继续深挖党建文化内涵，构建"党建＋乡村振兴"实训基地，打造党性教育特色品牌，传承艰苦创业、无私奉献、团结奋斗、勇于创新的精神和科学家精神，通过党建引领自由贸易港建设行动，推进儋州儋洋一体化健康、快速发展，为自由贸易港建设提供坚强的精神动力与智力保障。

（二）强化基层单位落实机关党建主体责任，是党委应对风险挑战、推进各项事业建设的现实需要

近年来自然灾害频发，新冠疫情肆虐，在各种防控战争中，中国热带农业科学院试验场取得了一个又一个的胜利，充分体现了党委是"定盘星"，党支部是"先锋队"，党员是"顶梁柱"的作用。中国热带农业科学院试验场范围内分布约 1 万人，建有国家现代农业科技园区、海南儋州现代农业产业园等农业园区，入驻涉农企业有 136 家，是我国热带农业科技的孵化中心，关乎我国天然橡胶战略物资、重要油料资源、粮食资源、牧草资源等的安全供给。试验场基层党建工作必须与院党组高度契合，上下一致，越是困难重重越要全面从严治党，越要强化基层单位落实机关党建主体责任，只有这样才能保证各项事业稳定发展。

（三）强化基层单位落实机关党建主体责任，是建设乡村振兴、科研服务型党组织的必然要求

中国热带农业科学院试验场作为热带地区高标准科研试验示范基地，下设 54 个基层党支部（含 7 个退休支部），是我国热带农业新技术和新品种的培育摇篮，是促进全国热带地区乡村振兴战略实施的先行示范区。党建作用事关试验场 33 个连队乡村振兴、科研服务及成果推广转化成效，事关全院 10 多个院属单位科研基地的"生死存亡"，捋清各党支部职能职责，有利于推动场机关、连队等基层党组织在强化服务中更好发挥战斗堡垒作用。

二、基层单位落实机关党建主体责任存在的主要问题

课题组采取匿名问卷调查的方式，对中国热带农业科学院试验场 47 个在

职党支部落实机关党建主体责任情况进行调研，共收到 250 份有效调查问卷，现将存在问题梳理如下。

（一）党员年龄老化、学历偏低

通过对 250 份调查问卷的整理分析，试验场党员大多为 10 年以上党龄的老党员，占比 66%，6～10 年党龄的占 24%，1～5 年党龄的占 10%，存在党员干部年龄偏大问题。从学历结构来看，硕士研究生及以上党员仅占 3.2%，大学专科或本科党员占比 38.4%，高中/中专及以下的党员占比 58.4%，存在学历普遍偏低的现象，这也跟试验场主要从事基础生产工作的性质有关。

（二）"三会一课"制度落实不到位

部分基层党支部政治意识不深，责任意识不强，不同程度存在"三会一课"基本制度认识不清、落实不到位等问题。党员大会召开不规范，落实支部党员大会不到位。在此次调查中，有 42% 的党支部能够做到每个季度召开 1 次党员大会，但有 50% 的党支部存在每月召开 1 次党员大会的现象，有 8% 的党支部甚至 1 年才召开 1 次或从不召开党员大会，58% 的支部对党员大会的时间要求不清楚。主要原因是部分党支部党员不熟悉"三会一课"制度，将党员大会和主题党日活动概念混淆所致。从调研情况来看，98.8% 的党员对所在党支部党建工作的总体看法是认可的，但也存在 23.6% 的党支部没有按月召开党支部委员会议的现象。

（三）基层党组织履行监督主体责任不到位

调查发现，党支部书记和支部纪检委员履职不到位，个别党支部、党员存在"上有政策，下有对策"，淡化概念，象征性落实的现象。面对上级决策部署仅有 55.2% 的党支部建立了既强调落实，又层层有人抓的严格督导检查机制，而其他党支部存在只强调落实、无督导检查，或有人督导检查、无人贯彻落实的现象。另外还有少部分党员认为所在党支部纪检委员形同虚设，不熟悉监督业务，没有任何工作举措。

（四）党员培养力度亟待加强

试验场党员后备力量严重不足，全场有近 1 万人，党员 582 名，其中在职党员仅 269 名，退休党员 244 名，退休党员占比高达 42%，且近一两年退休的党员接近百人，个别连队党支部在职党员仅剩 1～2 名。在 250 份调查问卷中，81.6%的党员认为所在党支部重视且培养新发展党员，但仍有部分党支部对新发展党员存在不重视培养或重数量轻质量的现象。对其原因进行调查分析，37%的党员认为职工入党动机不明确，48%的党员认为职工政治成长意愿不强，59.2%的党员认为支部发展党员不够，30%的党员认为党支部教育引导不强。综合而言，在党员培养方面存在联系职工群众不够紧密，思想意识引领不到位的现象。

（五）党建业务融合不够紧密

党建和业务始终是相互依存发展的，特别是在试验场基层服务科研过程中，如果党建脱离了业务，那党建就会变成职工工作的累赘，如果业务不能与党建相融合，则可能会影响组织的整体效能和长期发展。在对党建和业务的融合发展问题调查中发现，17.2%的党员认为所在党支部长期不研究党建工作，党建工作自弹自唱，与业务"两张皮"，存在党建与业务融合不够的现象。34.4%的党员认为党支部、党员对党建工作的重要性认识不到位，重业务、轻党建。28.4%的党员认为党支部活动过于简单、形式，缺乏吸引力。19.2%的党员认为党建工作与工作性质和职工需求严重脱节。以上都属于基层单位落实机关党建主体责任不到位所致。

三、落实基层单位党建主体责任的对策与建议

基层党支部是全党工作的最末端，是服务群众的最前沿，是治理国家的基础和重心，必须抓实基层机关党建主体责任，才能确保改革稳定工作落到实处。

（一）进一步优化连队党员队伍

试验场党委要选强配优基层连队党员干部队伍。一是选好连队党员"火车头"。场党委要牢固树立"育苗"思维，慧眼识珠"选准苗"，固本培元"育强苗"，保驾护航"管好苗"，选优配强支部党员干部，为高质量推进组织工作奠定基础。要以事业凝聚人，以思想引领人，提升青年对党组织的认同感，吸引更多优秀党员青年回队创业。二是坚持从群团组织中蓄才。全面加强基层单位党组织年轻化建设，可以通过"群团蓄才"的党建项目，加强各党支部与共青团、工会等群团组织的交流，积极落实群团推优，让基层党支部在群团队伍中发现青年人才、吸纳青年人才，培养青年党员。三是帮助连队

青年提升学历。既要选准配强连队"领头雁"，选出一批治队能人，也要内部挖潜，提升学历，培养一批高学历干部。特别是要鼓励年轻连队干部通过自考、函授、成人教育等方式参加学历教育，提升连队干部的学历水平和综合素质。

（二）从严从实落实"三会一课"制度

"三会一课"制度是基层单位落实机关党建主体责任的最基本手段之一，要牢固树立基层党支部"抓好党建是本职、不抓党建是失职、抓不好党建是渎职"的观念。一是从严执行。持续加强基层党组织标准化规范化建设，深入实施连队党建"领航"计划，通过严抓"关键少数"引导"绝大多数"，把责任压实到党支部书记，列明必须完成的"任务清单"，明确活动时间、方式、内容和目标等重要内容；对普通党员严格要求参会次数，根据会前确定的主题和内容，让广大党员做好精心准备和学习记录。二是从实开展。落实"三会一课"制度时要突出"党性"、体现"党味"，要"补短板、强弱项、固根基、扬优势"。要持续深化党支部"达标创星"活动，推进海南省党支部标准化、制度化、规范化建设。三是从精拓展。基层单位落实"三会一课"制度，可以根据业务形式将课堂开设在田间地头，开设在老党员家中等，既要做到生动、鲜活、接地气，又要把生硬、抽象、难以理解的政策知识用通俗易懂、诙谐幽默的语言讲给广大党员听，最终达到听得懂、能理解、会运用的效果。

（三）压实党内监督主体责任

基层单位党内监督是保障机关党建主体责任落实的最重要手段，也是不断提升基层党组织标准化建设的关键途径。一是要强化基层党组织主体责任意识。要确保支部建在连队，落实党员主要负责人担任支部书记制度，制定责任清单，明确队长、书记、支部纪检委员的主体责任和监督责任。要牢固树立"律人先律己"的观念，强化党性修养，落实"六必谈""八不准"要求，制定"免责减责清单""线索处置前置处理必报清单"，筑牢廉洁自律防线，拧紧理想信念的"总开关"。二是培养全体党员监督意识。统筹运用好支部主题党日活动和党委理论学习中心组学习等学习载体，发挥好"思想引领学习在先"的机制，培养党内监督的主动意识和良好氛围。统计每位党员的入党日期，为他们过政治生日，让每一名党员不忘初心、牢记使命，强化党员的责任担当。三是开展专项监督整治。严格履行"第一责任人""一岗双责"等职责，深入开展基层部门"灯下黑""加油卡"、纪检组织履职等问题监督整治，让"出汗""红脸"成为党建工作常态，让党建"软指标"成为"硬约束"，坚决防止"破窗效应"，使制度真正成为硬约束。

（四）加强年轻党员培养

加强基层党员教育培养，是确保基层单位党组织的先进性和领导地位的重要保证。一是不断增强基层连队党员队伍力量。针对当前部分连队职工群众党性弱化、素质不高、能力不强的状况，要积极发展党员，补充新鲜血液。要加强入党积极分子、党员发展对象常态化教育培训，采取"名师辅导＋现场教学＋以案释纪＋爱国教育＋交流研讨＋理论考试""六合一"方式进行培训，让他们真正思想上入党、行动上入党。二是应完善教育平台。加强党员活动室、图书室等活动场所建设，充分挖掘资源潜力，为党员更新知识结构、理论实践和创新活动形式提供场地支持，彻底解决"重视不培养或重数量轻质量"的问题。三是建立教育管理责任制。要积极建立"组织对党员负责，党员对群众负责"的责任体系，定期开展党员干部思想动态研判，建立健全干部职工思想动态分析报告制度。要实施青年理论学习提升工程，出台学习规则，选树理论学习标兵，打造场机关党建研学精品。

（五）促进党建业务融合发展

一是做到党建与业务实现"四同"。按照"围绕业务抓党建，抓好党建促业务"原则，推动党建与试验场业务目标相结合，立足各连队实际，做到同规划、同部署、同推进、同考核。二是树立党建服务个人能力提升导向。要把抓党建、做业务、强队伍贯通起来，让政治、业绩、作风过硬的优秀党员当选连队队长，让抓党建能力强、抓业务能力强的"双强"干部当党支部书记，推动党建和业务两手抓、同时抓、统筹抓，将学习成果转化为谋划工作的思路、推动工作的本领和解决问题的能力。三是要树立标杆。要开展创建党员先锋岗、争当服务群众标兵等活动，引导党员干部建功新时代、争创新业绩，形成你追我赶的良好氛围。

四、结语

党的基层组织是党在社会基层组织中的战斗堡垒，基层单位落实党建主体责任是党组织建设的重要环节，是完成各项任务、促进全面建设的重要保证，也是一项长期系统建设工程。各基层党组织要优化党员结构，严格组织生活，做好监督执纪，强化党员培养，做到党建业务相融合，以问题为导向，补短板强弱项。要真正做到增强基层党组织创造力、凝聚力和战斗力，为中心建设提供有力思想保证，真正发挥基层党组织的战斗堡垒作用。

农业科研单位加强"关键少数"
监督体系建设研究

2020 年 12 月，农业农村部直属机关党委印发《关于 2020 年度机关党建课题研究情况的通报》，《农业科研单位加强"关键少数"监督体系建设研究》荣获优秀课题研究报告。该研究成果有着较扎实的调研基础，中国热带农业科学院纪检组于 2020 年 6 月 8 日至 26 日参加了农业农村部系统直属企事业单位纪检组织履行监督责任情况的督查，该研究报告的作者作为检查组成员之一，参加了农业农村部系统 4 个直属单位的调研检查，对有关单位的"关键少数"监督基本情况、存在问题有了更深入的了解，对如何加强部系统"关键少数"监督有了较深入的研究，并提出了提升"关键少数"监督效果的途径主要是要强化党委主体监督责任、纪委专职监督责任和职能监督责任的落实，以及逐步建立起主体监督先行、专职监督跟进、职能监督抓细抓实的监督体系等意见建议，并认为强化监督体系建设，首先要让主体监督责任先行，通过主体监督来带动专职监督和职能监督的落实，还要明确专职监督体系，做到"点""线""面""网"高度融合，既加强横向监督，又强化纵向监督，把监督工作抓细抓实。该研究成果的具体内容如下。

强化监督是加强党要管党、全面从严治党、推进党的建设的重要保障。党的十九届四中全会通过了《中共中央关于坚持和完善中国特色社会主义制度、推进国家治理体系和治理能力现代化若干重大问题的决定》，"监督"一词出现了 52 次，是绝对的高频词之一，是从严治党工作的重中之重。为加强部系统"关键少数"监督，农业农村部直属机关纪委于 2020 年 6 月 8 日组织对 24 家直属单位开展了纪检组织履行监督责任情况督查，要求农业科研单位要进一步加强党内监督，压实"关键少数"主体责任、监督责任和"一岗双责"，形成"头雁效应"。本研究报告扩大了研究对象范围，既涵盖农业农村部有关直属单位的党政负责人、其他班子成员，也包括部门负责人、研究室负责人、课题组负责人和其他重点岗位人员。

一、农业农村部"三院"① 加强"关键少数"监督基本情况

(一)党中央及农业农村部党组对"关键少数"监督相关要求

2020年3月,中共中央办公厅印发《党委(党组)落实全面从严治党主体责任规定》,要求扭住责任制这个"牛鼻子",抓住党委(党组)这个关键主体,不折不扣落实全面从严治党主体责任。农业农村部直属机关党委、纪委对主体责任和监督责任进一步跟进落实,印发《农业农村部直属党组织党建工作责任清单》《农业农村部直属纪检组织监督责任清单》(农党委〔2020〕28号)、《关于认真学习贯彻〈党委(党组)落实全面从严治党主体责任规定〉的通知》(农党委〔2020〕18号)、《关于进一步加强部系统纪律检查工作的意见》(农党组发〔2019〕85号)等文件,明确党组织、纪检组织职能职责,要求做到同频共振、同向发力。部直属机关纪委还修订印发《部直属机关纪检组织监督执纪工作实施细则》(农党委〔2019〕53号),增加谈话函询规则、廉政档案建设等内容。

(二)中国农业科学院"关键少数"监督基本情况

制定印发《三大重点领域十四个方面风险防控指南》,强化风险防控责任,对落实情况开展监督检查;加强对院属单位领导班子民主生活会监督,院党组统筹安排、院纪检组分工负责,监察局、人事局、机关党委等部门落细落实,严把质量关;充分发挥《监察建议书》作用,对存在问题的单位发出《监察建议函》,要求针对问题规范管理、健全制度、防范风险;制定《科研人员重点纪律红线》(简称"红八条"),每条都简要描述了核心内容,重点围绕科研人员业务领域易触及的纪律规矩,把底线、红线、高压线划出来,便于科研人员熟知熟记,避免科研人员误踩红线,遏制心存侥幸、不收敛、不收手的行为。

(三)中国水产科学研究院"关键少数"监督基本情况

坚持党建、纪检工作一体化处理,把纪检工作融入整体党建工作中去考量,同部署、同监督、同落实;坚持纪检工作院所两级无缝对接,将工作安排统筹到一起,做到上下同心;坚持正面引导与监督执纪问责相结合,推动监督

---

① 农业农村部"三院"指中国农业科学院、中国水产科学研究院和中国热带农业科学院。

长效机制形成。近年来，重点查处公派出国留学访学期间未经审批擅自回国、违规处置科研副产品、办公用房面积超标、违规发放津补贴、私车公养、门面房私自转租、招聘举报、亲属承包、试剂耗材采购等多项违纪违规问题，量多面广，处理力度大，达到"处理一个、警醒一片"的良好效果，营造了风清气正的良好科研氛围。

（四）中国热带农业科学院"关键少数"监督基本情况

注重对"关键少数"的日常监督，2019 年底开展了一轮集体廉政谈话和一对一提醒谈话。对各单位领导班子、党委委员、纪委委员、部门负责人、研究室主任和课题组组长集体谈话。在个别谈话中，班子成员必谈，还延伸包括了各单位党政主要负责人等"关键少数"、部门负责人、课题组组长。院属单位持续跟进，开展集体廉政谈话、科研项目执行警示约谈、关键业务监督、科研经费专项检查等工作，穿插开展警示教育、集体谈话。近年来，院纪检组加强院监督体系研究，明确主体责任、监督责任和"一岗双责"职责，责任未落实到位的，严肃问责，监督重点更加聚焦，方式方法更加有效，体制机制更加健全。

二、"三院"落实"关键少数"监督现状分析

（一）主体监督责任定位有待进一步明晰

监督要做到明责知责，才能守责、负责、尽责，但目前个别单位和个人对如何落实主体责任认识不足。一是"关键少数"监督范围不明确，导致监督缺位。大多数单位重视对领导班子成员的监督，但忽略对重点岗位关键人员的监督。对科研单位而言，部门负责人、课题组负责人、财务人员、采购人员等重点岗位人员未纳入"关键少数"人员范围内，监督不到位，出现了近年来科研经费管理贪腐案件。二是监督覆盖面需要进一步拓展。个别单位领导主要聚焦落实科技成果转化、重大科研专项经费使用、大型仪器设备及专用材料购置、基建过程等方面监督，而忽视监督范围的延伸拓展。比如，出国出境、选人用人和收入分配等领域未纳进来，所办企业、学会协会、试验基地、期刊杂志等方面的风险防控也存在薄弱环节，需要强化落实，防范末梢风险。三是"关键少数"主体监督体系未建立。个别单位班子成员、部门负责人、研究室主任等对主体监督责任认识不足，认为监督是纪检监察部门的事，未履行好主体监督职责。个别单位管党治党、正风肃纪方面存在问题，究其原因主要是把

主体监督责任看偏了，认为全面从严治党是纪委的事，没有主抓主管；有的认为是党委书记、副书记的事，履行"一岗双责"不到位；有的认为是纪检监察、审计、巡视巡察部门的事，没有担起本部门和自己应负的责任，没有建立起一级抓一级的主体监督责任体系。

（二）专职监督责任意识有待进一步加强

主体监督是前提，专职监督是保障，但如果纪委工作面过宽、主业主责淡化，专职监督就"专"不起来。一是专职监督体系有待进一步健全。"三院"对监督体系建设做了很多有益探索。如有的单位提出要抓住责任制的"牛鼻子"，通过加强主体监督责任落实来提升专职监督的实效，但专职监督怎么抓还需系统流程设计。有的单位提出"点""线""面""网"高度融合立体型监督体系，对监督体系建设进行了初步探讨，但监督"面"和"网"的概念比较抽象，个别环节尚难操作，有待进一步明确细化。二是监督检查效率有待进一步提高。党的十九届四中全会提出要建立权威高效的制度执行机制，加强制度执行监督检查。但有的单位存在重复检查、多头检查问题，给下属单位带来较重负担。专职监督人员业务水平也有待提高，在一些比较专业的领域，除管理部门外，很难找到合适的检查组成员，经常出现外行检查监督内行的情况。三是需要进一步强化监督文化氛围。从此次检查调研的情况看，有的单位对廉政文化建设的重视程度还不够，未建成规模成系统的廉政文化墙，廉政文化氛围不够浓郁；个别单位对纪检工作新闻宣传交流重视不够，未形成勤学赶超的氛围；廉政教育覆盖面也未覆盖到所有"关键少数"，案例学习通报较多的是面向处级以上干部，课题组负责人、财务人员、采购人员等重点岗位人员接触得比较少。

（三）职能监督有待进一步强化

职能监督是主体监督的一部分，但个别职能部门对职能监督认识不到位，很少做到对本部门、本研究室、本课题组、关键岗位的监督。一是职能部门、研究室、课题组等横向监督意识不强。在院属单位，党政主要领导承担主体责任，纪委书记承担监督责任，其他班子成员承担"一岗双责"责任，职能部门应承担相应的职能监督职责，但个别局（部门）对职能监督认识不到位。有的只重视业务管理，而忽略对本局（部门）、研究室、课题组的监督责任。二是纵向监督不到位。机关党委、科技、计划基建、财务资产、开发、基地及国际合作等局（处）缺乏对全院本系统业务的督促检查，有的职能部门比较依赖纪检部门的专职监督，未认识到职能部门有主动加强对全院本系统监督的职能职责。三是监督范围延伸不到位，研究室主任、课题组长监督责任不明晰。有的研究室主任、课题组长监督不到位，签字背书形同虚设，因为是熟人，常常不看内容便直接签字，甚至有模仿代签的现象。有的单位课题组材料采购管理、出入库管理不规范，甚至有虚假采购、虚假处置实验耗材的行为发生。

三、提升"关键少数"监督效果的途径

（一）强化党委主体监督责任

主体监督是一切监督的基础，党委（党组）特别是书记要强化政治担当、履行好主体监督责任，强化监督第一责任人意识，把每条战线、每个领域、每个环节的监督工作抓具体、抓深入。一是明确科研单位"关键少数"范围。"关键少数"包括两个层面：第一个层面是广义上的院所两级党政领导，第二个层面是重要部门、关键领域、关键岗位的一般干部。各单位要明确部门负责人、课题组负责人、财务人员、采购人员等重点岗位人员的职能职责，纳入"关键少数"监督范围内，落实好本部门、本系统的监督。二是要抓实监督主体责任，拓展延伸监督重点。各单位党政一把手要共同履行本单位党风廉政建设第一责任人的职责，加强关键人员的监督。加强重点领域监督，既要加强对工程建设、科研项目管理、物资采购、成果转化等传统风险领域的监督，也要拓展产业开发、出国出境、选人用人、收入分配、所办企业、学会协会、试验基地、期刊杂志等方面的风险防控，强化日常监督检查，及时发现问题，堵塞漏洞，坚决做到主体责任、监督责任一起抓。三是构建合理主体监督责任体系。各单位党委要主动建立党委（党组）全面监督、纪委专责监督、党的工作部门职能监督、党的基层组织日常监督、党员民主监督的党内监督体系。建立起构建院、所、团队三级主体监督责任体系，推动主体监督统领专职监督和职能监督，形成监督责任齐抓共管的格局。各单位党组织要牢固树立"主体监督责任是全面责任"的意识，必须覆盖全域，不能当"甩手掌柜"，党组织负责人、部门负责人、研究室主任、课题组长都是监督责任主体，要一层抓一层，层层落实到位。班子成员要认真履行好"一岗双责"，在分管领域内出现党风廉政问题的，班子成员要承担主要领导责任。院属单位出现苗头性、倾向性问题的，分管院领导参加该单位民主生活会，严把民主生活会材料关，开展批评和自我批评，让"红红脸、出出汗"成为常态，把问题扼杀在萌芽状态。

（二）强化纪委专职监督责任

专职监督是主体监督的深化，纪检组织要聚焦主责主业，紧盯"关键少数"，抓牢责任制的"牛鼻子"，履行好"监督的再监督"职责。一是明确科研单位专职监督体系，做到"点""线""面""网"高度融合。"点"就是要明确一年监督重点，即做好政治监督和本单位重点工作的监督。政治监督分中央、部、院三个层面，以中国热带农业科学院 2020 年监督重点为例，三个层面分别为：第一层面对"打造国家热带农业科学中心"、科技扶贫、"南繁硅谷"建设等工作的监督，第二层面部系统纪检组织履行监督责任监督，第三层面本院重点领域监督。做好这些监督就是讲政治的体现，要做到上级的决策部署到哪，监督检查就跟进到哪。各院属单位还要结合本单位的实际，明确其他需要重点监督的内容，与政治监督的内容合起来就是一年监督工作的重"点"。"线"就是要明确一年监督工作要点，并及时跟踪责任落实情况，分解制定《月纪检工作责任清单》，把这些重点再加上日常监督的点串起来，形成一年监督链条，这就是"线"。"面"就是要做好单位《党风廉政建设五年规划》，把五年监督重点提前摆在"面"上，定期核查评估修正，做到"年年岁岁花相似"，确保监督重点的连续性，又明确每年侧重点，达到"岁岁年年人不同"的效果。"网"就是要理顺监督关系，明确主体监督、专职监督、职能监督的职责，形成成熟的监督体系。党组织履行主体监督责任，纪检组织负责专职监督，部门负责人、课题组负责人和其他重点岗位人员在职责范围内履行好本部门本系统的全面监督，"点""线""面""网"系统部署，一体推进。二是提高监督检查效率和强化专职监督队伍建设。要加强监督检查规划，纪检、审计、巡视巡察等各项检查尽量"多检合一"，既避免重复检查、多头检查，又避免外行检查内行，走马观花。要加强监督人员轮岗和单位之间交叉检查，既当"良医"，找出被检查单位存在的问题并提出相应的整改建议，又当"学生"，完成调研报告并提炼典型经验，另外，检查组成员把督查成果运用到本单位的纪检工作中去，不断提升本单位监督执纪问责水平。三是营造浓郁的监督文化氛围。各单位要积极推动廉政文化墙建设，构建院史展览、成果展示、廉政教育"三位一体"的院文化体系。要加强案例通报，用身边事教育身边人开展警示教育，触动每一位干部职工的灵魂。要创新方式开展廉政教育，综合运用观看警示教育片、通报违纪典型案例、案例研讨、纪委书记讲党课等形式，形成浓烈的学廉、讲廉、谈廉、育廉、醒廉、警廉、践廉的文化氛围。要整合院官网纪检版块新闻宣传，鼓励院属单位积极投稿，把它打造成展现本单位纪检工作特色的平台、相互学习交流的平台、练练笔头的平台、展现纪检干部系统思维成果的平台，构建比学赶超的监督文化氛围。

（三）强化职能监督责任的落实

职能监督是主体监督的延伸，要加强部门负责人、研究室负责人、课题组负责人和其他重点岗位人员监督责任落实，打通监督"最后一公里"。一是要加强本部门横向监督。部门负责人要认真履行第一责任人职责，既要挂帅又要出征，对本部门党风廉政建设工作负全面领导责任，做好本部门党风廉政建设工作的领导、部署、协调、监管和考核工作。部门副职要承担"一岗双责"。在分管的业务范围内负主体责任、监督责任和领导责任。部门和研究室、课题组负责人要加强内部人员监督责任教育，设置流程时要形成闭环回路，及时跟踪监督效果。对本部门、本系统责任落实不到位的，要追究部门党风廉政建设监督责任第一责任人的监督责任。二是要加强本系统纵向监督。机关党委、纪检监察部门等是履行全面从严治党主体责任和监督责任的直接责任部门，负责全院党风廉政建设执行的具体落实。科技、计划基建、财务资产、开发、基地及国际合作等职能部门负有全院监管职能，必须履行和承担本系统的党内监督职责。纪检监察部门是专职监督部门，在监督检查中发现问题，要转交业务处室办理。全院重大科研项目、基建项目、大型仪器设备采购使用、科研基地管理使用等重点领域的监督检查要做到以职能部门为主。为避免重复检查、多头检查给院属单位带来负担，可以由纪检监察部门牵头组织。如 2020 年，某农业科研单位重点领域监督检查，由各职能处室提供《监督检查指标》，纪检监察部门负责组织协调，检查组成员从各职能部门推荐抽调，既解决了检查人员不足问题，又避免了外行检查内行现象。三是要加强神经末梢监督。各单位研究室主任、课题组长和所在支部书记要履行好党风廉政建设第一责任人的职责。各单位在制定《监督责任清单》时，要明确研究室主任、课题组长和支部书记的监督职责，做到明职尽责。要落实研究室主任、课题组长和支部书记负责制，严把审核关、签字关，监督责任落实不严，造成不良后果的，要依规依纪落实党纪政务处分，涉及犯罪的，及时移送司法机关。

四、结语

监督工作是一项系统工程，党组织、纪检组织要协同贯通，党组（委）

不仅要主动承担起主体责任，还要主动统筹推动党内监督，让纪委承担起专职监督责任，各部门领导干部扛起"一岗双责"，把监督主动融入日常管理活动中。对于"关键少数"监督，各科研单位要建立主体监督先行、专职监督跟进、职能监督抓细抓实的监督体系，通过主体监督来统筹引领专职监督和职能监督，主体监督要贯穿全院监督工作的始终，纵向理顺，横向交叉，一体推进，既分别明确三种监督的具体责任人，又要协同协调，充分发挥监督保障执行、促进发展的重要作用，逐渐构建成熟的"关键少数"监督体系。专职监督要自觉接受主体监督领导，明确一年监督重点，理顺全年工作思路，做好监督工作规划，织好主体监督、专职监督、职能监督之网，找"点"、连"线"、建"面"、织"网"，全面推动相互融合、相互促进的专职监督体系的形成。职能监督是主体监督的延伸、细化，既要接受党委主体监督的领导，也要接受纪委专职监督的业务指导。总之，农业科研单位只有理顺主体监督、专职监督和职能监督三者关系，形成明晰的监督体系，才能凝聚积极有效的监督合力。

农业科研院所提升兼职纪检干部
系统思维能力的实践与思考

2019 年 12 月，中共海南省委直属机关工作委员会印发《关于表彰 2019 年度省直机关党建研究成果的决定》（琼直党工〔2019〕28 号），《农业科研院所提升兼职纪检干部系统思维能力的实践与思考——以中国热带农业科学院为例》荣获二等奖。该研究报告通过开展全院纪检干部履职督查，整理提炼调研材料，梳理了全院纪检工作督查中关于纪检干部队伍建设的情况，归纳了兼职纪检干部队伍能力建设中的一些问题，提出了强化兼职纪检干部监督体系构建、帮助兼职纪检干部建立纪检文书体系、建立健全激励机制等有效途径，为科研单位提升监督执纪问责实效提供了有效参考。该研究成果的具体内容如下。

在落实全面从严治党各项工作任务中，纪检监察机关担负着监督执纪问责的重要职责，打铁还需自身硬，毫无疑问纪检组织自身建设更需过硬。纪检干部的履职能力直接影响到本单位监督执纪问责水平的高低，纪检干部要在真学、真懂、真信、真用上下功夫，在思想上、政治上、能力上、作风上全面提升，确保取得实实在在的成效。

一、农业科研院所纪检干部履职能力建设基本情况

随着全面从严治党的不断深入，从中央到地方，纪检组织建设得到逐步加强，制度建设日益完善，监督成效从"耳朵软"到"腰杆硬"，"探头"作用得到充分发挥。2019 年 1 月，中共中央办公厅印发了《中国共产党纪律检查机关监督执纪工作规则》，对 2017 年版的相关工作规则进行了修订，短短不到两年就进行补充完善，目的就是要让纪检干部更有效地磨炼好金刚钻、干好精细活，进一步强化自我约束，规范监督执纪权力，打造一支忠诚干净担当的纪检监察干部队伍。农业农村部直属机关党委也印发了《农业部直属机关纪检组织监督执纪工作细则（试行）》的通知（农党委〔2017〕74 号），对线索处置、初步核实、立案审查、审理、执纪处理五个环节处理程序所涉及的纪检文

书进行了系统规范，并提供了多种相应纪检文书的模板。各省份均制定相应的工作规则，比如，海南省直机关纪检监察工委给转发了《海南省贯彻〈中国共产党纪律检查机关监督执纪工作规则实施办法的通知〉》（琼直纪工〔2017〕113号），规范纪检办案流程，坚决落实打铁还需自身硬、建设忠诚干净担当的纪检干部队伍的要求。在这些背景下，中国热带农业科学院开展了全院纪检工作督查，对全院纪检工作状况进行了系统研究。

中国热带农业科学院党组下设纪检组，院机关设立机关纪委，全院纪检干部83名。其中，院本级现有专职纪检干部8人，含局级1人，处级3人，其他人员4人；15个院属单位中有14个单位设立纪委，1个单位设立纪检小组，共有纪检干部75名，全为兼职纪检干部。院属单位纪检干部中，有61人主要从事管理工作（兼职纪委书记和主要负责纪检工作的办公室人员30人，从事其他管理工作兼职纪检干部31人），有22名纯粹从事科学研究工作，有4个科研单位没有科研人员人担任纪检干部。所有纪检干部中，博士学位10人，硕士学位43人，研究员职称13人，副研究员34人，其余都是本科学历，具有硕士及以上学历或副高及以上职称的均达到一半以上。总体来看，全院纪检干部队伍基本素质较好，但同时也应该清醒地看到，大量兼职纪检干部存在要么对纪检业务不熟悉、要么对科研业务不熟悉的情况，监督执纪问责效果欠佳。如何提升兼职干部的监督执纪问责系统思维能力，在科研单位显得尤为迫切。

二、农业科研单位兼职纪检干部能力建设的现状分析

（一）对本单位监督工作缺乏系统研究

大多数农业科研单位纪检监察人员兼职多、专职少，有一些人缺乏大局意识，缺乏对纪检监察机构职能和使命的清晰认识，没有把全年纪检工作串起来作全局考虑，不会监督、不敢监督、不愿监督是兼职纪检干部反映存在的普遍问题。近年来，中国热带农业科学院尽管各个单位都有纪检工作计划，制定了纪检工作要点，但这些纪检工作部署还未形成有效体系，一些兼职纪检干部也没有悟透这些"零星工作"对于本单位纪检工作体系建设的意义，难以准确把握监督的重点。同时，多数单位纪委职责不明确、分工不合理，打不好巡视巡察、审计、纪检、监察"组合拳"，解决不了监督力量分散、信息共享不足的问题，也就很难做到避免重复检查、多头检查、过度检查，以及实现为研究所和科研人员减负目的。加上有的单位纪检工作容易就事论事，处理问题缺乏

高度和系统性，陷入"光会撒网不会收网"的怪圈。

（二）兼职纪检干部纪检文书体系未建立

规范化、系统化、简洁化的流程体系设计是规范纪检文书管理的需要，也是提升办案水平的内在要求。近年来，由于院属单位每年受理的案件很少，甚至有的单位多年来没有受理过信访举报案件，一旦有案件需要处理，兼职纪检委员常常无所适从，最大的难题是不熟悉纪检办案程序，也不熟悉纪检文书写作。比如，在中国热带农业科学院，根据干部管理权限，涉及处级及院机关干部的信访举报案件由监察审计室处理，院属单位科级以下干部的信访举报案件由本单位纪检组织处理。从"中国热带农业科学院本级受理信访举报统计情况中"可以看出，大部分案件还未上升到立案程序，院属单位纪检组织办理信访举报案件的更是少之又少。

（三）激励机制有待完善

单位绩效考核缺乏对纪检工作的认同，没有对纪检工作质量作出客观、公允的反映与评价，更没有相应的奖惩机制或责任追究方式对纪检干部进行激励、约束，仅仅是让监督结果"躺在纸上"，监督工作失去了应有的价值和意义，导致兼职纪检干部的积极性大打折扣。一是压力没有有效传导下去。比如，有的院属单位纪检组织的作用没有充分发挥出来，不愿、不会、不敢监督的问题仍然存在；有的纪委书记、纪委委员认为自己是兼职的，主责是搞好科研或做好业务，有"鸵鸟""看客"心态。二是院属单位纪检组织机构不健全，纪检干部调整未及时，配备不到位，个别单位纪委委员没有明确分工，年龄老化现象严重。三是纪检干部履职积极性不高，缺乏对纪检干部关怀激励机制，纪检干部大多有较重的行政职责或科研任务，有些还是主要业务骨干，在从事纪检工作过程中，纪检业务学习、理解钻研不够，一年下来很少集中研讨纪检业务问题。

三、农业科研院所提升兼职纪检干部履职能力的有效途径

（一）强化监督体系构建

要努力构建集中统一、全面覆盖、权威高效的纪检监督体系，更好地发挥专兼职监督在党和国家监督体系中的重要作用。各单位纪委要主动研究本单位纪检工作整体规划布局，做到思路清晰、重点突出、措施有效、定位准确。既

要结合科研院所的特点，又要创新思路与方法；既要通过开展纪检工作督查、拟定科研人员廉政负面清单、开展纪检干部领学研讨、纪委书记带头讲党课等"点"上的专项工作强化"点"的辐射作用，又要通过组织制定纪检工作要点把全年重点工作融会贯通促进"线"的延伸效益；再通过各单位纪检干部参与交叉检查实现学习交流"面"的覆盖效应，最后通过全面梳理总结进一步明确纪检工作的指导思想、目标定位和工作遵循，"点""线""面""网"高度融合，实现监督执纪问责"网"的集结功能。要让兼职纪检干部更多参与巡视巡察、审计、专项检查等各类检查的再督查，在巡视巡察、审计整改和纪检督查"回头看"工作中强化系统思维、把握监督重点，让定位向日常监督聚焦、责任向日常监督压实、力量向日常监督倾斜，主体责任、监督责任相互贯通、形成合力，做到不留"死角"、不留"盲区"。要让纪检工作在监督中促进发展，在发展中加强监督，为院所健康发展保驾护航。监督不是不让发展，而是更高质量、更加安全地发展，让科研人员想干事、能干事、干成事还不出事。

（二）帮助兼职纪检干部建立纪检文书体系

兼职纪检干部应当善于梳理现有业务流程，搭建适合的制度体系框架，实现制度流程一体化管理，更需要对办案流程进行简化管理，提升问题线索的处理效率。根据上级有关规定，结合中国热带农业科学院受理信访举报统计情况实际，院纪检组制定了纪检文书"倒金字塔法则"图表，每一步工作涉及哪些文书材料一目了然。比如，其中涉及的16种文书按办案程序分别标号后可分五类，按上级提供的文书模板撰写即可。另外，根据有关规定要求，中国热带农业科学院由于没有审理权限不需完成第四阶段"审理"权限（涉及审理报告、案件移送函两种文书），其他的程序都需要完成。

（三）建立健全激励机制

各单位要完善监督的领导机制和工作机制，让主体责任和监督责任双剑合璧，院纪检组认真协助院党组落实主体责任，院属单位纪检组织认真协助单位党组织落实主体责任，督促抓好重点工作落实。一是落实纪委书记和单位纪委委员责任，按照"一岗双责"和"党政同责"的要求，既要施加压力，又要激发动力，对做出成绩的兼职纪检干部给予充分肯定。同时，开展院属单位纪委书记述职，述职考核要突出问题导向，对照全面从严治党要求，对照党章党规，从思想认识、能力素质、组织建设、工作方法等多个角度全方位总结工作，系统总结本单位纪检工作面临的问题、存在的差距和不足，并逐一深入剖析问题成因，提出改进工作的思路和措施。二是固本强基谋振兴，不断锤炼纪检监察铁军。要优化队伍建设，精准选人、精准培养、精准管理，确保有人干、干得好、不脱节，要配齐配强各单位纪委班子，明确纪委书记必须由班子成员担任，配备一名以纪检工作为主兼顾其他工作的纪检干部负责日常纪检工作，抓好后备纪检干部培养，党员较多单位建议配备专职纪委副书记并设纪委办公室，有条件的党支部可设纪检委员，延伸监督的触角。三是各单位要加大参与纪检培训的支持力度，组织纪检干部加强日常经验交流，定期组织学习研讨，提内功、激活力、增动力，通过多种形式的学习不断提高纪检干部的理论知识水平和监督执纪业务能力。

提升农业科研单位纪检工作水平策略研究

2019 年 12 月，农业农村部直属机关党委印发《关于 2019 年度机关党建课题研究情况的通报》（农党委〔2019〕49 号），《提升农业科研单位纪检工作水平策略研究》荣获优秀课题研究报告。该研究报告介绍了农业科研单位纪检监察工作现状，指出纪检监察工作存在监督责任意识不强、工作方法及创新性不够、纪检干部业务能力偏弱等问题，并提出了相应的建议对策，比如强化责任落实、改进工作方法、提升纪检干部能力等，提高科研单位纪检监察工作质量。该研究成果的具体内容如下。

党的十八大以来，党中央加大了党风廉政建设和反腐败斗争的力度，一些科研专家因违规使用科研经费受到纪律处分甚至法律制裁，折射出科研单位并非"一片净土"，科研单位加强全面从严治党工作刻不容缓，这也对科研单位的纪检监察工作提出了新要求、新任务。

一、科研单位纪检监察工作现状

党的十八届三中全会明确指出，落实党风廉政建设责任制，党委负主体责任，纪委负监督责任。近年来，中国热带农业科学院纪检组在实践中探索出围绕全面从严治党主体责任、围绕"三转"要求、围绕科研院所特点、围绕审计结果抓监督等，强化主体监督、制度监督、过程监督、职能监督、结果监督的"四围绕五监督"工作方法，有效地开展监督工作。通过纪检工作督查、专项检查、党规党纪知识竞赛等多项工作促进各级纪检组织进一步明确职责职能，提升了业务技能和履职能力，但还存在一些需要改进的地方。

（一）责任意识有待加强

从纪检工作督查情况看，多数单位党委、纪委能够较好地配合开展工作，推动全面从严治党向纵深发展，但各主体的责任意识还有待提高、责任落实还有待深化。一是主体责任意识有待加强。有的单位党风廉政建设责任主体责任、监督责任意识不够清晰、分工不够具体；有的单位班子成员"一岗双责"

责任意识不强，仍认为党风廉政建设工作是党委书记、纪委书记的事，与自身关系不大，班子成员"一岗双责"存在失位失责。二是监督责任意识有待提高。有的单位纪检组织以兼职为借口，对自身标准要求不严，工作未能聚焦主业主责；有的在工作中落实"三转"不够到位，监督方向不明确，片面理解监督的职责、缩小了监督的内容。三是压力传导层层递减。有的单位压力传导及责任落实逐层减弱，重点工作、巡视巡察、审计及专项检查整改事项推进缓慢，致使有些问题整改不到位长期挂账。

（二）工作方式方法待改进

重点领域、关键环节监管不到位，日常监督不细不实及监督方式单一等，影响了科研单位纪检工作的成效。一是重点领域监督有待加强。部分科研项目和基本建设项目过程管理、合同管理、项目支出不规范，延期率高、档案不完善；科研成果的过程管理和收益管理不规范，专用材料出入库及验收手续不严谨、台账管理不规范等情况，反映出科研单位重点领域、关键环节监管未完全到位、制度执行力不够强。二是监督方式创新不够。院所两级纪检组织开展监督主要采用传统监督方式，如各类形式检查、抽查，还未实现电子信息化监督。组成工作组进行检查需要一定的时间和人力资源，因检查组成员来自不同单位或部门，特别是开展跨地区的检查需要较长的时间，抽调人员存在一定的困难。

（三）履职能力有待提升

一是纪检干部缺乏专业知识。兼职纪检干部有较重的行政职责或科研任务，主动学习纪检业务时间不够，加上缺乏系统化和专业化的业务培训，普遍缺乏专业化知识。科研单位纪检干部大多数不熟悉纪检监察业务程序，也缺乏一定的法律、财务、审计、基建等背景知识。二是纪检干部业务能力欠缺。由于院属单位办理的信访举报件数量不多，纪检干部参与核查、审查调查事项少，缺乏实践经验。部分纪检干部对谈话工作的基本要求、问题线索的处置、纪律处分的程序及纪检文书不熟悉，对监督执纪"四种形态"的综合运用和把握政策的能力不足。

二、科研单位纪检监察工作质量提升路径

（一）强化责任落实

构建主体明晰、有机协同、层层传导、问责有力的管党治党责任落实机

制，这是推动全面从严治党的有效路径。一要强化主体责任意识。党组织既要纵向向下传导压力和责任，也要注重横向协同协作，如通过理论中心组学习、专题会议、警示教育等方式强化班子成员的"一岗双责"意识，通过任务目标分解压实班子成员分管领域党风廉政建设的主体责任。二要聚焦监督职责。思想认识是行动的先导，各级纪检组织和纪检干部要转变观念，不论是专职还是兼职，都要深刻认识到担任纪委书记、纪委委员是组织的信任，是必须履行的职责使命任务。党的各级纪律检查委员会的职责是监督、执纪、问责，科研单位纪检组织应围绕监督执纪问责主业主责，进一步"三转"，切实转变职能，从具体的职能业务工作中抽出身来，围绕监督的基本职责，做好科研单位的监督工作。三要层层推动责任落实。全面从严治党需要牢牢抓住党委主体责任、党委书记第一责任人这个"牛鼻子"，推动各级党委切实担负起管党治党政治责任。同时，对巡视巡察、审计、专项检查中移交的问题，各级党组织要以问题清单推动整改，明确整改时间和步骤，把整改任务落实到具体部门具体人。

（二）改进工作方法

转变工作方法，深入开展调查研究，积极探索新形势下科研单位纪检工作的特点和规律，找准纪检监察工作角度推动科技创新的落脚点，关口前移，精准监督。一要强化重点领域监督。针对科研经费、科技成果、基本建设项目、招标投标等重点领域管理薄弱的情况，完善制度建设和强化制度执行力，规范管理。加强内部控制建设，梳理出风险点和制定应对措施，实现风险防控。有效发挥职能部门的监督作用，以职能部门为主开展联合监督检查，延伸监督链条、提高监督实效。二要做实做细日常监督。做实做细监督职责，着力在日常监督、长期监督上探索创新、实现突破。科研单位要强化民主生活会、组织生活会的监督，受处分处理的党员领导干部必须在会上认真作出自我批评，确保做到红脸出汗、开出实效；严把干部选拔任用"党风廉政意见回复"关，建立并动态完善党员干部廉政档案，发挥干部监督的"关口"作用；加强因公出国的日常管理，促进中央八项规定精神落地落实。三要创新监督方式方法。在大数据背景下，科研单位纪检工作要主动创新，改变思想观念，创新工作模式，利用传统手段与现代科技相结合，将网络技术科技手段融入单位反腐倡廉建设中。

（三）提升履职能力

纪检干部队伍的素质直接影响工作的成效，要通过多种途径提升纪检干部履职能力。一要加强纪检组织力量。配齐配强各单位纪委班子，明确纪委书记由班子成员担任，确保有充分的参会议事权利，发挥事前参与项目、资金决策监督等作用。及时完善各基层党支部纪检委员的设置，加强监督力量向基层延伸，以及强化对纪检组织功能定位，明确纪委委员的职责和细化任务分工，把各项工作分解到个人，确保工作出实效。二要强化纪检干部专业知识学习。立足科研单位纪检干部队伍实际，通过选派纪检干部"走出去"参加上级举办的业务培训班，开展集中学习研讨、专题解读等活动，积极利用网络、App 学习平台等资源拓展学习渠道，强化纪检干部对党规党纪和相关政策文件等专业知识的学习掌握。同时，在提升纪检干部主责主业能力的基础上，还要多多了解科研单位相关行业、业务方面工作。三要增强纪检干部实践经验。针对院属单位纪检干部大多不熟悉问题线索处置的情况，梳理印发《问题线索办理工作流程》，直观清晰地反映问题线索处置受理及管理流程，让纪检干部不再"望件而难"。

全覆盖背景下关于强化审计机关与
内部审计协同联动的分析与思考

2021年12月，农业农村部计划财务司印发《关于部系统财务能力建设征文活动情况的通报》（农计财便函〔2021〕419号），《全覆盖背景下关于强化审计机关与内部审计协同联动的分析与思考》荣获优秀奖。该研究报告指出审计机关指导监督内部审计是国家法律制度赋予的权力和责任，审计全覆盖是新时代国家审计工作的重要战略目标，也是全面发挥审计职能作用的迫切需要。审计机关与内部审计的协同合作既是顺应国家治理体系和治理能力现代化的时代要求，也是为了整合审计资源、提高审计质量，不断完善内部审计自身不足的现实需求。虽然二者的实施主体和业务范围存在差异，但本质属性和终极目标高度一致。在全覆盖的背景下，研究报告分析了审计机关与内部审计协同机制的必要性、可操作性、存在困境和现实路径，以期为做好内部审计工作提供更多参考。该研究成果的具体内容如下。

审计是党和国家监督体系的重要组成部分，审计机关在推动党中央政令畅通、助力打好三大攻坚战、维护财经秩序、保障和改善民生、推进党风廉政建设等方面发挥了重要作用。审计机关要在党中央统一领导下，适应新时代新要求，紧紧围绕党和国家工作大局，全面履行职责，坚持依法审计，完善体制机制，为推进国家治理体系和治理能力现代化做出更大贡献。

我国自1983年建立审计制度以来，已经形成了具有中国特色的国家审计、社会审计、内部审计三位一体的审计监督体系，这也正是改革开放早期的审计"一体双翼"理论，即以国家审计为主体、以社会审计与内部审计为双翼。虽然三类审计的监督侧重不同、职能存异，但它们都履行着监督职能，促使公共权力的决策、执行与监督各安其位、各司其职。

一、推进审计机关与内部审计协同联动的必要性

2018年1月，国家审计署发布《关于内部审计工作的规定》和《关于加强内部审计工作业务指导和监督的意见》。同年5月，习近平总书记在中央审

计委员会第一次会议上指出，要加强对内部审计工作的指导与监督，充分调动内部审计与社会审计的力量，增强审计监督合力。

一方面，审计监督作为国家监督体系的重要组成部分，对于国家治理能力现代化的提升有重要意义，促进审计机关与内部审计的协同合作，能够优化配置审计资源，有效提升审计效率，促进我国审计监督体系质量飞跃发展，为国家监督治理提供有力支撑。另一方面，国家审计机关可与内部审计实现优势互补、成果共享、节约成本、协同联动，前者可借助后者的基础作用获得更多参考依据，后者可为前者提供更多深度和具体的素材，加强审计全覆盖，从而使我国审计事业的发展更加高质高效。

二、审计机关与内部审计协同联动的可操作性

审计机关和内部审计二者相辅相成，审计机关主要发挥指导与监督职能，内部审计为审计机关的工作提供补充和支撑，帮助国家政府了解企事业单位内部实际经营情况。虽然二者的职能会随着时代的发展发生改变，但其内在本质属性始终是经济监督，无非是分别从宏观和微观角度进行经济业务的审查评估，由表及里、由外而内，层层递进深入剖析经济运行情况，最终都是为国家治理服务。

（一）本质属性始终一致

审计出于保障受托责任顺利履行的需要而诞生，这决定了经济监督是其内在的本质职能。在审计发展初期，国家审计机关通过审查经济业务的合法性、合规性，以及随后延伸出的经济责任审计来发现经济运行过程中的潜在风险。到了审计发展中后期，审计机关的主要职责演变为预防和修复，具体表现为对经济风险提前预警和事后修补完善。内部审计作为国家审计的基础和补充，通过为政府审计人员提供有价值的审计成果报告，能够节约政府工作成本，提高效率。总之，二者的审计职能无论如何发展改变，其本质的审计属性始终都是一致的。

（二）业务范围密切相关

中央审计委员会第一次会议强调，优化审计资源配置，努力构建集中统一、全面覆盖、权威高效的审计监督体系，实现审计全覆盖。国家审计的范围集中在财政收支、重大政策落实情况，并逐步向公共资金、国有资产等领域深入。内部审计也不单单致力于财务审计，已经拓展为涉及国家重大规划决策以

及具体经营管理的综合型审计。审计机关与内部审计虽然在具体项目和范围上有所不同，但彼此关联性极强，因为，二者具有共同起源和一致走向，国家审计从宏观视角对经济活动的真实高效性进行全局性审查，内部审计基于内部业务管理、风险损益等开展细节性审查，二者由表及里深入透彻地反映经济活动的真实运行情况。

（三）终极理念一般无二

国家审计机关致力于总体经济活动的安全，促进国家经济的高质量发展，内部审计从单位内部出发评估自身的实际运行情况，为国家审计机关的工作提供补充和参考。无论二者在实际的运作程序、人员配置、组织机构等方面差异有多大，其最终目标都是促进政府廉洁高效办公、保障国家财政资金的合理使用、确保国民经济安全健康运行。从二者的最终目标上来说，他们理应是相互合作、互为补充的关系。

三、促进审计机关与内部审计协同联动的困境

虽然审计机关和内部审计在意义归属和理论建设上都有着高度的一致性，但在实际运行过程中，受部门间隔、空间距离等因素影响，二者协同合作的密切度并不高，这也导致了最终在审计成果的质量把控上存在一定缺失和不足，加之二者内部管理体系不够完善，使得审计机关对内部审计的指导监督不足，内部审计的独立性受到削弱。

（一）审计质量管控薄弱

虽然我国在审计质量规范上有相关规定，但是在实际操作中审计机关与内部审计对于审计质量的把控并没有做到严格深入。针对内部审计工作，由于上下级单位之间彼此缺乏相互配合、主观要求降低等，审计单位在审计证据收集上没有仔细调查核实证据的可靠性、合理性等，从而做出错误的审计结论，在前期的审计计划管理上，对于各环节没有确定严格的质量监管标准导致审计漏洞的遗留。针对外部审计工作，审计项目的真实合规性成为审计重点，而真正能反映单位真实经营状况的效益性指标反而被放在次要的位置。

（二）数据资源彼此独立

国家审计机关与内部审计机构依据不同的理论原则建立数据库，导致其数

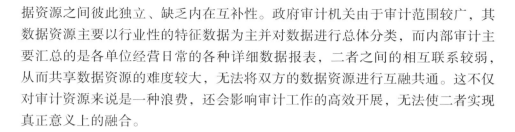

据资源之间彼此独立、缺乏内在互补性。政府审计机关由于审计范围较广，其数据资源主要以行业性的特征数据为主并对数据进行总体分类，而内部审计主要汇总的是各单位经营日常的各种详细数据报表，二者之间的相互联系较弱，从而共享数据资源的难度较大，无法将双方的数据资源进行互融共通。这不仅对审计资源来说是一种浪费，还会影响审计工作的高效开展，无法使二者实现真正意义上的融合。

（三）管理体系不够完善

审计体系经过多年的演变与发展，国家审计机关的角色功能已经从最初的领导指挥转变为指导监督。由于人员队伍不充足、制度建设不完备、组织机构不健全等，审计机关对内部审计的指导监督难以实现。目前，全国审计机关工作人员数量有限，而且大多数都分布在地方机关，但是我国审计工作体量逐年增大，业务类型也日益增多，以致二者之间的矛盾冲突也在加剧。国家审计无法有效发挥对内部审计的指导监督作用，内部审计的独立性不能有效保障，审计成果的利用率低，责任追溯与工作改进难度大。

四、加强审计机关与内部审计协同联动的现实路径

针对审计机关与内部审计在现实协作中的困境，必须想方设法改进完善，促进二者深度融合发展，否则势必制约我国审计事业高质量发展。

（一）促进审计机关与内部审计的优势互补

我国的行政型审计制度先天决定了审计机关是事后审计，发挥辅助作用，而内部审计紧密围绕单位实际，其专业性、针对性则更优于审计机关。因此，内部审计机构应严格遵守审计质量规范，确保审计结果更具独立性、客观性；国家审计机关应以内部审计单位的结论为基础，查漏补缺，并据此高效编制审计报告。需要强调的是，新时代应该赋予内部审计更多权限，将其审计范围从传统的财务收支扩大到包含管理、经济责任等在内的综合型审计，使内部审计机构的功能发挥到最大。

（二）运用信息技术搭建数据共享平台

随着审计机关与内部审计协同机制的不断推进，势必要对二者之间的资源数据共建共享。通过运用信息技术实现审计机关与内部审计机构的数据信息对

接，能够有效筛选过滤掉重复过时的数据，极大提高审计工作效率。比如，建立数据共享平台，审计机关可以全面审视内部审计的工作成果，及时发现工作程序、细节上的不足并改进纠正；根据审计对象的历史数据信息评估审计项目的难易程度，有效确定具体的工作计划、合适的审计人员，从而合理分配任务、缩短审计周期。

（三）强化审计机关对内部审计的指导与监督

国家审计的职责是促进经济高质量发展、全面深化改革、权力规范运行和反腐倡廉。国家审计机关作为外部审计，能够有效规范内部审计的行为操守、职业道德，及时监督其审计质量，帮助内部审计不断提高业务水平和行业道德水准。近年来，各地陆续成立审计委员会，这不仅充分彰显了在党中央统一领导下审计行业有序高效开展产生的功效作用，也有效避免了现有审计行政管理体制对国家审计的限制与约束，既发挥了对内部审计的监督管理职能，又给予其一定的空间，使其自身进行合理调整，拓展审计监督的广度和深度。

五、结语

在当前审计工作受到党中央和国家领导高度重视的时代背景下，我国的审计生态环境也发生了巨大的变化。我们应该抓住前所未有的历史机遇，深刻研究审计机关与内部审计的一致性和差异性，努力推进二者协同联动、协作配合，从制度层面和实践层面，不断拓深变革，为国家监督治理效能提升贡献更多力量。

"学习《条例》遵规守纪"征文代表作品

2020 年 5 月，根据农业农村部直属机关纪委《关于开展"学习〈条例〉遵规守纪"主题征文评选活动的通知》（农纪委〔2020〕1 号）要求，中国热带农业科学院纪检组印发《关于开展"学习〈条例〉遵规守纪"主题征文评选活动的通知》（院纪检组〔2020〕7 号），在全院组织开展了"学习《条例》遵规守纪"主题征文活动。征文活动过程中，各单位、院机关各支部踊跃参加，累计报送诗歌、微小说、综合文稿等类型作品共计 96 篇，其中诗歌 14 篇、微小说 9 篇、综合文稿 73 篇。经过三轮激烈角逐，评出优秀征文 32 篇，其中一等奖 3 篇、二等奖 6 篇、三等奖 11 篇、优秀奖 12 篇，优秀组织奖 3 个。此次征文评选活动进一步推动了全院党员干部对《中国共产党纪律处分条例》精神实质的理解把握，强化了干部职工遵规守纪意识。根据活动规则和评分结果，荣获一等奖的 3 篇文章，全部报送推荐参加部直属机关纪委征文评选，其中有 2 篇分别荣获农业农村部系统一等奖、三等奖，中国热带农业科学院还荣获部系统优秀组织奖。该研究成果的征文代表作品如下。

一、《"八大亮点"读条例 "六项纪律"守规矩》

挺纪在前

你也说来我也谈，主题征文深有感，
党纪处分新条例，三则内容更精辟。
十一章节共三编，总分附则均包含，
切记一百四十二，条条底线和红线。
从严治党向纵深，只留清气满乾坤，
学思践悟纪和法，坚持挺纪放在前。

八大亮点

一个指导有增写，两个维护要坚决，

三个重点须警惕，切莫踩雷和大意。
四个意识要树牢，四种形态得用好，
五处纪法相衔接，六个从严很明确。
七个有之危害强，常态查摆时刻防，
八种行为是典型，违纪警钟要长鸣。

六项纪律

政治纪律属第一，向着党中央看齐，
妄议攻击要不得，发表言论得负责。
破坏团结搞分裂，歪门邪道是造孽，
上级决策必落实，折扣变通被整治。
巡视整改严实细，标准是群众满意，
组织审查莫对抗，忠诚老实坦荡荡。
组织纪律严执行，民主集中严落实，
个人事项如实报，漏瞒情形远离绕。
篡改伪造和作假，违反规定必受罚，
拉帮结派被紧盯，拉票贿选要严查。
选人用人有规定，不按程序大毛病，
出国出境无小事，严禁随意和侥幸。
廉洁纪律得拎清，逢年过节常提醒，
职务职权别滥用，公姓财物要慎重。
礼尚往来好传统，超出正常捅窟窿，
红白喜事规范办，聚会聚餐纪律严。
兼职经商严审批，违规谋私被处理，
管好亲人和下属，立好榜样心口服。
群众纪律有宗旨，爱民光荣害民耻，
办事多为群众想，调研多听群众讲。
涉及群众利和益，不能侵犯和扯皮，
劳民伤财要不得，面子工程会惹祸。
态度恶劣作风散，激起百姓心不满，
积极作为效率高，人民至上是妙招。
工作纪律肯压实，必无失责和失职，
形式官僚要抵制，贯彻文会靠干事。

权责范围有尺寸，插手干预受处分，
一岗双责齐抓管，疏于监管被追责。
工作事情有界限，莫因人情被沦陷，
关紧嘴巴少打听，擦亮慧眼明心灯。
生活纪律严修身，勤俭节约善美真，
享乐奢靡坏影响，积极健康最阳光。
灯红酒绿不眼气，安稳日子别放弃，
家风建设很重要，配偶子女先管好。
社会公德别违背，公开场合好作为，
坚定信念讲党性，做好表率看品行。

二、《〈条例〉行》

庚子鼠年，听闻学习《条例》主题征文。于深夜，细研读，联实际，实感警醒为多。巧读《琵琶行》，故以行体作言，遂赋之拙句，作交流之意。

学习《条例》真重要，且听娓娓道来其中妙。

坚定信仰不偏颇，增强意识靠自觉。
五条原则相结合，四种形态变常态。
处分类别分五种，涵盖组织和人物。
遵规守矩强责任，灵活运用显担当。
违法犯罪不可得，《条例》教你上一课。
旗帜鲜明讲政治，从严治党原则强。
方针政策护统一，言行举止本性善。
"三重一大"要谨慎，莫让权欲失了神。
干部提拔讲程序，切勿任用靠亲戚。
正反例子不姑息，警钟时刻要长鸣。
家庭宴席莫大摆，优良家风要弘扬。
每逢佳节常提醒，清廉过节不添金。
个人事项要厘清，虚假瞒报不可取。
贪图享乐不可取，打铁还需自身硬。
脱贫攻坚考自律，全面小康看书记。
全力打击黑势力，保护伞们现原形。

不拿群众一针线，党员干部一心意。

形式主义降效率，工作落实无边际。

官僚主义被诟病，百姓满意才是赢。

用好巡视这利器，树立风清新生态。

廉洁自律展作为，关键少数真本领。

主体责任要落实，当好第一责任人。

监督责任勿轻视，扎紧党纪铁笼子。

增强警觉辨别力，才是履职硬道理。

大案小案双双查，视轻视重给处分。

莫待泪眼婆娑时，惊觉不识此中意。

学习从你我做起，《条例》时刻放心底。

不忘初心得始终，风清气正提士气。

坚持中国共产党领导，奋斗伟大复兴梦！

三、《创收》

眼见国内国际疫情迟迟不见消退，"创农研究所"资金捉襟见肘，一年日子刚过一半，工资就已开始难以维系，这可把所领导班子急得像热锅上的蚂蚁……只好根据往年业绩下达死命令。

"我们课题组 27 万元……去年经济形势大好，创收也只有 25 万元，太难了！"

课题组长掂量了许久，死命令层层传递："大家一定要讲政治担当，我们课题组共 6 个人，全都是党员，我 7 万元，其余每个人 4 万元，完成不了，直接扣绩效！"

老刘：……

小黄：……

小李：……

所有人都沉默了，都在寻思着创收途径……

时间过得真快，马上到年底交账时间。课题组长上交了 10 万元，超出目标 43%，其他人也都如数完成了创收任务，这有点让人意外！课题组长还荣获"开发创收先进个人"嘉奖！

下一年，人人拼劲十足，课题组长直接设定更高目标。从此，"开发创收先进集体""开发创收先进个人"从未旁落，更是上级表彰的常客，荣誉纷至沓来……

大家要隆重庆祝一下，不醉不休……

酒过三巡，大家开始语无伦次，吹起来……

课题组长：创收有什么难，我的公司全一条龙……

小黄：是呀，真没什么难，出国一趟就解决了……

小李：哈哈，老板帮我全搞定……

正当大家推杯换盏庆贺之际，一封举报信从天而降……

原来，课题组长私下开办公司未如实向组织报告，履行全面从严治党监督不力，且签订虚假合同套取经费17万元。

老刘私下扣留其管理的科技扶贫项目款物9万元。

小黄利用公款出国并同时私下接受外资企业资助、虚报差旅领取出差补助等累计12.8万元。

小李与企业老板发生不正当性关系，并利用实验基地建设改造项目直接向老板套取15万元……

真是八仙过海，各显神通。

结果既在预料之外，也在预料之中，违反《中国共产党纪律处分条例》问题可真不少……完成创收任务后，大部分进了自己的腰包……

课题组全军覆没，其中4人进了监狱……

看来，"创收"要小心"刀子"，纪律"长牙带电"，不敬畏"红线"，不坚守底线，最终只会亲自挖坑"收"了自己……

廉政诗词格言警句征集代表作品

2022 年 3 月，为深入贯彻落实十九届中央纪委六次全会精神、中央办公厅《关于加强新时代廉洁文化建设的意见》要求和农业农村部直属机关纪委《关于征集廉政诗词格言警句的通知》要求，中国热带农业科学院机关纪委深入推进全院廉洁文化建设，强化党员干部遵规守纪意识，并以加强新时代廉洁文化建设为主题，面向全院干部职工征集廉洁诗词格言警句，经审核，共筛选出 302 条优秀作品整理汇编成册，并印制 900 余册印发给全院科级以上干部、党支部、课题组负责人学习，以此推动全院廉洁文化教育宣传，促进风清气正良好干事氛围。此次征集和汇编廉洁诗词格言警句，不仅增强了全院广大干部职工廉洁从政、廉洁用权、廉洁修身、廉洁齐家的思想自觉，推动了"以廉为荣，以腐为耻"的廉洁理念更加深入人心，促进了"风清气正，干事创业"的良好氛围愈加浓厚，还择优推荐了 29 条报送农业农村部直属机关纪委，中国热带农业科学院获部系统通报表扬。该研究成果的征集代表作品内容如下。

清心治本传家久，正道为谋续世长。廉者约己常有乐，洁朗乾坤天下平。

——《自律》

继先辈精神，续无私奉献；以廉洁养德，以勤奋为民；攀科学之峰，创热作辉煌。

——《洁进》

全面从严治党任务重，"严"的主基调坚定贯彻不能松。乡村振兴战略好，资金项目真不少，全程全面严监管，消除隐患和风险。乡村文明齐奏响，农业发展势头强，疫情防控是常态，严惩基层"微腐败"。

——《严管农资稳安全》

一记人生一世清，一忌人心贪念生；二记心清如明镜，二忌钱财迷心境；三记一心只为公，三忌舔沾不义财；四记一身豪情壮，四忌腐败贪污谤；五记两袖清风昂，五忌臭名昭远扬；六记秉公勤政事，六忌庇护黑白颠；七记虚怀气如兰，七忌心胸窄如隙；八记科技拓新路，八忌固步冰心无；九记砺志振华夏，九忌怠惰丧心志；十记满腔倾热血，十忌心死负终生。

——《十记十忌》

廉洁自律者，寂寞一时；贪污腐败者，凄凉一世。甘受一时之寂寞，不取一世之凄凉。

——《守廉》

参天大树出蝼蚁，猛药去疴护森林。从严治党织铁网，标本兼治挥利剑。反腐惩恶敲警钟，刮骨疗毒不逾矩。海晏河清零容忍，朗朗乾坤正衣冠。

——《戒腐》

贪污腐败是大敌，不义之财不能取。弄虚作假要不得，欺上瞒下坏纪律。腐化堕落终有报，身陷囹圄悔当初。警钟长鸣强意识，反腐倡廉勤教育。廉洁奉公做表率，构筑拒腐好心理，廉洁良知永恪守。

——《警钟长鸣，不忘初心》

君子修德行，常慕两清风。淡泊以明志，清廉伴一生。

——《无题》

农为邦本，古人为官，五谷为禄，由是可观，"三农"承载、见证了廉政建设的初始情怀和道德追求。百转千回，万世流芳。精致秀丽不足喻你，水墨晕染不足画你，古雅淑贤不足颂你，一生清华无琢，一路清澄无明，无论春夏秋冬，不管寒来暑往，始终一身隽秀，兰芷清芬。

——《一身隽秀》

勿以利小而为之，勿蒙双眼行错路，勿将热血枉错付，勿忘初心得始终。

——《四勿》

科研正气，事业繁荣，勤廉理政，国家兴盛；坚持反对贪腐歪风，大力弘扬勤廉美德；一生奉献无怨无悔，终身廉洁问心无愧。

——《勤廉警言》

常思悟，勤自检，自身廉，家风正，新时代好干部，学先进，树榜样，多为群众，少为己，一人廉，廉一片，一代廉，美名扬。

——《新时代好干部》

廉为政本腐为破，为民奉献不嫌多。两袖清风孑然立，正气浩然盈天地。

——《廉洁为民》

党风正则人心齐，政风正则百业旺，民风正则社稷安，家风正则万事兴。

——《风正气清》

一身正气问心无愧，两袖清风不求名位，三思而行不沾污秽，四季耕耘鞠躬尽瘁。

——《无题》

勿思不义财，常修慎独心。清廉为本心，清风一世安。

——《无题》

不忘初心，听党指挥，一心为公各尽所能；牢记使命，干事创业，两袖清风无愧一生。

——《无题》

领导是关键，榜样领头鹰，权钱需透明；中层是梁柱，作则示范者，执行需公心；职工是基石，落实敢建言，考评需公正；全所是公有，科创为国家，三农需农机。

——《无题》

研学事有利于民者则当厚其本，深其源。有害于民者则当拔其本，塞其源。不求不争于民，而民知逊。不求不贪于民，而民知廉。律己以廉、抚民以仁、存心以公、莅事以勤。欲影正者端其表，欲下廉者先之身。

——《无题》

千艰万难锤党性，清白做人是本色；攻坚克难铸党魂，干净担当显忠诚。

——《共产党人》

珍惜时代，展现风采，知足常乐，幸福自在。

——《知足是最大的廉洁》

守住廉洁自律底线，不碰纪律规矩红线，远离贪腐高压线，做一名清正廉洁的热科人。

——《自律》

党章为镜，锤炼党性。廉洁奉公，两袖清风。不谋私利，心系家国。坚定信念，牢守底线。

——《党性原则》

清正廉洁去除坏作风，舒心港城千般美，鼎新革故重塑新影响，放眼热区一派春。

——《扬清风树正气热区一派春》

务农贵勤，一分耕耘一分收获；为官贵廉，遵纪守法心平家安。

——《农贵勤 官贵廉》

廉洁是竹，不惧艰苦志更坚；廉洁是莲，不怕淤泥品更洁；廉洁是菊，不负风霜格更高；廉洁是梅，不畏严寒花更艳。

——《廉洁是什么》

苍茫还清，初心正，文明古国。廉洁起，政策公明，丹心十亿。山河岁月如织锦，华夏炎黄是英豪。看大江南北皆平安，方无惧。蛀虫少，栋梁立，持久战，肃风纪。灭贪官硕鼠，不畏邪气。一声严令惩腐败，百万人民除顽敌。待来日大好河山晴，绝污迹。

——《满江红》

儋州立业，淡泊名利献青春；宝岛生根，廉洁自律默耕耘。

——《奉献》

应国家战略而生，回首橡胶科研，艰苦创业草房上马破封锁；为国家使命而战，展望热作事业，俭以养德廉洁奉公保开放。

——《为科研护航》

深入挖掘廉洁文化资源　组织申报廉洁教育基地

2023 年 5 月，根据中共海南省纪委机关、中共海南省委宣传部《关于开展"海南省廉洁文化教育基地"评审命名工作的通知》（琼纪办〔2023〕42 号），中国热带农业科学院机关纪委会同院属单位海口实验站党委，认真梳理联昌试验站旧址廉政建设基本情况，其历史文化悠久，廉洁内涵、思想教育题材丰富，符合"海南省廉洁文化教育基地"申报要求，特别是，这里拥有中国第一位世界粮食奖获得者何康、中国天然橡胶研究第一位工程院院士（海南省第一位本土工程院院士）黄宗道、中国第一个天然橡胶育种站站长姚尔觉，拥有中国第一座制胶厂、中国第一个橡胶实验室，大量廉洁文化资源值得深度挖掘，大量廉洁教育素材值得宣传学习，是弘扬"爱国、创新、求实、奉献、协同、育人"科学家精神的最佳阵地。该研究成果的具体内容如下。

一、廉洁教育资源充足，各级领导高度重视肯定

联昌试验站旧址位于海南省儋州市宝岛新村海口实验站试验场一队，占地面积约 2.8 万米^2，其中，旧址约 1.7 万米^2，"百年胶王园"约 1.1 万米^2。联昌旧址于 1958 年建成，2017 年进行修复，建有"三馆、三楼、两室"等设施，包括艰苦创业馆、科学家人物馆、何康老院长生活居住馆，草房大学、职工食堂、"炮楼"，党员教育暨廉政教育活动室、中国第一座制胶厂和中国第一橡胶实验室等。联昌旧址具有专（兼）职工作人员 23 人，含经过专业培训的讲解员 10 人，印制有《联昌试验站旧址简介》，使用统一规范的讲解词，制定有规范的管理制度，保存有何康老院长绝版采访视频，还请专业公司做了旧址规划设计方案，计划进一步升级改造。

旧址是新中国天然橡胶研究溯源地，是中国热带农业科学院老一辈科研工作者艰苦创业、廉洁从业、勤俭建院的见证点。联昌旧址建设受省、市各级政府领导高度重视，2021 年，儋州市委提出要大力倡导"热科院精神"，2022 年将联昌试验站旧址纳入儋州市十大重点党建项目，并筹备改造升级，建设方案得到时任海南省委书记沈晓明的肯定性批示。

联昌旧址已挂牌"全国科学家精神教育基地""全国热带农业科学家教育培育基地""全国科普教育基地""全国热带作物科普基地""海南省机关党员干部教育基地""儋州市热科院共产党员教育基地""儋州市委党校现场教学点",逐渐成为海南廉洁文化教育的新战场、清廉自贸港建设的生力军。

二、廉洁教育内容丰富，文化传承功能优势明显

在大力倡导海南省廉洁文化建设的时代背景下，联昌旧址成了全国党员干部加强党性教育最生动、最鲜活的教材，是全国党员干部赓续艰苦奋斗精神，汲取前行力量的重要阵地，也是推动海南省党建事业蓬勃发展的重要平台。

（一）"应国家战略而生，为国家使命而战"，让廉洁基因在此深植

新中国成立不久，朝鲜战争爆发，以美国为首的西方帝国主义阵营对社会主义国家进行橡胶资源封锁。1951年，为打破西方国家的封锁，实现天然橡胶原料的自给自足，我国在华南地区大量种植橡胶。1958年华南亚热带作物科学研究所（中国热带农业科学院前身）从广州搬迁到联昌试验站，在荒山野岭安营扎寨，扎根祖国南疆，正式开启了我国天然橡胶科技事业发展征程。在中国热带农业科学院艰难跋涉前行过程中，周恩来、朱德、叶剑英、董必武、王震等老一辈革命家和习近平、江泽民、胡锦涛等70多位党和国家领导人先后亲临中国热带农业科学院指导，为热作科技事业发展倾注了巨大心血和关怀。他们坚守南疆、甘于寂寞、清廉从业、廉洁持家、自力更生、进取不息，逐渐孕育出"无私奉献、艰苦奋斗、团结协作、勇于创新"热科院精神和践行"爱国、创新、求实、奉献、协同、育人"科学家精神，激发热区党员干部红色情怀与使命担当，为海南省党员干部开展党性教育和廉洁教育提供了良好的学习平台。

（二）多位科研杰出人物推动多个世界第一、国内第一、省内第一的诞生，让廉洁精神融入热农情怀

"儋州立业、宝岛生根"，周恩来总理的殷殷嘱托，激励着科学家们不断勇攀科学高峰，在天然橡胶研究领域及热带农业研究等方面取得了一项项熠熠生辉的科技成果，涌现出中国第一位世界粮食奖获得者、中国天然橡胶研究第一位工程院院士（海南省第一位本土工程院院士）、中国第一个天然橡

胶育种站，引领广大科研工作者用廉洁践行科研服务国家、服务全世界的初心使命。

这里有清廉高洁的世界粮食奖获得者何康。他是中国热带农业科学院第一任院长，是中国天然橡胶研究主要奠基人。经过多年攻关，在他的带领下我国天然橡胶种植打破了传统的种植禁区，我国崛起为世界第五大产胶国。他是廉洁从政从研的典范，1993 年，何康获得世界粮食基金会颁发的第七届世界粮食奖，成为第一个获得此奖的中国人。他将 20 万美元的奖金全部捐给中华农业科教基金会，用于奖励高等农业院校品学兼优的学生和农业科研项目。

这里有清廉高洁的中国工程院院士黄宗道。他是中国热带农业科学院第二任院长，原海南省人大常委会副主任，原海南省科学技术协会主席，中国天然橡胶研究第一位工程院院士（海南省第一位本土工程院院士）。他在极其艰苦的环境与工作条件下，克服种种困难完成华南地区橡胶宜林地的考察工作，为我国天然橡胶种植提供了重要的科学数据，他率领的研究团队打破了西方学者认为北纬 15 度以北为植胶禁区的神话，1997 年当选中国工程院院士。

这里有清廉高洁的中国第一任橡胶育种站站长姚尔觉。1952 年，为打破帝国主义封锁社会主义国家发展军用橡胶工业的原料供应，他经组织批准从汉口来到广州，再秘密来到海南岛儋县，担任中国第一个天然橡胶育种站——那大橡胶育种站站长。他出身高知家庭，见多识广，为了国家橡胶事业的发展，委身山野，忠于职守、甘于奉献、清正廉洁，不惧橡胶科研工作遇到的风险和寂寞，为海南橡胶种植打下了坚实的基础。

（三）艰苦创业、勤勉实干的精神，让廉洁文化传承生生不息

中国热带农业科学院勤俭节约、白手起家、自力更生，这本身就是一部波澜壮阔的艰苦创业、清廉实干史。建院初期，科研工作生活条件极其艰苦：既要组织科教职员工和学生开垦荒地，种植粮食和蔬菜，开展生产自救，又要肩背干粮袋、水壶、标本箱、雨伞、笔记本，到田间地头考察；既要晚上在茅草屋或简陋的土墙屋里，点上小油灯整理资料，总结白天的考察数据，又要自制土坯、茅草搭建"草房大学"，充当学生的教室、宿舍、图书馆和食堂，探索进取，教学、科研、生产三结合，为华南垦区培养大量高素质的以天然橡胶为主的热带作物科技与管理人才，实现了"凡有热作处，皆有宝岛人"的愿望。与此同时，院里在联昌试验站还建起了中国第一座制胶厂、中国第一个橡胶实验室，初步实现橡胶生产、实验与加工的相互融合，让中国橡胶生产科研实现从无到有、从弱到强跨越式转变。

三、廉洁教育融合科学家精神，为清廉自贸港建设提供科技动力支撑

在科学研究与廉洁教育不断融合下，中国热带农业科学院取得了一系列傲人的成绩，特别是 2023 年中国热带农业科学院获批全国重点实验室，廉洁文化建设教育引导了科技工作者夯实清正廉洁的思想根基，营造了风清气正、守正创新的科研工作环境，促进更好履行国家战略科技力量的使命任务。建院以来，中国热带农业科学院先后承担了"863"计划、"973"计划、国家重点研发计划等一批国内国际重大项目，主导天然橡胶、木薯、香蕉 3 个国家产业技术体系建设，取得了包括国家发明一等奖、国家科技进步一等奖在内的近 50 项国家级科技奖励成果及省部级以上科技成果 1000 多项，培育优良新品种 300 多个，取得授权专利 2000 多件，获颁布国家和农业行业标准 500 多项，开发科技产品 300 多个品种，推动了重要热带作物产量提高、品质提升、效益增加，为保障国家天然橡胶等战略物资和工业原料、热带农产品的安全有效供给。

近年来，在农业农村部直属机关纪委和海南省纪委监委、省直纪监工委指导帮助下，中国热带农业科学院认真贯彻落实《关于加强新时代廉洁文化建设的意见》《关于推进清廉自贸港建设的决定》要求，为全院党风廉政建设和反腐败工作打下坚实基础，有效建立了院所两级覆盖的廉洁文化体系。2020 年，院本级建成 260 多米^2 的廉政文化墙，努力构建院史展览、成果展示、廉洁教育"三位一体"的热科院廉洁文化体系；2021 年，策划献礼建党百年党史学习成果，编印 1700 本《廉政文化手册》，全院范围开展廉洁文化宣传教育，被海南机关党建宣传报道，省直纪监工委专门组织 100 位纪委书记到院调研交流，还荣获"2020—2021 年度海南省直机关纪检工作先进集体"；2022 年，加强新时代廉洁文化建设，面向全院征集诗词格言警句，编印 900 本《廉政诗词格言警句手册》，推动学廉思廉崇廉践廉的廉洁理念更加深入人心，获部直属机关纪委通报表扬，专项调研报告获海南省机关党建课题研究优秀论文二等奖，还荣获"海南省纪检监察系统先进集体"；2023 年，专门印发《关于加强廉洁文化建设工作的通知》，明确加强廉洁文化建设"十个一"内容，助力热区乡村振兴和清廉自贸港发展，被海南省纪委监委（清廉海南网）宣传报道。这些，均为中国热带农业科学院申报廉洁文化教育基地打下了坚实基础。

四、结语

中国热带农业科学院联昌试验站旧址橡胶文化历史、廉洁文化教育资源丰富，已经完全具备建立廉洁文化教育基地的建设条件。特别是，为做好海南省廉洁文化教育基地的申报建设工作，精心组织，积极准备，力争在联昌试验站旧址深入挖掘橡胶历史文化和廉洁文化，构建"党建＋乡村振兴"实训基地，打造党性教育特色品牌，赓续"无私奉献、艰苦奋斗、团结协作、勇于创新"的热科院精神，努力在热区树起一座展现热带农业科学家精神的文化高地，通过打造完善富有廉洁教育意义和实践研讨的活动平台，为全省机关党员干部开展廉洁文化教育、引导海南省广大党员干部"不忘初心、牢记使命"提供学习教育培训的有效载体，助力自贸港建设行稳致远。

浅析农业科研单位所办企业的
管理现状和建议对策

　　所办企业是科研事业单位对外投资业务的具体体现，主要包括全资企业、控股企业和参股企业三类。科研事业单位所办企业设立初衷主要是探索改革发展道路，解决单位发展过程中人员安置、经费不足，促进科技成果转化，降低交易成本，提高服务效率等原因。随着社会不断进步，科研事业单位管理越来越精细化，所办企业面临持续经营过程中的风险和挑战越来越大。2023年中共中央办公厅　国务院办公厅印发了《关于进一步加强财会监督工作的意见》中要求，要进一步健全财会监督体系，加大对重点领域财会监督力度。所办企业作为科研事业单位发展过程中一个重要的组成部分，仍然承担着重要的职责，同时，所办企业也是廉政风险高发地之一。该研究报告主要对科研事业单位对外投资业务中的所办企业开展有效的财会监督进行研究分析，旨在建立健全防止利益冲突机制，降低所办企业持续健康经营的各类风险，防止国有资产流失，提高国有资产效益，促进领导干部廉洁自律，不断助力科研事业健康发展。该研究成果的具体内容如下。

一、科研事业单位对外投资业务内部控制情况

　　2016年，农业部印发通知要求相关单位，按照2012年财政部印发的《行政科研事业单位内部控制规范（试行）》编报单位内部控制规程，主要包括单位层面和预算管理、收支管理、政府采购管理、资产管理、建设项目管理和合同管理等业务层面的内容；要求单位每年至少进行一次经济活动风险评估；对单位内部控制的有效性进行评价并出具单位内部控制自我评价报告。经过多年的不断探索和完善，科研事业单位内部控制规程已取得一定成效，但在各类检查或审计过程中，仍发现不少科研事业单位存在未能根据实际业务需要，建立有效的对外投资业务的内部控制规程，未能就对外投资业务可能存在的风险点进行全面系统的梳理。据统计，2018—2022年，中国热带农业科学院开展的专项审计发现，单位内部控制问题23个，占审计问题总数9.7%，对外投资业

务管理问题 19 个，占审计问题总数 8%，问题反映了单位在对外投资业务中的内控机制建设还需要进一步加强。随着经济发展，所办企业在科研事业发展进程中的作用不断地深化，其发展带来的风险隐患也应当引起重视。

二、所办企业的生存现状

部分所办企业经营主要依赖科研事业单位的支持，优质的所办企业寥寥可数，部分所办企业成了"僵尸"企业，清理起来，困难较大。造成所办企业不良经营的主要原因，主要有以下几点。

（一）核心技术薄弱，市场竞争力弱

所办企业的设立主要是为了解决科研事业单位发展中遇到的问题，所办企业的经营范围大部分都是根据科研事业单位发展需求而设立，范围比较宽泛，无法形成自身技术优势，市场竞争能力普遍较弱。

（二）缺乏专业人员，经营管理经验不足

所办企业大部分主要经营管理人员由科研事业单位在职人员兼职，兼职人员受自身经营经验、业务能力和科研事业单位政策等影响，所办企业的经营决策会不同程度受到影响，极大制约了所办企业的经营发展。另外，根据规定，经批准的在企业兼职的处级以上干部，不得在企业领取薪酬、奖金等报酬，企业发展和业绩未能很好地与经营管理人员的收入和发展结合，导致经营管理人员动力不足。

（三）经营独立性差，自主经营空间小

所办企业因受科研事业单位人、财、物等因素制约，经营独立性较差，大部分主营业务主要依托科研事业单位，未能有效开发外部市场，企业经营生存空间较小。

三、科研事业单位对所办企业管理存在的风险点

（一）投资前期的风险点

科研事业单位开展对外投资业务，存在的风险点主要有以下两点。

第一，投资控股或参股的企业是否符合科研事业单位发展需求。投资的企

业是否可以实际解决科研事业单位发展中面临的实际问题，如帮助科研事业单位推广科技成果等。如不能实际解决问题，企业有可能会慢慢演变成"僵尸"企业。

第二，出资是否合理规范。科研事业单位对所办企业的出资方式主要有货币资金、固定资产投资、专利技术或知识产权投资等，部分出资未能按照规定办理审批手续，存在违规风险。

（二）运营管理期间的风险点

1. 所办企业人员配备风险

科研事业单位作为企业的主管部门和出资人，企业经营管理层主要为科研事业单位委派任命，延续了科研事业单位的管理模式和思路，不利于企业运营管理。

高层管理人员配备风险。主要体现在所办企业管理人员是否具有企业经营管理专业知识和经验，是否能不受科研事业单位政策和制度的影响，对企业运营管理面临的问题做出准确判断；是否能意识到所办企业运营中存在的风险，并采取有效措施，降低运行风险和成本；能否知人善用，建立高效团队等。

其他人员的配备风险。所办企业是否配备了专业的财务人员，财务人员在处理相关业务时是否能采取最适合所办企业的税收等政策；是否建立了核心技术团队和营销团队，逐步形成核心竞争力，开拓有效的营销渠道，提升市场推广成果。

2. 关联交易风险

由于所办企业独特的身份，大部分企业的高级管理层由科研事业单位人员兼职担任，造成股东、管理人员的交叉关联关系。所办企业与科研事业单位之间的交易形成了关联交易，由于各种复杂的利益关系与所办企业的关联交易容易形成廉政风险高发地。

3. 所办企业制度建设不健全风险

由于所办企业的特殊属性，部分所办企业未能建立符合企业自身发展需求的独立的制度体系。发生业务时，更多参照科研事业单位具体要求和做法，未能充分发挥企业高层决策机构的作用。

（三）科研事业单位监管风险

1. 管理部门职责不明确风险

部分科研事业单位未明确归口管理部门，或者归口管理部门经常调整，导致职责不清。另外，个别科研事业单位的财务、资产、基建等部门指导监督职能履行不到位，行业管理职责未能真正发挥。

2. 日常监督不到位风险

主要体现在归口管理部门未能履职尽责，未能指导所办企业做好规范管理工作，对所办企业的日常业务未履行监管，或对所办企业开展的各类监督检查不够深入，不能及时发现所办企业面临的风险，容易形成监督真空地带。

3. 科研事业单位过多参与所办企业决策风险

主要体现在科研事业单位过多参与所办企业经营过程中的业务决策，如所办企业的经营管理、一般人员任免、资产出租出借以及利润分配等事项，所办企业经营管理层未能真正发挥董事会、股东会等企业决策机构的功能，受科研事业单位影响较大，欠缺决策独立性。

4. 对外投资处置不规范风险

对外投资的处置主要包括收回投资、转让股权与核销等，处置应经过科研事业单位集体决策，并履行相关的审批手续。部分所办企业的处置未能按规定办理手续、未能及时足额收回资产或转让价格未经评估等。

四、提高对所办企业财会监督效能的建议

（一）夯实对外投资前期调研基础，规范履行各类审批手续

首先，要深入收集设立或即将参股企业的基本情况，研究企业的经营范围、经营团队和管理能力等是否符合投资的目的，分析投资回报率是否符合科研事业单位发展需要。其次，在办理设立或参股的企业入股时，应根据国有资产管理的相关要求，履行好投资审批手续，降低国有资产流失风险。

（二）加强人才管理，强化关联交易风险，完善内控机制建设

单位内控机制的建设和完善靠人才，制度的执行在人才，权力的运用在人才，提高人才的政治性和专业性培养是财会监督发挥监督的关键环节之一。首先，科研事业单位作为所办企业的所有者，应知人善用，建立合理的奖惩机制，将企业管理层的薪酬与业务挂钩，提高企业管理人员的动力。其次，通过参加培训、参观学习、市场调研等方式，进一步加强企业管理人员的综合业务能力，提高所办企业管理层风险管理意识，积极建立完善风险防控机制，尤其在关联交易中，关键领导干部要实行回避制度，积极应对关联交易存在的风险，为关联交易双方实现"双赢"。

（三）明确职责，主动履职，加强行业业务管理

明确管理部门职责分工，提高业务管理部门的履职担当能力，加强日常业务的指导和监督，进一步完善科研事业单位对外投资业务内部控制规程的机制建设，从管理体制上降低风险隐患。对所办企业实行"放管服"管理，下放所办企业的经营管理权限，让所办企业董事会、股东会等决策议事机构充分发挥作用，最大限度保持所办企业的独立性，达到提高所办企业管理水平的目的，形成对所办企业履行监督管理又不会限制其发展的效果。

（四）建立协同机制，共享监督成果

建立财会监督、审计监督、巡视监督、纪检监督等横向协同机制，形成监督合力，提高监督质效；进一步运用及共享各类监督成果，提高监督效率，切实强化对所办企业的全面性、系统性指导和监督，进一步提高财会监督效能。

综上所述，在对科研事业单位对外投资业务的财会监督过程中，应重点分析与所办企业业务关联存在的各类风险，借助年度内部控制评价等契机，指导科研事业单位逐步完善对外投资业务风险防控机制；指导所办企业逐步建立完善与人、财、物等方面相关的管理机制，设立不兼容岗位、授权审批权限、关联交易回避等制度，进一步梳理风险点，建立起内部控制长效机制，严防企业运营过程中带来的各类风险，提高财会监督效能，助力科研事业单位廉政风险防控，促进科研事业单位事业健康发展。

第六章　管理制度

　　管理制度的作用主要体现在提升组织的竞争力和市场地位、规范员工行为、提高工作效率、提升员工的工作积极性、保障组织的正常运转、增强组织的稳定性和可持续发展、提升组织的管理水平和品牌形象等方面。管理制度通过实现内部优化和精细化管理，提高组织的运营效率和管理水平，从而提升组织的竞争力和市场地位。它有利于规范员工行为，明确工作中应遵守的规定和纪律，避免因个人主观意识或情绪因素导致的违规行为，保障组织正常运转和秩序。管理制度还能建立起规范的工作流程和操作规范，提高工作效率，减少冗余操作和时间浪费。完善的管理制度使组织运行更有序，管理更科学，能够增强组织的稳定性和可持续发展能力，使组织更好地适应外部环境变化，提高组织的竞争力和生存能力。拥有严格管理制度的组织通常展现高效的管理水平和规范的管理流程，较高的内部运作效率，同时塑造积极的品牌形象，增强在行业中的影响力和竞争力。本章汇总梳理了有关农业科研单位纪检、巡察、审计等相关工作 15 个方面的管理制度。

某农业科研单位纪检组织监督责任清单

一、纪检组织监督责任

（一）督促践行"两个维护"

重点督促党组织和党员干部以习近平新时代中国特色社会主义思想为指导，认真贯彻落实习近平总书记重要指示批示、党中央决策部署，以及上级党组织、纪检组织工作要求，牢固树立政治机关意识，强化党员的身份意识，把践行"两个维护"体现在坚决贯彻党中央决策部署的行动上，体现在履职尽责、做好本职工作的实效上，体现在党员干部的日常言行上。

（二）督促严守政治纪律和政治规矩

督促党组织认真贯彻《关于新形势下党内政治生活的若干准则》，落实"三会一课"、民主生活会和组织生活会等制度，营造风清气正的良好政治生态。督促党员干部严格遵守政治纪律和政治规矩，坚决防范"七个有之"问题，自觉规范政治言行。

（三）督促贯彻落实党内法规制度

加强对党章党规党纪等制度执行情况的监督检查，防范和纠正有规不依、落实不力等问题。督促党组织贯彻民主集中制原则，加强对重大事项、重要干部任免、重要项目安排和大额资金使用集体决策情况的监督。

（四）协助党组织落实全面从严治党主体责任

通过重大事项请示报告、与党组织每半年至少开展一次专题研究、提出意见建议、健全落实制度、监督推动党组织决策落实等方式，推动主体责任和监督责任贯通联动、一体落实。督促党组织按照要求对纪检、监察、巡视、审计、专项检查等反馈问题进行整改，并及时报告整改情况。通过督查检查、调研等，加强对下级党组织和纪检组织履行管党治党政治责任情况的监督，推动全面从严治党向基层延伸。

（五）督促持续纠治"四风"特别是形式主义、官僚主义

督促贯彻落实中央办公厅《关于解决形式主义突出问题为基层减负的通知》精神，进一步查找文风会风、调查研究、科技创新等方面问题表现，深化治理贯彻党中央决策部署只表态不落实、维护群众利益不担当不作为、困扰基层的形式主义等突出问题。督促党员干部特别是领导干部经常对照查摆形式主义、官僚主义问题表现，结合自身和工作实际，深入剖析原因，扎实整改到位。协助党组织针对"四风"问题开展自查自纠。坚持纠"四风"和树新风并举，教育引导党员干部真抓实干、转变作风，坚持深入基层、深入实际、深入群众，大兴调查研究之风。

（六）督促落实中央八项规定及其实施细则精神

紧盯重要节点，聚焦公车私用、私车公养、违规吃喝、违规收受礼品礼金等问题，加强监督检查，严肃查处违规违纪行为，通报曝光典型案例。协助党组织对贯彻落实中央八项规定及其实施细则精神情况开展自查自纠。

（七）开展经常性纪律教育

认真学习贯彻《中国共产党廉洁自律准则》《中国共产党纪律处分条例》，开展经常性纪律教育、政德教育、家风教育，创新教育方式方法，发挥先进典型示范引领作用，强化反面教材警示教育作用，及时通报违纪典型案例，引导党员干部筑牢拒腐防变的思想道德防线。凡是查结的党员干部违纪案件，都要开展警示教育，以案为鉴，以案促改。

（八）强化日常监督

强化对基层党组织和党员干部的日常监督，紧盯工程建设、科研项目管理、物资采购、委托业务、成果转化和产业开发、出国出境等重点领域及关键环节、关键岗位，创新监督方式方法，做实做细日常监督。督促围绕权力运行各个环节，及时梳理廉政风险点，修订完善风险防控制度，强化制度执行和监督检查，进一步规范权力运行。

（九）规范处置问题线索

认真贯彻落实《中国共产党纪律检查机关监督执纪工作规则》及上级纪检组织制定的相关问题线索处理制度，拓宽纪检信访举报渠道，加强问题线索

统一管理，严格规范处置，按规定报告处置情况和纪律审查信息，确保件件有着落、事事有回音。发生党员干部因违反法律涉嫌犯罪受到司法机关处理的，应及时报告。

（十）有效运用监督执纪"四种形态"

对苗头性倾向性问题和轻微违纪行为，在用好监督执纪第一种形态上下功夫，积极采用谈话函询、约谈提醒、批评教育、诫勉谈话、组织处理等，多做红脸出汗、咬耳扯袖的工作，防止小毛病酿成大错误。督促被谈话函询或受到党纪处分的处级及以下党员干部，在组织生活会上就有关问题进行说明，存在违纪问题的要进行自我批评。督促所在单位党组织负责人在签字背书以及收到采信告知函件以后，及时与当事人谈话，更好发挥教育警示作用。督促所在单位以党组织名义去函的形式，报送被上级组织谈话函询的党员在组织生活会上作出说明的情况材料至院纪检组。对如实说明的予以采信反馈，对欺瞒组织的严肃处理，为受到诬告的澄清正名，并加大谈话函询结果抽查核实力度。

（十一）严查违规违纪行为

按照干部管理权限，在上级纪检组织的监督指导下，严格查处党员干部违纪违法案件，特别是对党的十八大以来不收敛不收手的，从严查处。按照上级党组织和纪检组织的要求，严格执行《党组讨论和决定党员党纪处分工作流程（试行）》，做好受处分党员干部党纪处分执行工作。协助党组织掌握了解受处分党员干部改正错误情况，对其做好思想教育和回访工作。

（十二）强化追责问责

认真贯彻落实《中国共产党问责条例》，坚持"一案双查"制度，对不履行或者不正确履行职责的，依规依纪实施问责。

（十三）把好党风廉政意见回复关

严把选人用人政治关、品行关、作风关、廉洁关，认真做好党风廉政意见回复。按规定建立健全党员廉政档案并动态更新。

（十四）按规定请示报告重大事项

纪检组织要带头贯彻《中国共产党重大事项请示报告条例》，对重要情况、重大问题、重点工作，该请示的及时请示，该报告的如实报告，该处置的稳妥规范处置。总结半年和年度履行监督责任情况，按规定报告上级纪检组织。

（十五）加强纪检组织建设

在党组织的领导下，选优配强纪检组织组成人员。严格执行《党组纪律检查组"月研究、季调度"学习会商制度（试行）》，带头把学习贯彻习近平新时代中国特色社会主义思想作为重大政治任务，巩固深化"不忘初心、牢记使命"主题教育成果，开展有针对性的教育培训，引导教育纪检干部把自己、把纪检工作、把职责摆进去。通过学习、会商、研判，定期分析研判廉政风险，不断提升履行监督执纪问责职责的能力，努力践行忠诚干净担当。

（十六）自觉接受各方面监督

拓宽监督渠道，主动接受党组织的监督，自觉接受社会监督和舆论监督，虚心接受群众监督，完善并落实知情、沟通、反馈等机制。严格执行纪律检查相关党内法规和纪律检查工作相关制度规定，明确职责流程，健全内控机制，加强对纪检组织成员的监督制约，严防发生"灯下黑"问题。

二、纪检组织主要负责人监督责任

（一）贯彻落实上级决策部署

深入学习贯彻习近平新时代中国特色社会主义思想，贯彻落实党中央和上级党组织关于全面从严治党决策部署，落实上级纪检监察组织要求，协助党组织推进全面从严治党、加强党风廉政建设和组织协调反腐败工作。

（二）加强纪检工作的领导

落实所在党组织全面从严治党工作要求，组织提出加强党风廉政建设和反腐败工作的意见建议，制定纪检工作计划，并负责抓好落实。加强纪检组织自身建设，带头严肃党内政治生活，指导督促纪检干部履行职责、发挥作用。加强纪检干部业务培训和纪检工作研究，强化纪检组织和纪检干部能力建设。带领纪检干部模范遵守党章党规党纪和法律法规，严格落实中央八项规定及其实施细则精神，自觉接受各方面监督。

（三）指导督促下级党组织和纪检组织履行责任

采取约谈、调研、检查等方式，指导督促下一级党组织和纪检组织落实全面从严治党主体责任、监督责任，发现问题及时提醒纠正，对履责不力的按规定实施问责。

（四）开展职责范围内党员干部的教育监督

开展经常性纪律教育，加强警示教育，对党员干部行使权力情况进行监督，督促党员干部遵规守纪。按要求对新任领导干部进行任前廉政谈话。

（五）组织处理违规违纪问题

把握运用监督执纪"四种形态"，督促所在纪检组织规范处置问题线索，组织实施纪律审查工作，研究提出对违纪党员党纪处分的意见建议。按规定请示报告线索处置、纪律审查等事项，及时办理所在党组织受处分党员干部执纪的具体工作。

（六）按规定进行述职报告

贯彻落实上级党组织、纪检组织关于落实全面从严治党主体责任和监督责任相关规定，按规定向上级纪检组织报告半年和年度履行监督责任情况。严格执行纪委书记述职考核办法，提交年度书面述职报告和按要求进行述职。

某农业科研单位纪检组织
"月研究、季调度"学习会商制度

第一条　为深入学习贯彻习近平总书记关于全面从严治党、党风廉政建设和反腐败工作的重要讲话精神，忠实履行党章党规党纪赋予的职责，提高监督执纪问责能力，建设一支忠诚干净担当的纪检干部队伍，特制定"月研究、季调度"工作制度，在本单位纪检组织全面组织实施。

第二条　"月研究、季调度"工作制度是指各纪检组织就本单位党风廉政建设和纪检工作每个月、每个季度进行定期交流、学习、会商、总结的一种工作机制。通过实施该项工作机制，全面提高纪检干部思想政治理论水平、监督执纪本领和科研管理知识，进一步提升纪检干部的总结分析能力、问题线索处置能力和廉政风险排查能力。

第三条　各单位纪检组织负责人负责"月研究、季调度"工作制度的组织实施。

第四条　各单位纪检组织要认真组织实施"月研究、季调度"工作制度，要紧密结合本单位科研和管理工作实际，把纪检工作与业务工作有机融合起来，以提升监督执纪问责能力为导向，坚持理论联系实际，坚持实事求是，力戒形式主义，积极营造良好的学习会商氛围。

第五条　根据实际情况，"月研究"原则上每1~2个月在月初开展一次，可与相关工作结合起来一并进行；"季调度"原则上每季度末开展一次，第二季度调度情况可与上半年纪检工作总结合并进行，第四季度调度情况可与全年纪检工作总结合并进行。

第六条　院纪检组组长主持院纪检组"月研究"工作，院纪检监察审计室全体同志参加。

第七条　院机关纪委书记主持院机关纪委"月研究"工作，院纪检组组长、院机关纪委全体人员及纪检监察审计室相关工作人员参加。

第八条　各单位纪委书记（纪检工作小组组长）主持本单位纪检组织"月研究"工作，本单位纪委委员（纪检委员）和全体纪检干部参加。

第九条　"季调度"由院纪检组组织实施，院纪检监察审计室统筹协调，

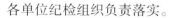

各单位纪检组织负责落实。

第十条 "月研究"的主要内容：

（一）学习思想政治理论。深入学习贯彻习近平新时代中国特色社会主义思想，与时俱进学习习近平总书记重要讲话精神和党的路线方针政策，牢固树立"四个意识"，坚定"四个自信"，做到"两个维护"，在思想上政治上行动上同以习近平同志为核心的党中央保持高度一致。

（二）增强监督执纪本领。深入学习党章党规党纪和宪法法律法规，以及上级党组织、上级纪检组织、院党组贯彻全面从严治党、党风廉政建设和反腐败工作的有关规章制度和重大决策部署，加强纪检干部能力建设，培养专业素质，提高监督执纪问责的精准性和针对性。

（三）掌握科技创新知识。深入学习科学研究、科技创新、成果转化、基本建设、财务管理等方面的理论知识、业务知识、规章制度，把履行监督专责与推进科研业务融通起来，提高政策理论水平，提升综合素养，更好地适应新时代新形势新任务新要求。

（四）交流重点工作进展。每位纪检干部依次汇报交流上一个月履行监督职责重点工作进展情况、面临的主要困难和问题以及下一个月重点工作安排，与会同志提出意见建议，纪委书记总结点评。

（五）会商问题线索处置。按照《中国共产党纪律检查机关监督执纪工作规则》及上级纪检组织关于线索处置的规定，对收到的信访举报问题线索进行会商研究，提出处置意见建议，集众智、扬强项、补短板，进行查漏补缺。借鉴科研单位、大专院校发生的违纪违规案例，开展模拟演练，对照查找纪检干部自身存在的不足，不断提升处理问题线索的能力。

（六）研判廉政风险隐患。综合日常监督掌握的信息，对本单位潜在的廉政风险隐患进行排查和分析研判，向党组织或职能部门提出处置的意见建议。

第十一条 各纪检组织要总结本单位上一季度履行监督责任情况、存在的主要问题以及下一季度重点工作安排，并形成纪检工作季度报告。

第十二条 每年 4 月 15 日、10 月 15 日前，报送第一季度和第三季度纪检工作季度报告；每年 6 月 15 日、12 月 15 日前，报送上半年和全年纪检工作报告。纪检工作报告以书面和电子版形式报送院纪检监察审计室。

第十三条 院纪检监察审计室负责汇总整理院系统纪检工作季度报告、半年报告和年度报告，报院纪检组审定，由院纪检组报上级纪检组织和院党组，并通报下级党组织和纪检组织。

某农业科研单位领导干部
插手干预重大事项记录报告有关规定

第一条　为深入推进全面从严治党向纵深发展，防止领导干部插手干预重大事项，规范领导干部用权行为，依据《中国共产党党内监督条例》《中国共产党问责条例》《中国共产党纪律处分条例》等党内法规制度和上级有关要求，结合本单位实际，制定本规定。

第二条　本规定所称领导干部，主要是指全院副处级以上职务（或相应岗位等级、职务职级）的干部。已退出上述职务或岗位、但尚未办理退休手续的干部适用本规定。

第三条　本规定所称重大事项，包括干部选拔任用、职称评审、岗位聘用、人员考录招聘、市场经济活动、公共财政资金分配、项目（含基建项目、科研项目和业务项目）立项评审及招投标、行政审批、监督执纪、重要奖惩活动及其他重要事项。

第四条　领导干部应当严格遵守工作纪律，带头执行廉洁自律准则，不得违反有关规定插手干预重大事项办理工作，不得利用职权为自己和他人谋取私利、谋求特殊照顾。对重大事项办理工作负有领导职责的领导干部，因履行职责需要，可以依照工作程序了解工作情况，统筹协调推进工作。

第五条　各级各类重大事项承办人员应当严格按照相关规定和工作规程办理重大事项，自觉抵制各种违反规定插手干预重大事项办理的行为。

第六条　领导干部有以下情形之一的，属于利用职务便利违反有关规定插手干预重大事项：

（一）对本应由下级自主作出决定的重大事项，直接代替其作出决定或者违反有关规定要求下级按照其意图作出决定的；

（二）在重大事项实施过程中，为他人或授意、纵容亲属及身边工作人员为他人说情、打招呼、通风报信的；

（三）在重大事项实施过程中，为他人牵线搭桥，安排他人与重大事项承办人员私下接触、会面的；

（四）为他人打探重大事项办理中尚未公开事项或者其他应当保密的内容的；

（五）为达到个人目的和意图，利用职权故意设置阻碍，直接或间接拖延重大事项办理的；

（六）其他影响重大事项依法依规实施的行为。

第七条　承办重大事项的部门和人员应当注意区分工作要求、工作建议、业务指导、政务公开、合法咨询等同违反有关规定插手干预重大事项办理行为的区别，对通过正当程序和途径可以实现合法咨询或者诉求的，应当告知其正当程序和途径。

第八条　对领导干部发生第六条所列情形的，重大事项承办人员或相关知情人员应及时填写《领导干部插手干预重大事项记录表》，径送本单位纪检组织（纪委或纪检小组）或者院党组纪检组（纪检监察审计室）。

第九条　各单位纪检组织及时将填写好的《领导干部插手干预重大事项记录表》径送院纪检监察审计室。院纪检监察审计室汇总填报《领导干部插手干预重大事项情况统计表》，履行相关程序后，于每季度最后一个月的18日前报送上级部门。

第十条　重大事项承办人员或相关知情人员如实记录报告领导干部插手干预重大事项的行为，受法律和组织保护。各单位应当对依规依纪依法进行记录报告的行为予以支持，不得妨碍、限制、侵害记录报告人员的合法权益。

非因法定事由，非经法定程序，不得将记录报告人员免职、调离、辞退或者作出降级、撤职、开除等处分。对记录报告人员打击报复的，将依规依纪依法严肃追究相关责任人员的责任。

各单位纪检组织要对记录报告人员的相关情况严格保密，发生泄密事件的将严肃处理。

第十一条　重大事项承办人员对应当记录报告的事项不记录或不如实记录，造成严重后果或不良影响的，以及不如实报告的，经查实后，依照《中国共产党纪律处分条例》等规定严肃处理。主管领导或纪检组织授意不记录报告或者不如实记录报告的，将追究相关责任人员的责任。

第十二条　领导干部插手干预重大事项的情况，纳入党风廉政建设责任考核，作为考核领导干部廉洁自律的重要依据。领导干部在年度述职述廉报告中应对是否插手干预重大事项情况进行说明，接受干部职工评议。

第十三条　领导干部插手干预重大事项情况，应列入本单位全面从严治党工作年度报告内容。

第十四条　本规定以外的人员插手干预重大事项办理的，可参照本规定第八条记录、报告。

某农业科研单位下级纪检组织
向上级纪检组织报告工作制度

一、建立对领导班子成员监督情况报告制度

各单位（院属单位，下同）纪委要发挥好对同级领导班子特别是对"一把手"的监督作用，将同级领导班子特别是"一把手"落实全面从严治党主体责任、执行民主集中制、廉洁自律等方面的情况，定期向院纪检组报告。发现有全面从严治党主体责任落实不到位、民主集中制执行不到位、廉洁自律存在重点问题的，应及时向院纪检组组长汇报。

二、建立"三重一大"事项决策报告制度

各单位纪委要对本单位"三重一大"事项决策制度的执行情况进行研判和分析，定期向院纪检组报告。发现在决策事项、决策程序、决策依据、制度规定执行等方面，有不到位、不规范、不严谨或存在苗头性、倾向性问题的，应及时向院纪检组组长汇报。各支部纪检小组要将支部（团队）研究、决策"三重一大"事项相关情况向本单位纪委报告。

三、强化突发事件和风险评估报告制度

（一）严格执行党员、干部及其亲属被司法机关采取措施情况报告制度

各单位纪委要履行本单位党员、干部及其亲属被司法机关采取措施情况的报告制度；获悉相关情况后，应及时向院纪检组报告，必要时还应向院纪检组组长汇报。各支部纪检小组要发挥"近"的优势，对相关情况做到早发现、早了解，并及时向本单位纪委报告。

（二）强化突发事件信息报告

各单位纪委对涉及本单位重大突发事件、重大网络舆情以及干部、职工、

学生重大思想动向等情况，应及时向院纪检组报告，必要时还应向院纪检组组长汇报，并根据事态进展和处理情况随时续报。各支部纪检小组要对支部党员干部、职工学生的思想动态和"八小时以外"的情况多过问、多掌握，发现相关情况及时向本单位纪委报告。

（三）建立廉政风险评估报告制度

各单位纪委要紧盯本单位重点领域和关键环节，组织纪委委员、纪检小组组长定期分析研判可能存在的风险点，形成风险评估报告，定期向院纪检组报告；对重点风险隐患还应及时向院纪检组组长汇报。

四、完善定期报告和述职报告制度

（一）严格落实定期报告制度

各单位纪委每年年初向院纪检组提交工作计划，每半年、年底提交纪委工作总结。各党支部纪检小组组长每半年向纪委书记报告一次日常监督工作情况。

（二）完善纪委书记述职制度

各单位纪委书记对照《院属单位纪委书记履职清单》，总结梳理履行职责的情况，每年年底向院纪检组提交书面述职报告。

五、落实信访举报和问题线索月报制度

各单位纪委每月对本单位自收信访举报和办结问题线索情况进行梳理，形成包括信访举报件数、举报内容摘要、线索处置简要情况等内容在内的总体情况报告，将接收信访举报统计表、反映问题线索处置情况登记表作为附件材料，经纪委书记审签后一并报送院纪检组。

某农业科研单位关于加强廉政档案建设的通知

一、目录内容

廉政档案包括但不限于以下方面：任免情况、人事档案情况、因不如实报告个人有关事项受到处理的情况等；巡视巡察、信访、案件监督管理以及其他方面移交的问题线索和处置情况；开展谈话函询、初步核实、审查调查以及其他工作形成的有关材料；党风廉政意见回复材料；其他反映廉政情况的材料。具体内容如下。

一是"任免情况、人事档案情况、因不如实报告个人有关事项受到处理的情况等"，属于党员领导干部的基本信息，主要按照干部管理权限，由组织人事部门掌握、提供。党员领导干部向组织如实报告个人有关事项，是对党忠诚的重要体现，也是接受组织监督的重要方式。《中国共产党纪律处分条例》《领导干部报告个人有关事项规定》《领导干部个人有关事项报告查核结果处理办法》明确规定，对领导干部存在隐瞒不报、漏报行为的，应当视情节分别给予处分或者批评教育、责令作出检查、限期改正、诫勉、取消考察对象（后备干部人选）资格、调离岗位、改任非领导职务、免职、降职等处理。《中国共产党纪律检查机关监督执纪工作规则》规定将任免情况、人事档案情况、因不如实报告个人有关事项受到处理的情况纳入廉政档案，使廉政档案内容更加完整，有助于对党员领导干部精准"画像"。

二是"巡视巡察、信访、案件监督管理以及其他方面移交的问题线索和处置情况"，是廉政档案的基础内容，既包括党员领导干部被反映举报和组织了解发现的问题线索，又包括对这些问题线索的处置意见、办理结果等情况。巡视巡察是党内监督与群众监督相结合的重要方式，从党的十八大以来巡视巡察工作实践看，大量有价值的问题线索是巡视巡察工作过程中发现的。案件监督管理部门对问题线索实行集中管理、动态更新、定期汇总核对，统一受理巡视巡察工作机构和审计机关、行政执法机关、司法机关等单位移交的相关问题线索，并按程序移送相关监督执纪部门，在建立廉政档案工作中发挥重要作用。

三是"开展谈话函询、初步核实、审查调查以及其他工作形成的有关材料"，是纪检监察机关对问题线索进行处置的记录和成果能够比较全面地反映党员领导干部的廉政状况。对开展谈话函询、初步核实、审查调查等工作中形成的一些重要材料，如被谈话函询人的书面说明、谈话笔录，初步核实情况报告，审查调查报告、处分决定等，应当及时存入廉政档案。

四是"党风廉政意见回复材料"，主要是在干部选拔任用中实事求是评价干部廉政状况，防止"带病提拔""带病上岗"。《中国共产党纪律检查机关监督执纪工作规则》第十八条规定，纪检监察机关应当做好干部选拔任用党风廉政意见回复工作，对反映问题线索认真核查，综合用好巡视巡察等其他监督成果，严把政治关、品行关、作风关、廉洁关。

分析反映问题线索及核查情况，综合运用巡视巡察等其他监督成果，严把政治关、品行关、作风关、廉洁关，形成给组织人事部门的党风廉政意见回复材料。作为评价干部廉政状况的一项重要成果，党风廉政意见回复材料也应当归入廉政档案。

二、建档范围

根据干部管理权限，对有关在编在职人员具有上述所列应纳入廉政档案的情形，应为其建立廉政档案。

三、工作要求

1. 按照干部管理权限，廉政档案管理实行分级负责。院纪检监察审计室负责对全院处级干部及机关处室人员建档和管理；各院属单位纪检组织负责对本单位处级以下（不含处级）人员建档和管理。

2. 确保责任和工作落实到位，逐步完善工作机制。各院属单位纪检组织具体承担廉政档案的管理工作，设立廉政档案管理岗位，明确管理人员。院纪检监察审计室负责业务督导，建档情况纳入纪检工作年度综合考评指标。

3. 及时整理归集廉政档案资料，做到应归尽归，动态更新。各纪检组织要加强工作沟通，档案资料由管理人员登记归档，记录资料入档时间、提交单位、经办人员等基础信息，按年度归集，一人一册，并定期核对资料，及时查缺补漏。

4. 保障廉政档案安全，充分发挥廉政档案对推进党风廉政建设的积极作用。廉政档案的保管和使用，既要符合档案管理的要求，更要遵从纪检工作的相关规定。查阅廉政档案应事先征得单位纪检组织负责人的同意，并做好查阅登记。

5. 廉政档案不但要内容全面、准确，还要动态管理、及时更新，这既是精准反映党员领导干部廉政状况的必然要求，也是为把监督挺在前面、防微杜渐打实基础。

某农业科研单位关于加强廉洁
文化建设工作的通知

一、总体要求

坚持以习近平新时代中国特色社会主义思想为指导，把加强廉洁文化建设作为一体推进不敢腐、不能腐、不想腐的基础性工程抓紧抓实抓好，为推进全院全面从严治党向纵深发展提供重要支撑，将其纳入党风廉政建设和反腐败工作布局进行谋划，久久为功深入开展。2023 年为"廉洁文化年"，在院系统廉洁文化体系建设基础上，进一步深化廉洁文化建设内涵，提高廉洁文化教育的时效性，积极营造风清气正的科研氛围。

二、主要任务

（一）夯实廉洁文化阵地建设

认真学习宣传贯彻党的二十大精神和二十届中央纪委二次全会精神，准确把握新形势新任务新要求，有效发挥廉政文化墙宣传新时代廉洁文化的重要阵地和窗口作用，促进学廉思廉崇廉践廉的理念深入人心。各单位要及时更新完善廉政文化墙板块内容，组织干部职工参观廉政文化墙、学习廉政文化手册和廉洁诗词格言警句，持续巩固深化全院廉洁文化体系建设的成效成果，推动廉洁文化与科研管理、科技创新相融互促。

（二）厚植廉洁奉公文化基础

坚持用革命文化淬炼无私奉献的高尚品格，围绕党史重大事件、重要人物等，运用好革命博物馆、纪念馆等红色资源，加强革命传统教育，传承党的廉洁基因。坚持用社会主义先进文化和中华优秀传统文化培育涵养廉洁奉公、清廉科研的思想境界，汲取传统廉洁文化精华、反腐倡廉历史正能量和新时代廉洁文化内涵。坚持学深悟透百年农史和习近平总书记关于"三农"工作重要论述，加强院史院情学习教育，发挥"全国科学家精神教育基地""海南省机关党员干部教育基地"和"儋州共产党员教育基地"等作用，增强认同感、归属感和荣誉感。各单位、各部门要结合实际，发挥党建引领作用，每年至少组织研学或开展举办1次廉洁文化展览或主题演讲。

（三）开展廉洁理论宣传学习

创新方式方法，丰富传播载体，有效运用新媒体新技术广泛宣传廉洁文化。各单位、各部门每年至少组织开展1次习近平总书记关于党风廉政建设、廉洁文化建设重要论述主题学习，可结合实际，将其列入干部职工学习教育内容或培训工作计划，引导全院干部职工筑牢信仰之基、补足精神之钙、把稳思想之舵，不断提高政治判断力、政治领悟力、政治执行力。

（四）加强廉洁风险防控工作

牢固树立"管业务必须管监督"理念，持续盯紧核心业务和关键节点，自觉把监督融入科研、项目、财务、资产、基建、人事人才、科研诚信、学术道德等管理领域全链条和全过程，强化业务部门日常监督首责意识，履行行业主管部门监管责任。各单位、各部门每年至少组织开展1次廉洁风险防控监督工作，强化内控管理，查找薄弱环节，深挖问题根源，完善监督体系，全面堵塞漏洞，增强制度意识，做到规范执行，切实把制度优势转化为治理效能。

（五）砥砺廉洁从业道德品格

聚焦主责主业和中心任务，积极策划打造具有本单位特色的廉洁文化建设工作品牌，认真落实规范使用科研经费、恪守科研道德、遵守科研诚信与科技伦理规范要求，教育引导干部职工自觉抵御各种诱惑，反对歪风邪气，保持廉洁自律。各单位、各部门每年至少组织开展1次廉洁从业宣传教育主题工作，强化对与科研人员切身利益和科研成果息息相关的政策制度进行解读或宣贯培训，强化对关键少数、重要岗位、年轻干部和新入职人员教育管理监督，织密廉洁从业风险防控体系。

（六）做实廉洁提醒日常监督

认真落实党风廉政建设党委主体责任和纪委监督责任，用好任职谈话、日常谈话、提醒谈话、诫勉谈话等方式，经常敲响思想警钟，做好谈话记录纪实管理。有效把握重要时间节点，驰而不息纠治"四风"，紧盯苗头性倾向性隐蔽性问题。各单位、各部门每年至少组织开展1次廉洁教育全覆盖谈心谈话，用好监督执纪"第一种形态",善于从谈话中开展思想工作、掌握思想动态、帮扶困难职工,多举措加强党员干部"八小时以外"活动监管,多形式开展廉洁过节提醒,多渠道提升日常监督的针对性和实效性。

（七）敲响廉洁自律长鸣警钟

创新警示教育方式,及时通报学习上级转发的典型案例,有效发挥忏悔录、警示教育片、警示教育基地和优秀廉洁文艺作品作用,深入挖掘警示教育资源,深刻剖析违纪违法典型案例。各单位、各部门每年至少组织开展1次以案说德、以案说纪、以案说法、以案说责心得交流活动,切实做到用身边事教育身边人,让广大干部职工受警醒、明底线、知敬畏。

（八）涵养廉洁作风浩然正气

各级领导干部要主动把廉洁教育融入家庭日常生活,注重家庭家教家风,从严管好亲属子女,教育约束身边工作人员,可结合具体问题、典型案例、身边事迹和工作实际,开展形势报告、理论宣讲和政策解读。各单位、各部门每年至少组织开展1次纪法宣讲和家风教育主题工作,促进干部职工始终保持坚定清醒,增强法治意识、党规意识、制度意识、纪律意识。

（九）突出廉洁模范激励引领

大力弘扬新时代科学家精神,坚持把爱国情怀、造福人民作为对科技人员第一位的要求,传承老一辈科学家爱国奉献、淡泊名利的优良品格,坚持以塑形铸魂科学家精神为抓手,弘扬老一辈科学家艰苦奋斗、科学报国的优秀品质,培养树立新一代勤廉兼优的先进典型。各单位、各部门每年至少组织开展1次廉洁模范激励引领主题活动,切实把勤廉兼优的榜样力量转化为艰苦奋斗、一心为公的生动实践。

三、组织保障

各单位、各部门要担负起廉洁文化建设的政治责任,既要坚持从实际出发,反对形式主义,做到务实节俭,锲而不舍落实中央八项规定精神,也要坚持问题导向,深入分析存在问题的性质成因,有效推动系统治理解决。要积极探索创新,鼓励联合开展廉洁文化建设,及时总结推广有效做法经验。院纪检监察审计室负责协调推动,各单位、各部门负责具体落实,并根据工作需要配合做好调度总结。

某农业科研单位巡察工作实施办法

第一章　总则

第一条　为深入贯彻落实党的十九大及十九届历次全会精神，坚持和加强党的全面领导，落实全面从严治党战略部署，强化党内监督、政治监督，根据《中国共产党巡视工作条例》等有关规定，结合本单位实际，制定本实施办法。

第二条　院内巡察工作坚持以习近平新时代中国特色社会主义思想为指导，增强"四个意识"，坚定"四个自信"，坚决做到"两个维护"，坚持稳中求进工作总基调，以党的政治建设为统领，贯彻党中央"发现问题、形成震慑、推动改革、促进发展"的巡视工作方针，坚持院党组统一领导、分级负责，强化巡察工作主体责任，坚定不移深化政治巡察，推动全面从严治党向纵深发展，保障党的路线方针政策和上级党组织重大决策部署贯彻落实。

第三条　把握政治巡察职能定位，围绕党的政治建设、思想建设、组织建设、作风建设、纪律建设、制度建设和巩固发展反腐败斗争压倒性胜利，对院属单位党组织领导班子及其成员进行巡察监督。坚持围绕中心、服务大局，紧扣院党组职能责任，监督检查贯彻落实习近平新时代中国特色社会主义思想和上级党组织决策部署情况，紧盯被巡察单位党政"一把手"、领导班子和"关键少数"，聚焦落实政治责任，聚焦严明政治纪律和政治规矩，聚焦破除形式主义、官僚主义，聚焦党组织建设和选人用人问题，聚焦落实意识形态工作责任制，聚焦整治群众反映强烈的突出问题。加强对巡察整改和成果运用情况的监督检查。

院党组严格按照上级党组织要求承担院巡察工作主体责任，在巡察内容、方式方法、成果运用等方面与上级党组织巡视工作保持上下联动。

第二章　机构和人员

第四条　成立院党组巡察工作领导小组，院党组书记担任组长，院党组纪检组组长、机关党委书记担任副组长，其他成员由院人事处处长、纪检监察审计室主任、机关党委常务副书记组成。院党组巡察工作领导小组负责对院巡察工作的统筹指导，向院党组负责并报告工作。

第五条　院党组巡察工作领导小组下设办公室（以下简称院巡察办），作为院党组巡察工作领导小组日常办事机构，承担统筹协调、指导督导、服务保障职责。院巡察办设在院纪检监察审计室，纪检监察审计室主任兼任院巡察办主任。

第六条　设立巡察组，承担巡察任务，向院党组巡察工作领导小组负责并报告工作。根据工作需要，巡察组承担院党组交办的其他专项工作。巡察组实行组长负责制，由组长、副组长和工作人员组成。

第七条　巡察组人员应当具备下列条件：

（一）理想信念坚定，对党忠诚，在思想上政治上行动上同党中央保持高度一致；

（二）坚持原则，勇于担当，依法办事，公道正派，清正廉洁；

（三）遵守党的纪律，严守党的秘密；

（四）熟悉巡视巡察、党务纪检、组织人事、财务审计、科技管理工作和相关政策法规，有较强的发现问题、沟通协调、文字综合等能力；

（五）身体健康，能胜任工作要求。

第三章　工作方式和程序

第八条　坚持常规巡察与专项巡察、巡察"回头看"有效贯通、穿插使用。严格贯彻落实上级党组织巡视工作部署要求，聚焦科研院所主责主业，精准发现问题，纠正政治偏差。

第九条　巡察组依靠被巡察党组织开展工作，不干预被巡察单位正常工作，不履行执纪审查职责。

第十条　积极融合各方面监督力量，深入推进协同协作和共享共用，院本级职能部门根据巡察组工作需要，做好积极配合、支持协助和巡察准备有关工作。

第十一条　巡察组进驻被巡察单位后，召开进驻动员会，向被巡察党组织通报巡察任务。认真开展巡察了解工作，加强与被巡察单位党政"一把手"沟通，被巡察党组织要强化巡察准备工作。

第十二条　巡察工作结束后，巡察组形成巡察报告，向院党组巡察工作领导小组汇报。巡察报告按照院党组巡察工作领导小组审议意见修改完善后，由院巡察办会同巡察组向院党组汇报。同时，按照部巡视办要求，做好上报工作。做好问题底稿管理，严要求、高质量撰写巡察报告。

第十三条　根据上级党组织审议意见，经院党组同意后，巡察组应当及时向被巡察单位反馈意见。

第十四条　被巡察党组织收到巡察反馈意见后，必须认真整改落实，按照反馈意见要求，在规定时间内向院巡察办报送整改方案和整改报告。收到巡察反馈意见后，15个工作日内召开巡察整改专题民主生活会，并报送整改方案；6个月内报送整改进展情况报告。

第十五条　巡察组对巡察发现的问题和线索，按要求做好分类处置，根据干部管理权限和职责分工，分别移交院人事处、机关党委、纪检监察审计室等相关部门。

第十六条　压实院内巡察整改责任，健全工作机制，明确任务要求，把巡察整改和成果运用融入日常工作、融入深化改革、融入全面从严治党、融入班子队伍建设，充分发挥监督保障执行、促进完善发展作用。强化被巡察党组织的整改主体责任、院纪检部门和组织人事部门的整改监督责任、院本级职能部门对巡察成果的运用、院巡察机构巡察整改和成果运用的统筹督促责任等。

第四章　纪律和责任

第十七条　巡察组应当严格执行请示报告制度，对巡察中的重要情况和重大问题及时向院巡察办或院党组巡察工作领导小组请示报告。

第十八条　巡察工作人员应当严格遵守巡察工作纪律，牢固树立有重大问题应当发现而没有发现是失职、发现问题没有如实报告是渎职的观念，严禁以巡谋私、超越权限、跑风漏气等行为。对违反巡察工作纪律的要严肃追究责任。

第十九条　被巡察党组织领导班子及其成员应当自觉接受巡视监督，积极配合巡察组开展工作。被巡察党组织工作人员有责任向巡察组如实反映情况。严禁干扰阻挠巡察工作、诬告陷害他人、不落实巡察整改要求等行为。被巡察单位及其工作人员有上述情形的，视情节轻重对该单位领导班子主要负责同志或者其他有关责任人予以处理。

某农业科研单位巡察工作领导小组工作规则

第一章 总则

第一条 为规范院党组巡察工作领导小组（以下简称领导小组）工作，根据《中国共产党巡视工作条例》等有关规定，结合院党组巡察工作实际，制定本规则。

第二条 领导小组坚持以习近平新时代中国特色社会主义思想为指导，深入贯彻落实习近平总书记关于巡视工作重要论述，进一步增强"四个意识"，坚定"四个自信"，做到"两个维护"。全面贯彻巡视工作方针，精准落实政治巡察要求，按照院党组巡察工作部署，加强对院巡察工作的组织领导，发挥巡视巡察全面从严治党利剑作用，为全面推进乡村振兴、加快农业农村现代化提供坚强政治保障。

第二章 职责

第三条 领导小组在院党组领导下组织开展巡察监督，向院党组负责并报告工作。

领导小组由组长、副组长及成员组成。组长负责全面工作，副组长协助组长工作。

院党组书记担任组长，副组长由院纪检组组长、机关党委书记担任，成员由院人事处处长、纪检监察审计室主任和机关党委常务副书记担任。

第四条 领导小组的职责是：

（一）贯彻党中央决策部署、上级党组织有关决议决定和院党组任务安排；

（二）研究提出院党组巡察工作规划、年度计划和阶段任务安排；

（三）组织完成巡察全覆盖任务；

（四）审议每轮巡察对象名单，巡察组组长、副组长、成员人选以及任务分工；

（五）听取巡察组的巡察情况汇报；

（六）研究巡察成果的运用，对发现的问题线索、共性问题等进行分类处置，提出须由相关职能部门办理或整改的意见建议；

（七）向院党组报告巡察工作情况；

（八）强化对巡察组进行管理和监督，以及对巡察工作情况的组织检查；

（九）根据领导小组安排，领导小组成员部门有关负责同志参加巡察组的巡察进驻和反馈；

（十）研究处理巡察工作中的其他重要事项。

第五条　领导小组应当将下列事项及时报告院党组：

（一）巡察工作规划和任务安排；

（二）每轮巡察对象名单；

（三）每轮巡察综合情况；

（四）完成巡察全覆盖任务的综合情况；

（五）重大、敏感问题的专题报告；

（六）其他应当向院党组报告的事项。

第三章　会议制度

第六条　领导小组会议由组长召集和主持，会议时间和议题由组长确定，成员可以提出建议。根据需要确定有关列席人员。

领导小组会议由院党组巡察工作领导小组办公室（以下简称巡察办）负责印发通知。领导小组成员不能出席会议的，按程序请假。

第七条　领导小组按照民主集中制原则研究决定重大事项。

第八条　领导小组会议研究、审议下列事项：

（一）贯彻落实党中央决策部署、上级党组织关于巡视工作决议决定和院党组关于巡察工作任务安排的措施和意见；

（二）巡察工作规划和任务安排；

（三）巡察组提交的巡察报告；

（四）有关重要制度；

（五）需由领导小组会议研究的其他重要事项。

第九条　领导小组会议文件由巡察办主任批印。

第十条　领导小组会议应当形成纪要，经组长审核批准后，由巡察办印发。

第十一条　院党组书记在领导小组会议听取巡察情况汇报时的讲话（附会议原始记录复印件）和巡察情况汇报材料，按照规定要求及时向上级党组织巡视工作领导小组办公室报备。

某农业科研单位巡察工作领导小组
办公室工作规则

第一章　总则

第一条　为规范院党组巡察工作领导小组办公室（以下简称巡察办）工作，根据《中国共产党巡视工作条例》等有关规定，结合院党组巡察工作实际，制定本规则。

第二条　巡察办是巡察工作领导小组（以下简称领导小组）的日常办事机构，统筹、协调、指导巡察工作，向领导小组负责并报告工作。

第三条　巡察办坚持以习近平新时代中国特色社会主义思想为指导，深入贯彻落实习近平总书记关于巡视工作重要论述，进一步增强"四个意识"，坚定"四个自信"，做到"两个维护"，不断提高履职能力和工作水平，推动新时代院党组巡察工作高质量发展。

第二章　职责任务

第四条　传达贯彻党中央决策部署，上级党组织有关决议决定和领导小组要求，以及院党组有关任务安排和领导小组要求，向领导小组报告工作情况：

（一）及时传达党中央决策部署，上级党组织有关决议决定和领导小组要求，以及院党组有关任务安排和领导小组要求，研究贯彻落实的措施；

（二）向领导小组报告巡察工作的重要情况和重大问题；

（三）组织筹备领导小组会议，起草会议文件；

（四）起草呈报院党组的有关请示、报告；

（五）对院党组、领导小组决定的事项进行督办；

（六）办理领导小组交办的其他事项。

第五条　统筹推进院党组巡察工作：

（一）统筹落实巡察全覆盖；

（二）研究提出巡察工作规划和任务安排的建议；

（三）需要统筹的其他事项。

第六条　组织协调巡察工作：

（一）选配巡察组工作人员；

（二）协调指导巡察组做好巡察准备、进驻、了解、报告、反馈、移交等工作；

（三）协调院人事处、机关党委，以及院机关有关职能部门配合巡察组开展工作；

（四）需要协调的其他事项。

第七条　指导巡察组开展巡察工作：

（一）组织召开巡察工作动员部署会议；

（二）审核巡察组报送领导小组的巡察报告以及向被巡察党组织的反馈意见等材料；

（三）对巡察组移交、归档材料进行审核把关；

（四）加强巡察组之间的情况交流；

（五）需要指导的其他事项。

第八条　根据需要协调院机关相关职能部门对被巡察党组织报送的整改方案和整改情况报告进行审核，并对整改落实情况进行督促检查。

第九条　开展调查研究，总结经验做法，探索创新组织制度和方式方法，建立和完善巡察工作制度体系。推进巡察工作信息化建设。

第十条　会同有关职能部门建立协作机制，有效应对涉巡舆情。

第十一条　加强巡察队伍建设，动态管理巡察干部人才库，对巡察工作人员进行培训、考核、监督和管理，优化巡察工作队伍结构，提高巡察干部的素质和能力。

第三章　工作制度

第十二条　建立健全巡察办向领导小组请示报告工作制度，对重要工作安排、重要事项处理、重要制度制定等及时请示报告。

第十三条　规范巡察工作公文办理，严格审批程序。加强对领导批示件、信访件的登记、管理。加强印章管理，严格执行用印规定。

第十四条　认真落实安全保密工作岗位责任制，严格执行涉密文件、涉密计算机、涉密存储介质管理规定，定期配合开展安全保密检查。加强对巡察工作档案材料的统一管理。

第十五条　严格对巡察干部的教育、管理和监督，对存在苗头性问题的干部及时进行批评教育。

第四章　纪律与责任

第十六条　坚决贯彻党中央决策部署、上级党组织有关决议决定和领导小组要求，以及院党组有关任务安排和领导小组要求，严格遵守政治纪律、组织纪律、廉洁纪律、群众纪律、工作纪律和生活纪律。

第十七条　禁止在巡察工作中跑风漏气、以巡谋私、超越权限，不得有以下行为：

（一）擅自扩大有关文件和内部讲话、指示、批示的传达范围或者违规泄露有关内容；

（二）泄露有关巡察情况和问题线索，违反保密时限泄露巡察工作规划、计划、安排；

（三）在巡察干部的选配、监督、考核过程中营私舞弊；

（四）利用工作便利为本人或者特定关系人谋取利益；

（五）违反工作程序、超越权限；

（六）未经领导小组批准，擅自移交、提供巡察材料；

（七）私自留存涉密巡察材料；

（八）其他违规行为。

第十八条　对违反本规则的有关人员，根据情节轻重，给予批评教育、组织处理或者纪律处分。

某农业科研单位巡察组工作规则

第一章　总则

第一条　为规范院党组巡察组（以下简称巡察组）工作，根据《中国共产党巡视工作条例》等有关规定，结合院党组巡察工作实际，制定本规则。

第二条　巡察组在院党组巡察工作领导小组（以下简称领导小组）领导下，贯彻落实党中央关于巡视工作的决策部署，按照上级党组织部署要求和院党组任务安排，切实履行党内监督职责，承担巡察任务，向领导小组负责并报告工作。每轮巡察对象由院党组授权确定。

巡察的重点对象是院下属单位党组织和领导干部，特别是主要领导干部。深入了解被巡察党组织领导班子及其成员尊崇党章、坚持党的领导、加强党的建设和落实党的理论和路线方针政策情况，落实党中央"三农"决策部署、上级党组织中心工作和院党组任务安排等情况，落实全面从严治党主体责任和监督责任、执行党的纪律、落实中央八项规定精神、党风廉政建设和反腐败工作以及选人用人工作责任制情况。着力发现党的领导弱化、党的建设缺失、全面从严治党不力，党的观念淡漠、组织涣散、纪律松弛，管党治党宽松软等突出问题。

第三条　巡察组开展巡察工作，应当进一步增强"四个意识"，坚定"四个自信"，做到"两个维护，坚持实事求是、客观公正，发扬民主、依靠群众，围绕领导小组确定的年度巡察重点任务，深入开展政治监督，发现问题、形成震慑，推动改革、促进发展，为全面推进乡村振兴、加快农业农村现代化提供坚强政治保障。

第四条　巡察组应当严格按照党内法规规定的方式和权限，严格依纪依规开展巡察监督，依靠被巡察党组织开展工作，不干预被巡察单位的正常工作，不履行执纪审查职责。

第二章　人员组成与职责分工

第五条　巡察组由组长、副组长和工作人员组成。

巡察组组长、副组长实行一次一授权。巡察组内设联络员 1 名，原则上由科级及以上干部担任。工作人员主要从院党组巡察干部人才库中抽调，也可根据工作需要，从库外择优选派。

第六条　巡察组实行组长负责制，组长负责全面工作，主要职责是：

（一）主持巡察组日常工作，及时研究决策巡察中的有关重要事项，负责组织对有关重要情况进行了解；

（二）按规定及时向领导小组报告巡察中发现的重要情况和重大事项；

（三）签批报送领导小组的阶段性工作报告、巡察报告、专题报告、问题线索报告、谈话情况报告、反馈意见、移交审批表等巡察组工作文件；

（四）受领导小组委托，按照规定向被巡察党组织领导班子传达党中央和上级党组织对巡视工作、院党组对巡察工作的有关要求，反馈巡察意见等；

（五）严格巡察组日常管理制度，负责对组内人员的教育、管理和监督，提出人员调整、回避、考核、奖励的建议。

副组长协助组长工作，按照组长要求，组织开展有关工作。联络员协助组领导做好内外沟通和上下协调，组织落实组内具体工作任务，工作中应当严格程序、把握政策、讲究方法、协作配合。其他干部按照组领导指示和组内分工决定，按职责做好相关工作。

第七条　巡察组建立组务会制度，组务会由巡察组全体成员参加。

组务会由组长或者受委托的副组长主持召开，应当指定专人负责会议记录，根据组领导指示或者工作需要形成会议纪要。

组务会按照民主集中制原则研究讨论本规则第八条所列事项。存在分歧意见，经讨论仍不能达成一致时，由组长决定；但对重大问题存在分歧的，应当将不同意见以适当方式向领导小组或者巡察办反映。

第八条　巡察组组务会对下列事项进行集体研究：

（一）贯彻落实院党组、领导小组有关决策部署的具体措施、工作方案和有关工作安排；

（二）拟进行深入了解的重点问题和反映领导干部问题线索及具体方案，拟抽查核实领导干部报告个人有关事项情况的人员名单；

（三）拟向领导小组报告的事项；

（四）巡察报告和反馈意见等重要材料的起草修改，问题线索分类处理意见；

（五）组内人员管理方面的重要事项；

（六）需由组务会研究的其他事项。

组务会专项研究反映领导干部问题线索中的重要敏感问题，可以由组长决定参会人员范围。

第三章　工作程序与工作方式

第九条　巡察组开展巡察前，应当向院人事处、机关党委，以及院机关有关职能部门了解被巡察党组织领导班子及其成员的有关情况，重点了解涉及领导干部的重要问题线索，以及巡察中需要重点关注的问题，多渠道收集信息。

巡察组应当根据了解和收集的情况，研究制定工作方案，必要时可以制定突发事件应急预案。

第十条　巡察组进驻前，经组长同意，联络员应当与被巡察党组织及时充分沟通，协调、指导其按照有关要求做好材料准备、会议筹备、条件保障等进驻准备工作，根据需要准备巡察意见箱，开通专用电子信箱、邮政信箱、微信号或固定电话。进驻后，巡察组应当与被巡察党组织主要负责人沟通，就共同做好巡察工作交换意见，商请召开巡察工作动员会。

第十一条　巡察工作动员会由被巡察党组织主要负责人主持并作表态讲话，巡察组组长通报巡察任务和工作安排等，巡察组全体成员参加。

被巡察单位参会人员范围按照干部选拔任用工作管理制度中有关民主推荐参加人员范围的规定执行。

动员会上，巡察组应当公布巡察工作的监督范围、监督内容、时间安排以及巡察组联系方式、信访接待方式等情况。

第十二条　巡察组开展巡察工作，应当听取被巡察党组织的工作汇报和纪检、选人用人和干部人才队伍建设等工作专题汇报。根据需要，巡察组还可以听取其他工作的专题汇报。

第十三条　巡察组长应当指定专人负责受理反映问题的来信、来电、来访等，并严格按照有关规定进行处理。对属于巡察组受理范围的领导干部问题线索，应当认真研究，提出办理意见。对属于被巡察党组织受理的信访事项，应当及时移交被巡察党组织有关部门处理。

巡察组应当对来信、来电、来访逐一登记和记录。接待来访的巡察组工作人员一般不得少于二人。

巡察期间发生向巡察组反映情况的群体性上访，应当依靠被巡察党组织妥善处置。

第十四条　巡察组应当与被巡察党组织领导班子成员和其他干部群众进行个别谈话。巡察组可以约谈有关知情人等相关人员。个别谈话、约谈、询问应当严格政策界限，依规依纪进行。

谈话时，巡察组工作人员一般不得少于二人。特殊情况下需要与有关人员单独谈话的，须经组长批准。个别谈话、约谈、询问应当拟定谈话提纲，制作谈话记录。

第十五条　巡察组可以根据院人事处、纪检监察审计室、机关党委等部门的建议，提出抽查核实有关领导干部报告个人有关事项情况的名单；巡察期间，巡察组可以根据信访举报、谈话情况或者其他反映提出需抽查核实的增列人选。

抽查核实的建议人选和增列人选应当通过巡察办报领导小组领导批准。

第十六条　巡察组可以要求被巡察党组织的有关部门提供与巡察工作内容有关的文件、资料、财务账目、档案、会议记录等。

巡察组调阅或者复制重要资料，须经巡察组领导批准，并履行手续、专人保管、及时归还。

第十七条　巡察组可以商请被巡察党组织或者自行组织对有关问题召开听取意见座谈会，会议应当由巡察组组长或副组长主持。

召开座谈会应当将会议议题、内容要求等提前告知参会人员，指定专人负责会议记录。

第十八条　巡察组可以根据工作需要列席被巡察党组织召开的有关会议和领导班子民主生活会、述职述廉会议等。

巡察组工作人员列席上述会议时，不表态、不参与评议。

第十九条　巡察组可以对被巡察党组织领导班子及其成员进行民主测评，或者对有关问题开展问卷调查。

根据工作需要，巡察组可以对被巡察党组织选人用人等工作情况进行专项检查。

第二十条　巡察组可以选择到被巡察党组织下属的部门、企业、挂靠社会组织等了解情况。对重要情况或线索的了解，应当制定工作方案，经组领导批准后组织实施。

必要时，巡察组可以进行暗访。暗访应当经巡察组组长决定或者批准，并由巡察组工作人员二人以上进行。

第二十一条　对巡察中遇到的专业性较强或者特别重要问题的了解，根据需要可以通过被巡察单位或者巡察办提请有关职能部门、专业机构予以协助。

重要、敏感问题应当由巡察组工作人员对相关情况进行了解。对涉及的领导干部问题线索，应当严格保密，不得向有关单位和个人透露。

第二十二条　对确定的重点问题和重要问题线索，经巡察组组长同意后，可以成立专题小组，制定具体方案，在巡察权限范围内深入了解并形成相关情况报告，对有关问题线索应当严格按照标准提出分类建议。

第二十三条　巡察期间，有下列情况之一的，巡察组应当通过巡察办及时向领导小组请示报告：

（一）被巡察单位党政主要负责人以及其他领导班子成员严重妨碍、干扰、对抗巡察工作；

（二）被巡察单位党政主要负责人违反民主集中制原则，严重影响工作和领导班子建设的问题；

（三）关系群众切实利益、干部群众反映强烈、影响改革发展稳定大局的重大事项；

（四）被巡察单位、巡察组发生重大突发事件；

（五）巡察组认为应当及时请示报告的其他重要事项。

第二十四条　巡察了解工作结束后，巡察组应当撰写巡察报告等材料，将巡察情况向领导小组会议汇报。对党的领导、党的建设、全面从严治党、党风廉政建设和反腐败工作等方面存在重大问题的，应当形成专题报告。

巡察组应当根据领导小组会议精神，及时修改完善巡察报告。

第二十五条　院党组审议通过巡察情况报告后，经请示上级有关部门同意后，按照有关规定和程序向被巡察党组织主要负责人和领导班子反馈巡察意见。在向被巡察党组织领导班子反馈时，被巡察单位有关人员列席会议，列席人员范围原则上与巡察工作动员会一致。被巡察单位分管或联系的院领导、领导小组成员部门有关负责同志出席巡察反馈。

第二十六条　巡察反馈时，除院党组要求外，巡察组不与被巡察党组织主要负责人进行提醒或者诫勉谈话。

第二十七条　巡察组应当及时通过巡察办，将巡察发现的问题和线索，按照干部管理权限和有关规定，分别移交院人事处、纪检监察审计室、机关党委和院机关有关职能部门处理。对不涉嫌违规违纪的问题，巡察期间可以移交被巡察党组织立行立改。

巡察组组长、副组长、联络员应当履行好审核把关职责，具体承办人应当严谨细致，确保移交工作对象准确、内容完整、手续完备。

移交工作完成后，巡察组应当及时归档并向巡察办移交巡察档案。对没有归档的涉密文件和材料应当按规定销毁。归档完成后，巡察组不得留存涉密文件和材料。

巡察组应当指定专人负责移交和归档工作。

第二十八条　巡察组应当配合巡察办，根据需要会同相关职能部门对被巡察党组织报送的整改方案和整改情况报告认真审阅，提出意见。

第二十九条　巡察组应当加强与院派出的有关专项检查组的沟通联系，相互配合，形成监督合力。

第三十条　巡察组应当加强与巡察办的沟通和协作，共同做好巡察进驻、报告、反馈、移交、人员管理等方面工作。

第四章　内部管理与工作纪律

第三十一条　巡察组应当建立健全内部管理制度，严格落实主体责任、考勤请假制度、请示报告制度、谈心谈话制度、安全保密制度。

第三十二条　巡察组应当严格执行回避制度。巡察组工作人员在巡察工作中有下列情形之一的，应当及时报告巡察办或结合实际情况申请回避：

（一）配偶、直系亲属在被巡察单位任职或者工作的；

（二）与被巡察党组织领导班子成员有近亲属关系的；

（三）涉及本人利害关系的；

（四）被巡察单位为本人曾经工作单位，且离开不满五年的；

（五）其他可能影响公正履行职责的。

第三十三条　巡察组工作人员应当坚定理想信念，对党忠诚，严格遵守政治纪律、组织纪律、廉洁纪律、群众纪律、工作纪律、生活纪律，秉公办事、廉洁自律，谦虚谨慎、平等待人，勤勉敬业、勤俭节约，认真落实中央八项规定精神，自觉接受监督，树立良好的作风和形象。巡察组工作人员有下列情形之一的，视情节轻重，给予批评教育、组织处理或者纪律处分；涉嫌犯罪的，移送司法机关依法处理：

（一）对应当发现的重要问题没有发现的；

（二）不如实报告巡察情况，隐瞒、歪曲、捏造事实的；

（三）泄露巡察工作秘密的；

（四）工作中超越权限，造成不良后果的；

（五）利用巡察工作的便利谋取私利或者为他人谋取不正当利益的；

（六）有违反巡察工作纪律的其他行为的。

某农业科研单位内部审计工作规定

第一章　总则

第一条　为进一步加强院内部审计工作，建立健全内部审计制度，提升内部审计工作质量，充分发挥内部审计作用，保障科研事业健康发展，根据《中华人民共和国审计法》《中华人民共和国审计法实施条例》《审计署关于内部审计工作的规定》及上级有关法规制度，结合院实际情况，制定本规定。

第二条　本单位开展的所有内部审计工作，均适用于本规定。

第三条　本规定所称内部审计，是指对院本级及院属单位财务收支、经济活动、内部控制、风险管理实施独立、客观的监督、评价和建议，以促进单位完善治理、实现目标的活动。

第四条　院内部审计工作领导小组（以下简称内审领导小组），集中统一领导院内部审计工作。下设院内部审计工作领导小组办公室。

第五条　院党组、主要负责人应当定期听取内部审计工作汇报，加强对内部审计工作规划、年度审计计划、审计质量控制、问题整改和队伍建设等重要事项的管理。

第六条　内部审计工作领导小组办公室应当按照有关法律法规、内部审计职业规范和本规定，结合院实际情况，建立健全内部审计制度。

第七条　内部审计工作领导小组办公室和内部审计人员应当严格落实中央八项规定精神，自觉遵守审计法律法规、审计纪律、内部审计职业规范和本规定，廉洁自律，忠于职守，做到独立、客观、公正、保密。

内部审计工作领导小组办公室和内部审计人员不得参与可能影响独立、客观履行审计职责的工作。

第二章　内部审计机构和人员管理

第八条　内部审计工作领导小组办公室设在纪检监察审计室，承担领导小组具体工作。纪检监察审计室是院履行内部审计职责的内设机构。

第九条　纪检监察审计室应当在院党组、主要负责人的直接领导下开展内部审计工作，向其负责并报告工作。

第十条　内部审计人员应当具备从事审计工作所需要的专业能力。

纪检监察审计室负责人应当具备审计、会计、经济、法律或者管理等工作背景。纪检监察审计室负责人对内部审计质量控制负主要责任。

第十一条　内部审计人员应当遵守职业道德，提高业务素质。单位应当严格内部审计人员录用标准，支持和保障内部审计人员参加继续教育，提高职业胜任能力。

第十二条　纪检监察审计室应当根据工作需要，合理配备专职内部审计人员。同时，为加强院内部审计人才队伍建设，增强内部审计力量，提高审计质量，配备一定数量具备审计、会计、经济、科研、基建、资产以及法律等相关专业中级以上职称的业务骨干组建院内部审计人员专家库，并根据内部审计工作需要，从专家库中抽取专家组成审计组参加审计工作。

除涉密事项外，可以根据内部审计工作需要向社会购买审计服务，并对采用的审计结果负责。

第十三条　纪检监察审计室和内部审计人员对内部审计工作中知悉的国家秘密和商业秘密以及有关敏感信息负有保密的义务。

第十四条　单位应当保障纪检监察审计室和内部审计人员依法依规独立履行职责，任何单位和个人不得打击和报复。

第十五条　纪检监察审计室履行内部审计职责所需经费，应当列入院本级年度预算，并予以保证。

第十六条　对于忠于职守、坚持原则、认真履职、成绩显著的内部审计人员（含专家库人员），由所在单位按照有关规定予以表彰。

第三章　内部审计职责权限

第十七条　纪检监察审计室的主要审计职责是：

（一）开展院内部审计制度建设和内部审计质量控制；

（二）对院本级及院属单位贯彻落实国家重大政策措施情况进行审计；

（三）对院本级及院属单位发展规划、战略决策、重大措施以及年度业务计划执行情况进行审计；

（四）对院本级及院属单位财务收支、固定资产投资项目、内部控制、绩效以及重点领域风险防控等情况进行审计；

（五）对院属单位领导干部履行经济责任情况进行审计；

（六）配合审计署、农业农村部对内部审计工作的指导和监督；

（七）指导、督促落实审计发现问题的整改工作；

（八）加强院内部审计人员专家库的建设，积极组织内部审计人员参加业务培训，提高业务水平，充分发挥内部审计人员的作用，协同开展内部审计工作；

（九）组织开展其他内部审计工作。

第十八条　纪检监察审计室和内部审计人员应当有下列权限：

（一）参加院有关会议，召开与审计事项有关的会议；

（二）参与研究制定有关制度，提出制定内部审计制度的建议；

（三）要求被审计单位按时提供发展规划、战略决策、重大措施、内部控制、风险管理、财务收支等有关资料（含相关电子数据，下同），以及必要的计算机技术文档；

（四）检查有关财务收支、经济活动、内部控制、风险管理的资料、文件和现场勘查实物；

（五）检查有关计算机系统及其电子数据和资料；

（六）就审计事项中的有关问题，向有关单位和个人开展调查和询问，取得相关证明材料；

（七）对正在进行的严重违法违规、严重损失浪费行为及时向单位主要负责人报告，经同意作出临时制止决定；

（八）对可能转移、隐匿、篡改、毁弃会计凭证、会计报表、电子数据以及与经济活动有关的资料，经批准，有权予以暂时封存；

（九）提出纠正、处理违法违规行为的意见和改进管理、提高绩效的建议；

（十）对违法违规和造成损失浪费的被审计单位和人员，给予通报批评或者提出追究责任的建议；

（十一）对严格遵守财经法规、经济效益显著、贡献突出的被审计单位和个人，可以向单位党组织、主要负责人提出表彰建议。

第十九条　纪检监察审计室应当将内部审计结果和发现的重大违纪违法问题线索，向院党组、主要负责人报告，并及时向部计划财务司报告。

第四章　内部审计程序和质量控制

第二十条　纪检监察审计室实施内部审计的程序，应当依照内部审计职业规范和本规定，以及院相关规定执行，一般包括：

（一）编制年度审计计划，经院内部审计工作领导小组审议后，报院党组、主要负责人批准后实施；

（二）根据审计计划确定的审计事项组成审计组，并在审前组织了解被审计单位和审计事项有关情况；

（三）在实施审计 3 日前，向被审计单位下达审计通知书；

（四）审计组实施审计，并编写审计报告；

（五）将审计报告征求被审计单位意见（经济责任审计的，还应征求被审计领导干部意见）；

（六）组织审计组审核被审计单位（被审计领导干部）的意见并说明采纳情况，对审计报告进行修改完善后，报院内部审计工作领导小组审议，报院党组、主要负责人审定；

（七）向被审计单位（经济责任审计的，还向被审计领导干部）下达审计报告；

（八）指导、跟踪监督审计意见整改落实情况；

（九）及时将审计材料立卷归档。

第二十一条　纪检监察审计室应当指定审计组负责人（审计组组长）。审计组负责人对审计事项质量负主要责任。审计组、纪检监察审计室应当做好有关复核工作。

第二十二条　审计组应当注重与被审计单位的交流沟通，了解被审计单位经济和业务活动、内部控制和风险管理等情况，规范审计取证、资料获取等行为，加强信息分析，保证审计结果证据充分、描述完整、定性准确，及时揭示问题，有效防控风险。

第二十三条　被审计单位应当积极支持配合审计工作，及时、准确、完整地提供相关资料和数据，反馈有关情况，并提供必要的工作条件。

第二十四条　内部审计人员办理审计事项遇有下列情形，应当申请回避，被审计单位也有权申请内部审计人员回避：

（一）与被审计单位负责人或者有关主管人员有夫妻关系、直系血亲关系、三代以内旁系血亲或者近姻亲关系的；

（二）与被审计单位或者审计事项有经济利益关系的；

（三）与被审计单位、审计事项、被审计单位负责人或者有关主管人员有其他利害关系，可能影响公正执行公务的。

第五章　审计结果运用

第二十五条　单位应当建立健全审计发现问题整改机制。被审计单位主要负责人是审计发现问题整改的第一责任人。对审计发现的问题和提出的建议，被审计单位应当及时整改，并将整改结果书面告知纪检监察审计室。

第二十六条　单位对审计发现的典型性、普遍性、倾向性问题，应当认真分析研究，及时制定和完善相关管理制度，建立健全内部控制措施。

第二十七条　纪检监察审计室应当加强与纪检监察、巡视巡察、组织人事、财会监督等其他内部监督力量的协作配合，建立信息共享、结果共用、重要事项共同实施、问题整改问责共同落实等工作机制。

审计结果及整改情况应当作为考核、任免、奖惩干部，核定绩效、安排预算以及其他相关决策的重要依据。

第二十八条　单位对内部审计发现的重大违纪违法问题线索，应当按照管辖权限，依法依规及时移送纪检监察机关、司法机关。

第二十九条　纪检监察审计室在审计中，应当有效利用其他审计成果。对其他审计发现且已经纠正的问题不再在审计报告中反映。

第六章　责任追究

第三十条　被审计单位有下列情形之一的，由单位党组织、主要负责人责令改正，并对直接负责的主管人员和其他直接责任人员进行处理：

（一）拒绝接受或者不配合内部审计工作的；

（二）拒绝、拖延提供与内部审计事项有关的资料，或者提供资料不真实、不完整的；

（三）拒不纠正审计发现问题的；

（四）整改不力、屡审屡犯的；

（五）违反有关内部规定的其他情形。

第三十一条　纪检监察审计室和内部审计人员有下列情形之一的，由单位对直接负责的主管人员和其他直接责任人员进行处理；涉嫌犯罪的，移送司法机关依法追究刑事责任：

（一）未按有关法律法规、内部审计职业规范和本规定实施审计导致应当发现的问题未被发现并造成严重后果的；

（二）隐瞒审计查出的问题或者提供虚假审计报告的；

（三）泄露国家秘密或者商业秘密以及有关敏感信息的；

（四）利用职权牟取私利的；

（五）违反有关内部规定的其他情形。

第三十二条　内部审计人员因履行职责受到打击、报复、陷害的，单位党组织、主要负责人应当及时采取保护措施，并对相关责任人员进行处理；涉嫌犯罪的，移送司法机关依法追究刑事责任。

某农业科研单位内部审计工作规程

第一章　总则

第一条　为进一步规范院内部审计组织实施，提升内部审计工作质量，更好地服务于院中心工作的建设和发展，根据《审计署关于内部审计工作的规定》及上级有关规定，制定本规程。

第二条　本规程适用于院内部审计工作的组织实施。

第三条　内部审计坚持依法审计、文明审计、实事求是、客观公正的原则，及时揭示问题，有效防控风险，促进单位经济决策科学化、内部管理规范化、风险防控常态化。

第二章　组织领导

第四条　院内部审计工作领导小组（以下简称内审领导小组）集中统一领导院内部审计工作，领导小组办公室（设在纪检监察审计室）承担内审领导小组具体工作，纪检监察审计室是院履行内部审计职责的内设机构。

第五条　纪检监察审计室组织开展院内部审计工作，负责研究提出内部审计重要制度规定、改革方案、工作安排（计划）等；组织开展院内部审计工作；督促落实审计问题整改；加强院内部审计人员队伍建设；完成内审领导小组交办的其他工作任务等。

纪检监察审计室在院党组、主要负责人的直接领导下开展内部审计工作，向其负责并报告工作。

第六条　纪检监察审计室根据职责组织开展内部审计工作，主要包括领导干部经济责任审计、单位财务收支审计、内部控制审计、固定资产投资项目审计、绩效审计以及重点领域风险防控专项审计等。

第七条　纪检监察审计室应当加强各项内部审计任务之间的统筹协调，科学配置审计资源，创新审计组织管理方式，建立健全审计工作信息和结果共享机制，加强审计整改指导和监督，提高审计监督整体效能。

第三章　审计计划

第八条　纪检监察审计室应当编制年度内部审计计划，包括审计类型和数量、审计重点、所需经费及列支渠道等，所需经费列入本单位预算。

根据内部审计工作需要，纪检监察审计室可以按照政府采购、政府购买服务等有关规定，聘请具有相关资质的社会中介机构及专家提供审计服务。

第九条　纪检监察审计室应当于每年年初将年度内部审计计划报内审领导小组会审议，报院党组、主要负责人审定后实施，并按要求将年度内部审计计划抄送部领导小组办公室。

第十条　内部审计计划一经确定不得随意变更。年中确需调减或追加的，应当按程序报院党组、主要负责人批准后实施。

第十一条　纪检监察审计室应当根据经批准的年度内部审计计划，确定审计事项，组成审计组，制定审计方案。审计方案的内容应当包括审计对象的基本情况，实施审计的时间、范围、方式、审计重点和目标，审计组人员组成和工作安排等。

第四章　审计实施

第十二条　纪检监察审计室应当于实施审计前向被审计单位送达审计通知书（经济责任审计同时抄送被审计领导干部）。审计通知书的内容包括被审计对象，实施审计的时间、范围、审计内容，所需材料清单和审计组人员组成，以及被审计单位配合审计工作要求等。

经济责任审计应当召开由审计组成员、被审计领导干部、被审计单位领导班子成员及办公室、人事、财务、资产、基建、纪检等职能部门负责人参加的会议，宣读审计通知书，提出审计工作要求，明确审计工作纪律，安排审计工作事项，并按有关规定进行审前公示。

第十三条　审计组开展现场审计，应当检查被审计单位有关财务收支、经济活动、内部控制、风险管理的文件资料（含相关电子数据，下同），现场勘察实物，检查有关计算机系统及其电子数据和资料，开展调查和询问等，并对相关信息进行分析。被审计单位应当配合，并提供必要的工作条件。

审计组根据工作需要，可以在现场审计前要求被审计单位提供有关文件资料，以及必要的计算机技术文档，并开展相关审计工作。

第十四条　审计人员应当取得审计证据。审计证据应当具备客观性、相关性、充分性、合法性。审计证据的取得方法包括审核、观察、监盘、访谈、调查、函证、计算、分析程序等。

第十五条　审计人员应当编写审计取证单，包括项目名称、被审计单位、被审计调查事项、事实摘要、审计人员、审核人员、日期等。审计组将审计取证单送被审计单位核实确认。被审计单位应当在 5 个工作日内，对审计取证单内容进行研究和核实，经被审计单位主要负责同志签名（主要负责同志外出的，由其他有关负责同志签名）并逐页加盖公章后，反馈审计组，必要时可进行集体研究。对审计取证单内容无异议的，在相关栏目填写"情况属实"；需反馈有关意见的，如实填写有关意见，并附相关说明。

被审计单位对审计取证单内容提出异议的，审计组应当进一步核实。被审计单位未在 5 个工作日内反馈书面意见的，视同无异议，审计组应当记录相关情况。被审计单位或相关人员拒绝签字的，审计组应当予以注明。

第十六条　审计组应当组织审计人员编写审计工作底稿，记录审计程序的执行过程、获取的审计证据、作出的审计结论，并及时审核。审计工作底稿应当内容完整、记录清晰、结论明确，客观反映审计方案的编制及实施情况，以及与形成审计结论、意见和建议有关的所有重要事项。

第十七条　审计组完成审计任务后，应当将审计通知书、审计工作底稿、审计取证单、审计证据等资料整理立卷，交纪检监察审计室存档。

第十八条　经济责任审计、单位财务收支审计和内部控制审计的现场审计时间原则上控制在 10 个工作日以内，其他审计的现场审计时间根据实际情况确定。根据审计工作需要，审计组可以适当延长审计时间或者开展延伸审计。

第十九条　聘请社会中介机构提供审计服务的，纪检监察审计室应当督促指导社会中介机构按照上述规定做好审计实施工作。

第五章　审计报告

第二十条　审计组根据审计取证单、审计工作底稿等编制审计报告，并在结束现场审计后 10 个工作日内，提交纪检监察审计室。审计报告内容包括被审计单位或者审计事项基本情况、审计评价、审计问题和审计意见、被审计单位立行立改情况以及审计建议等。审计报告应当事实清楚、评价客观、责任明确、用词恰当、文字精练、通俗易懂。

第二十一条　审计评价应当有充分的审计证据支持，对审计中未涉及的事项不作评价。审计问题应当定性准确、描述清晰、依据适用。对其他审计发现且已经纠正的问题不再在审计报告中反映。审计意见和审计建议应当具有可操作性。

被审计单位在审计期间对审计问题的整改情况，应当在审计报告中一并反映。对于违规情节较轻、数额不大、性质不严重的问题，如审计期间被审计单位已整改到位，可不作为审计问题反映，但有关整改情况应在审计报告中反映。

第二十二条　纪检监察审计室对审计报告进行初审后，书面征求被审计单位意见（经济责任审计同时征求被审计领导干部意见）。被审计单位（被审计领导干部）应当在10个工作日内，对审计报告进行研究和核实，提出书面意见并加盖单位公章，反馈纪检监察审计室，必要时由领导班子进行集体研究。对审计报告如无异议，应分析问题成因并提出解决办法；有修改意见的，提出具体修改意见和主要理由。

被审计单位未在规定时限内反馈书面意见的，视同无异议，纪检监察审计室应当记录有关情况。

第二十三条　审计组对被审计单位或被审计领导干部反馈的书面意见进行研究和核实，对审计报告作出必要的修改后送纪检监察审计室审核。

第二十四条　纪检监察审计室结合被审计单位或者被审计领导干部提出的书面意见和审计组的核实情况，对审计报告进行审核并按程序报批。纪检监察审计室将审核后的审计报告报内审领导小组审议，报院党组、主要负责人审定。

第二十五条　纪检监察审计室根据审定结果，向被审计单位和被审计领导干部印送审计报告，明确整改时限和要求，并附审计问题整改清单。

第六章　审计整改和结果运用

第二十六条　审计过程中，被审计单位对审计组提出问题无异议，能够立即整改到位的，应当立行立改；无法立行立改的，应当制定整改计划，抓紧整改落实，有关情况及时告知审计组。

第二十七条　审计报告出具后，被审计单位应当对审计发现的问题和提出的建议进行认真分析研究，制定整改方案及整改清单，落实整改责任部门和责任人，在规定时限内（经济责任审计整改期限为90日）对审计发现的问题进行整改，并将审计整改方案、审计整改报告、审计问题整改清单和相关证明材料加盖单位公章后报送纪检监察审计室。审计整改方案、审计整改报告应经单位集体讨论研究。

第二十八条　纪检监察审计室应当建立审计问题整改台账，将审计发现的问题以及整改情况进行登记并分类处理。已整改到位的，销账处理；部分整改或者未进行整改的，跟踪督导。纪检监察审计室可以组织对被审计单位整改情况进行现场核查。

第二十九条　对审计问题较为突出、风险隐患较多，或者整改不重视、主观拖延、情节严重的单位，纪检监察审计室经批准可约谈相关领导和直接责任人。

第三十条　纪检监察审计室应当加强审计结果运用，将审计结果和整改情况与预算资金安排、绩效管理等工作挂钩；加强与纪检、巡视巡察、组织人事、财会监督等其他内部监督力量的协作配合，建立信息共享、结果共用、重要事项共同实施、问题整改问责共同落实等工作机制。

第三十一条　年度内部审计计划执行、审计问题整改等情况，纪检监察审计室应当报送内审领导小组审议，报院党组、主要负责人审定。

第三十二条　纪检监察审计室应当将审计计划、审计通知书、审计工作底稿、各种证明材料及调查记录（含电话记录、会议记录等）、审计报告、被审计单位整改报告等资料妥善保管，及时分类装订归档。

某农业科研单位审计问题整改清单管理办法

第一条 为切实加强院审计成果运用和审计发现问题的整改落实，进一步健全审计问题整改督促检查机制，严格维护财经法纪，树立审计的权威性，做好审计整改"下半篇文章"，根据《国务院关于加强审计工作的意见》（国发〔2014〕48号）及上级有关规定，制定本办法。

第二条 本办法所称审计问题整改清单，是指根据领导干部经济责任审计、单位财政财务收支审计、内部控制审计、固定资产投资项目审计、绩效审计以及重点领域风险防控专项审计等结果，对审计反映的问题及整改意见进行归集、分类整理形成的问题列表。

第三条 审计问题整改清单主要用于督促被审计单位认真落实审计整改意见，及时反馈审计问题整改情况，并作为院动态反映审计问题整改进展情况的基础信息。

第四条 审计问题整改清单应列明问题性质、具体问题、引用法规、整改意见、整改期限、整改责任部门及责任人、整改进程、部分完成或未整改到位的原因以及下一步整改措施和时间计划等内容。

第五条 有关审计报告正式出具或印发后，纪检监察审计室应根据审计报告反映的问题，编制《被审计单位审计问题整改清单》，随同审计报告发送被审计单位。

第六条 被审计单位自收到审计报告后，应在90日内向纪检监察审计室提交审计整改结果报告及审计问题整改清单。

第七条 纪检监察审计室定期对院各类审计问题进行综合汇总分析，对涉及有关职能部门在履行管理职能过程中存在的管理漏洞、工作疏忽，或制度不完善、监督履职不到位等现象，及时归集相应的审计问题，提出管理建议，按照职能分工分别编制《职能部门审计问题整改清单》并发送有关职能部门。

第八条 被审计单位、职能部门收到审计问题整改清单后，应在规定的整改期限内如实、完整地反馈整改情况，包括审计问题整改直接责任人、已采取的整改措施、整改进程等内容。

整改进程分为已整改、部分整改和未整改三种情况。其中，已整改是指已

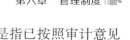

按照审计意见或管理建议对问题进行彻底纠正；部分整改是指已按照审计意见或管理建议制定或采取了相应的整改措施，但因涉及履行审批程序等因素在规定的整改期限内难以整改到位，需延长期限落实整改；未整改是指未按照审计意见或管理建议采取相应整改落实措施。

对部分整改和未整改的问题，被审计单位、职能部门应填报未整改到位的原因、下一步整改措施、整改计划及时限等内容。

第九条　纪检监察审计室依据审计问题整改清单，按单位设立审计问题整改台账，动态记录全部审计问题的整改进展情况。对已整改问题，实行立改立销；对尚未整改到位问题，在整改台账中予以明显标识，并定期向相关单位发送审计问题整改清单进行跟踪督促，直至相关问题彻底整改到位。

第十条　各单位的审计问题整改情况纳入本单位绩效管理。绩效管理年终评估时，纪检监察审计室组织开展有关审计整改意见落实情况回查。对审计问题整改台账中尚未整改到位的问题，纪检监察审计室将根据整改情况和部绩效管理有关规定，提出扣减相关单位当年绩效分的建议，按程序报批后实施。

第十一条　对拒绝整改、长期拖延不采取有效措施落实整改，或因整改落实不力导致违纪违规问题屡审屡犯，造成重大损失或不良影响的单位，纪检监察审计室要对单位主要负责人进行约谈，并视情况报告分管院领导，建议组织人事、纪检部门对单位主要负责人和有关人员进行追责问责。

某农业科研单位下属（院属）单位
主要领导干部经济责任审计规定

第一章　总则

第一条　为了坚持和加强党对审计工作的集中统一领导，强化对院属单位党政主要领导干部（以下简称领导干部）的管理监督，促进领导干部履职尽责，推进党风廉政建设，根据《中华人民共和国审计法》《党政主要领导干部和国有企事业单位主要领导人员经济责任审计规定》及上级有关规定，结合院实际，制定本规定。

第二条　本规定所称经济责任，是指领导干部在任职期间，对其管理单位贯彻执行党和国家以及农业农村部经济方针政策、决策部署，推动院科研事业发展，在管理公共资金、国有资产、国有资源，防控重大经济风险等有关经济活动中应当履行的职责。

第三条　领导干部经济责任审计对象包括：

（一）院属单位的党委正职领导干部和行政正职领导干部，或者主持工作1年以上（含）的副职领导干部；

（二）上级领导干部兼任院属单位正职领导职务且不实际履行经济责任时，实际分管日常工作的副职领导干部；

（三）院党组要求进行经济责任审计的其他主要领导干部。

第四条　领导干部履行经济责任的情况，应当依规依法接受审计监督。经济责任审计可以在领导干部任职期间进行，也可以在领导干部离任后进行，以任职期间审计为主。根据干部管理监督需要和内部审计资源等实际情况制定年度审计计划，推进领导干部履行经济责任情况审计全覆盖。

第五条　坚持党政同责、同责同审。除另有规定外，对同一单位党委和行政主要领导干部的经济责任审计，原则上同步组织实施，分别认定责任，分别出具审计报告。

第六条　组织实施领导干部经济责任审计的单位应当将审计所需经费列入本单位预算。

第二章　组织协调

第七条　院内部审计工作领导小组（以下简称内审领导小组）集中统一领导院经济责任审计工作。院内部审计工作领导小组下设办公室，承担院经济责任审计具体工作。院内部审计工作领导小组办公室设在纪检监察审计室，

第八条　领导干部经济责任审计，按照干部管理权限，实行分级负责。院属单位领导干部经济责任审计，由纪检监察审计室组织实施，并按要求向部领导小组办公室报送审计结果。

第九条　纪检监察审计室每年年初，会同院人事、财务部门，编制年度院属单位领导干部经济责任审计计划，报内审领导小组审议，报院党组、主要负责人审定后实施。年度审计计划一经确定不得随意变更。确需调减或追加的，应当按照程序报批准后实施。

第十条　纪检监察审计室应当加强经济责任审计与其他审计的统筹协调，科学配置审计资源，创新审计组织管理，建立健全审计工作信息和结果共享机制，提高审计监督整体效能。

第十一条　纪检监察审计室和内部审计人员依规依法独立实施经济责任审计，任何组织和个人不得拒绝、阻碍、干涉，不得打击报复内部审计人员。对有意设置障碍、推诿拖延的，应当进行批评和通报；造成恶劣影响的，应当严肃问责追责。

第十二条　纪检监察审计室和内部审计人员实施经济责任审计，应当严格遵守国家有关法律法规和审计纪律，做到客观公正、实事求是、廉洁奉公、保守秘密。

第三章　审计内容

第十三条　经济责任审计根据领导干部职责分工、履职要求以任职期间公共资金、国有资产、国有资源的管理、分配和使用为基础，重点检查领导干部权力运行和责任落实等情况。

对院属单位主要领导干部开展经济责任审计时，其任职期间管理的国有资产应包括单位所办企业的房产、土地、股权投资等。

第十四条　院属单位党组织主要领导干部经济责任审计的主要内容：

（一）贯彻执行党和国家以及农业农村部经济方针政策、决策部署情况；

（二）单位重要发展规划和政策措施的制定、执行和效果情况；

（三）重大经济事项的决策、执行和效果情况；

（四）财务管理、经济风险防范和生态环境保护情况；

（五）在经济活动中落实党风廉政建设第一责任人职责和遵守廉洁从政规定情况；

（六）以往审计发现问题的整改情况；

（七）其他需要审计的内容。

第十五条　院属单位行政主要领导干部经济责任审计的主要内容：

（一）贯彻执行党和国家以及农业农村部经济方针政策、决策部署情况；

（二）单位重要发展规划和政策措施的制定、执行和效果情况；

（三）重大经济事项的决策、执行和效果情况；

（四）财务管理和经济风险防范情况，生态文明建设项目、资金等管理使用和效益情况，以及在预算管理中执行机构编制管理规定情况；

（五）在经济活动中落实有关党风廉政建设责任和遵守廉洁从政规定情况；

（六）以往审计发现问题的整改情况；

（七）其他需要审计的内容。

第四章　审计实施

第十六条　纪检监察审计室应当根据经批准的年度审计计划，组成审计组实施审计。

第十七条　纪检监察审计室应当于实施审计工作3日前向被审计领导干部及其所在单位或原任职单位（以下统称所在单位）送达审计通知书。

第十八条　实施经济责任审计时，应当召开由审计组成员、被审计领导干部及其所在单位领导班子成员及办公室、科研、人事、财务、资产、基建、纪检等职能部门负责人参加的会议，宣读审计通知书，提出审计工作要求，明确审计工作纪律，安排审计工作有关事项。

审计组应当在被审计单位公示审计项目名称、审计纪律要求和举报电话等内容，接受群众监督。对群众反映的情况，审计组应当做好登记、整理和调查核实工作。

第十九条　经济责任审计过程中，审计组应当听取被审计领导干部所在单位领导班子成员的意见。听取院人事处、财务处、纪检等部门的意见，及时了解与被审计领导干部履行经济责任有关的考察考核、群众反映、巡视巡察反馈、组织约谈、函询调查、案件查处结果等情况。

第二十条　被审计领导干部及其所在单位应当配合审计工作，提供必要的工作条件，及时、准确、完整地提供与被审计领导干部履行经济责任相关的资料，包括：

（一）被审计领导干部经济责任履行情况报告；

（二）工作计划、工作总结、工作报告、会议记录、会议纪要、决议决定、请示、批示、目标责任书、经济合同、考核检查结果、业务档案、机构编制、规章制度、以往审计发现问题整改情况等资料；

（三）收支、财务收支相关资料；

（四）与履行职责相关的电子数据和必要的技术文档；

（五）审计所需的其他资料。

第二十一条　被审计领导干部及其所在单位应当对所提供资料和其他有关情况的真实性、完整性负责，并作出书面承诺。

第二十二条　审计组根据审计取证情况编写审计证明材料，交被审计单位确认。被审计单位应当自收到审计证明材料之日起 5 个工作日内进行确认并反馈书面意见；5 个工作日内未反馈书面意见的，视同无异议。

第五章　审计报告

第二十三条　审计组实施审计后，应当向纪检监察审计室提交审计报告。主要内容包括：

（一）基本情况，包括审计依据、实施审计的基本情况、被审计领导干部的任职与责任分工及所在单位的基本情况等；

（二）被审计领导干部履行经济责任的主要情况和总体评价；

（三）审计发现的主要问题和责任认定及处理意见；

（四）审计建议；

（五）其他需要反映的内容。

第二十四条　对被审计领导干部履行经济责任情况的评价应当客观公正、实事求是。审计评价应当有充分的审计证据支持，对审计中未涉及的事项不作评价。

对领导干部履行经济责任过程中存在的问题，应当按照权责一致原则，根据领导干部职责分工，综合考虑相关问题的历史背景、决策过程、性质、后果和领导干部实际所起的作用等情况，界定其应当承担的直接责任或者领导责任。

第二十五条　领导干部对履行经济责任过程中的下列行为应当承担直接责任：

（一）直接违反有关党内法规、法律法规、政策规定的；

（二）授意、指使、强令、纵容、包庇下属人员违反有关党内法规、法律法规、政策规定的；

（三）贯彻党和国家经济方针政策、决策部署不坚决不全面不到位，造成公共资金、国有资产、国有资源损失浪费，生态环境破坏，公共利益损害等后果的；

（四）未完成有关法律法规规章、政策措施、目标责任书等规定的领导干部作为第一责任人（负总责）事项，造成公共资金、国有资产、国有资源损失浪费，生态环境破坏，公共利益损害等后果的；

（五）未经民主决策程序或者民主决策时在多数人不同意的情况下，直接决定、批准、组织实施重大经济事项，造成所在单位公共资金、国有资产、国有资源损失浪费，生态环境破坏，公共利益损害等后果的；

（六）不履行或者不正确履行职责，对造成的后果起决定性作用的其他行为。

第二十六条　领导干部对履行经济责任过程中的下列行为应当承担领导责任：

（一）民主决策时，在多数人同意的情况下，决定、批准、组织实施重大经济事项，由于决策不当或者决策失误造成公共资金、国有资产、国有资源损失浪费，生态环境破坏，公共利益损害等后果的；

（二）违反单位内部管理规定造成所在单位公共资金、国有资产、国有资源损失浪费，生态环境破坏，公共利益损害等后果的；

（三）参与相关决策和工作时，没有发表明确的反对意见，相关决策和工作违反有关党内法规、法律法规、政策规定，或者造成所在单位公共资金、国有资产、国有资源损失浪费，生态环境破坏，公共利益损害等后果的；

（四）疏于监管，未及时发现和处理所在单位或者所属企业违反有关党内法规、法律法规、政策规定的问题，造成所在单位公共资金、国有资产、国有资源损失浪费，生态环境破坏，公共利益损害等后果的；

（五）除直接责任外，不履行或者不正确履行职责，对造成的后果应当承担责任的其他行为。

第二十七条　纪检监察审计室应当书面征求被审计领导干部及其所在单位对审计组审计报告的意见。

被审计领导干部及其所在单位应当自收到审计组审计报告之日起 10 个工作日内反馈书面意见；10 个工作日内未反馈书面意见的，视同无异议。

第二十八条　审计组应当针对被审计领导干部及其所在单位反馈的书面意见，进一步研究和核实，对审计报告作出必要的修改后，连同被审计领导干部及其所在单位的书面意见一并报送纪检监察审计室审核。纪检监察审计室结合被审计单位及被审计领导干部提出的书面意见和审计组的核实情况，对审计报告进行审核并按程序报批。

第二十九条　纪检监察审计室将审核后的审计报告报送内审领导小组审议，报院党组、主要负责人审定后，出具经济责任审计报告；同时出具经济责任审计结果报告，在经济责任审计报告的基础上，简要反映审计结果。

经济责任审计报告和经济责任审计结果报告应当事实清楚、评价客观、责任明确、用词恰当、文字精练、通俗易懂。

第三十条　纪检监察审计室将院属单位领导干部经济责任审计报告印送被审计领导干部及其所在单位，经济责任审计结果报告印送领导小组其他成员部门。

第三十一条　经济责任审计中发现的重大问题线索，纪检监察审计室按照规定向内审领导小组报告，向院党组、主要负责人报告。应当由组织人事、纪检监察等有关部门处理的问题线索，由纪检监察审计室依规依纪依法移送处理。

第三十二条　经济责任审计项目结束后，纪检监察审计室应当组织召开会议，向被审计领导干部及其所在单位领导班子成员等有关人员反馈审计结果和相关情况。内审领导小组有关成员部门根据工作需要可以派人参加。

第三十三条　被审计领导干部对出具的经济责任审计报告有异议的，可以自收到审计报告之日起 30 日内向纪检监察审计室申诉。纪检监察审计室应当组织复查，并要求原审计组人员等回避，自收到申诉之日起 90 日内提出复查意见，纪检监察审计室报内审领导小组审议，报院党组、主要负责人批准后，作出复查决定。复查决定为最终决定。

第六章　审计结果运用

第三十四条　纪检监察审计室应当按照规定以适当方式通报或者公告经济责任审计结果，对审计发现问题的整改情况进行监督检查。

第三十五条　内审领导小组成员部门应当在各自职责范围内运用审计结果：

（一）将审计结果以及整改情况，作为核定被审计领导干部所在单位绩效管理评分、相关预算安排的重要依据；

（二）根据干部管理权限，将审计结果以及整改情况作为考核、任免、奖惩被审计领导干部的重要参考；

（三）根据有关规定和干部管理权限，就审计发现的有关重大问题以及带有苗头性的违规违纪问题，对被审计领导干部和有关责任人进行审计谈话；

（四）对审计发现的问题作出进一步处理，包括依规依纪依法受理问题线索、查处违纪违法行为等；

（五）加强审计发现问题整改落实情况的指导、监督检查；

（六）对审计发现的典型性、普遍性、倾向性问题和提出的审计建议及时进行研究，将其作为采取有关措施、完善有关制度规定的重要参考。

审计结果运用情况，内审领导小组有关成员单位应当以适当方式及时反馈纪检监察审计室。

第三十六条　被审计领导干部及其所在单位根据审计结果，应当采取以下整改措施：

（一）对审计发现的问题，在规定期限内整改到位，并将整改结果书面报送纪检监察审计室；

（二）根据审计发现的问题，落实有关责任人员的责任，采取相应的处理措施；

（三）根据审计建议，采取措施，健全制度，加强管理；

（四）将审计结果以及整改情况作为领导班子民主生活会以及领导班子成员述责述廉的重要内容。

第三十七条　经济责任审计结果报告以及审计整改报告应当归入被审计领导干部本人档案。

某农业科研单位关于加强科研
经费管理使用监督的意见

为进一步加强科研经费管理使用的监督，提高科研经费使用效益，确保资金安全，根据国家有关财经法规和本单位财务管理办法，特作如下禁止性规定：

一、禁止编制虚假预算套取国家资金。

二、禁止申请科研经费提供虚假配套资金承诺。

三、禁止违反规定自行调整科研经费预算。

四、禁止以虚假发票等形式套取科研经费。

五、禁止不以实际发生的经济业务为依据报账。

六、禁止签订虚假合同转移科研经费。

七、禁止列支不应由本课题承担的费用挤占课题经费。

八、禁止使用科研经费支付罚款、捐款、赞助、投资、娱乐活动等。

九、禁止使用科研经费报销私人消费支出。

十、禁止违反规定发放劳务费、绩效奖励、专家咨询费、津贴补贴等。

十一、禁止以他人名义领取劳务费、绩效奖励、专家咨询费、津贴补贴等。

十二、禁止科研经费脱离依托单位及财务部门监管。

十三、禁止科研试剂、材料、耗材的采购、验收、使用由同一部门（研究室）办理。

十四、禁止课题结题后不按规定及时进行财务结算，长期挂账报销费用。

十五、禁止提供虚假科研成果和虚假会计资料。

十六、禁止违反国家和有关部门的其他规定。

违反上述规定的，视具体情况对课题依托单位和相关责任人实行限期整改、警告、通报批评等处理；构成违纪的，给予相关单位和人员纪律处分；构成犯罪的，依法移送司法机关追究刑事责任。

第七章　实践案例

　　本章中提供的实践案例涉及多个方面，包括但不限于以下几点。一是提供经验和启示。这些案例可以为相关领域的从业者提供宝贵的经验和启示，帮助他们更好地理解和应对类似问题。二是推动领域发展。这些案例可以为某个领域的发展提供推动力，帮助人们发现新的机遇和挑战点，推动创新和进步。三是帮助决策。这些案例可以为决策者提供参考和借鉴，帮助他们制定更优秀的政策和方案。四是引起关注和争议。其中一些案例可能具有一定的争议性，能够引起人们对相关领域的关注和探讨。本章汇总梳理了有关农业科研单位纪检、巡察、审计等相关工作 10 个方面的实践案例。

积极主动作为、强化协调联动，纪检工作助力推进国有资产高效利用

一、主要做法及成效

某农业科研单位与某市人民政府签订合作协议，共同在该市建设科研试验基地，共建有科研实验室近 2600 米^2 和玻璃温室近 3500 米^2、薄膜大棚 2600 米^2，配有 300 余台（套）科研设备。该基地是该农业科研单位开展岭南特色农业、生态恢复与资源可持续利用、科技服务与农技培训的重要节点，是完善我国热带南亚热带农业科技成果转化与服务平台条件建设的重要举措，也是助推粤港澳大湾区热带南亚热带作物产业可持续发展的重要规划布局。

该农业科研单位的院属单位某研究所，位于广东省广州市，承担该基地建设运营管理的具体任务。该基地位于广东省某市某乡镇的偏远茶场，距离市城区还有 55 千米，位置偏僻，公共交通不便，该研究所的工作人员往返基地经济成本非常高；该研究所缺少运行经费，基地各项日常支出没有稳定的经费保障，加之自身编制较少，在编职工人数较少，还承担着其他基地建设任务，人力资源严重不足；仪器设备不成系统、部分设备老旧无法使用、多次搬家导致仪器设备精准度降低，设备采购到位时原申请采购人已经离职等，导致仪器设备使用困难较多。由于以上种种原因，该科研基地建成后使用率较低，运行面临较大困难。

该研究所的上级单位纪检组织，即该农业科研单位院纪检组，根据院工作部署安排，了解到基地相关情况后，为了确保资产设施设备及时高效使用，决定将监督工作做在前面。纪检组组长先后分别召集院本级办公室、财务处、资产处、纪检监察审计室等职能部门负责人开展专题研究，并带队到基地进行实地调研，深入了解设施设备使用情况、存在困难等。调研后向同级党组和同级分管院领导提交了《关于提高某某科研试验基地运行效率的建议》，对利用好现有资源、保障基地设施设备高效利用提出了督导意见。

该研究所将贯彻执行上级单位意见和要求作为履行全面从严治党主体责任

和监督责任重要任务，第一时间开展了研究和工作部署。研究所党总支书记作为主体责任第一责任人，亲自牵头制定形成《关于推动某某科研试验基地有效运转的实施方案》，明确基地的功能定位和发展目标；整合单位力量，成立了以书记为组长的基地领导小组，安排一名班子副职分管，并通过人员岗位调动、招聘编制内外工作人员的方式，组建了基地科研、管理团队；从极为紧张的公用经费中列支基地运行经费，在人、财、物等方面提供有效保障。

同时，院纪检组还不定期通过线上线下、会议谈话等方式跟进督促基地运转工作，并协调院本级财务处、资产处等职能部门积极争取运行经费、支持做好国有资产的处置、提升工作，极大地促进了基地各项设施、设备的有效使用。该研究所克服距离较远、交通不便等困难，分管领导每周在基地工作 2 ~ 3 天，党总支书记经常到基地检查工作，纪检小组督促和支持基地各项工作措施落实；新招聘 5 名工作人员安排在基地长期工作，安排一辆公车专门用于基地开展业务，确保了基地的正常运转。

在协同联动工作机制的推进下，该科研试验基地运行取得了较好成果，运行体系初步健全，形成了 11 人的科研和管理团队；整合现有科研仪器资源，以 2 台大型仪器为核心，通过"优化、提升、处置"等措施，请专业团队校准了仪器设备；邀请专家现场授课，组织人员到兄弟单位先后进行培训学习，培养了能够掌握仪器设备操作的实验团队，提高了农业相关检验检测的业务能力；利用基地科研设施，先后承办了有关国家农业科技园区农业技术培训班，为地方农业人才培养提供了助力，开展了甘薯、木薯、牛大力薯等作物健康种子种苗繁育、绿色高效栽培等领域科学研究及试验推广工作，有效利用科研楼、玻璃温室建立了甘薯组培实验室和炼苗车间，并以该基地为平台，服务广东省某乡镇撂荒地复耕复种工作，拓宽了农民致富增收渠道，还联合当地农业龙头企业，申请并入库 2023 年广东省乡村振兴战略专项省级甘薯种业创新园项目，为推进农业产业振兴贡献力量。

二、启示

国有资产资源来之不易，是全国人民的共同财富。国有资产属于国家所有即全民所有，人民既是国有资产的所有者，也是国有资产的受益者，还是国有资产管理的参与者、监督者。财会监督具有专业优势，能够及时挖出深层次、隐形变异问题，不仅是发现"四风"及腐败问题的一把"利剑"，也是防止小问题变大的重要一环。发挥财会监督与纪检监察监督贯通协调优势，紧盯政府采购、"三公"经费、固定资产、专项资金管理使用等重点领域开展驻点监督、专项监督、联审联查等，能有效发现虚报冒领、乱发钱物、挪用公款甚至贪污公款等违规违纪违法问题。

该科研单位纪检组注重发挥主动监督、"贴身"监督优势，未雨绸缪、提前作为，通过提出意见建议、持续跟踪、推进落实，不断提升监督效能；以"解决问题、推进发展"为目标，组织协调有关业务职能部门与院属单位共同研究问题、提出办法、督促落实，实现了上下联动，促进了全院国有资产的高效利用，确保农业科研资产在乡村振兴事业中发挥应有的价值。

贯通运用纪律、巡察、审计监督，
着力解决整改"最后一公里"问题

一、主要做法及成效

党的十九大以来，某农业科研单位党组全面压实整改责任，把巡察整改和成果运用融入日常工作，构建纪律、巡察、审计监督贯通融合的监督体制和运行机制，并将院内巡察工作职责调整到院本级纪检监察审计室，由院纪检组直接领导，深化纪律、巡察、审计监督等统筹衔接，推动形成巡察整改的监督合力。

院内巡察工作坚持以党的政治建设为统领，贯彻"发现问题、形成震慑、推动改革、促进发展"的工作方针，坚持院党组统一领导、分级负责，强化巡察工作主体责任，坚定不移深化政治巡察，推动全面从严治党向纵深发展。认真把握政治巡察职能定位，围绕党的政治建设、思想建设、组织建设、作风建设、纪律建设、制度建设和巩固发展反腐败斗争压倒性胜利，对院属单位党组织领导班子及其成员进行巡察监督。紧盯被巡察单位党政"一把手"、领导班子和"关键少数"，聚焦落实政治责任，聚焦严明政治纪律和政治规矩，聚焦破除形式主义、官僚主义，聚焦党组织建设和选人用人问题，聚焦落实意识形态工作责任制，聚焦整治群众反映强烈的突出问题。加强对巡察整改和成果运用情况的监督检查，健全工作机制，明确任务要求，把巡察整改和成果运用融入日常工作、融入深化改革、融入全面从严治党、融入班子队伍建设，充分发挥监督保障执行、促进完善发展作用。强化被巡察党组织的整改主体责任、院纪检部门和组织人事部门的整改监督责任、院本级职能部门对巡察成果的运用、院巡察机构巡察整改和成果运用的统筹督促责任等。

近年来，该院巡察办协同巡察组开展了巡察整改方案及报告审核、整改情况谈话调研、职工满意度测评，发现有的院属单位制定的整改方案泛泛而谈、不易操作，有的整改就事论事、不够彻底。在院党组、巡察工作领导小组部署要求下，巡察办对院属单位巡察反馈的问题，有效发挥统筹跟进和汇总分析作用，协同巡察组对院内巡察发现问题及整改情况全面梳理，系统建立整改台账和数据库，发现个别单位问题整改还未销号清零、整改成效不够明显，比如，某单位干部队伍年龄老化和某驻粤单位职工落户难问题迟迟未有效解决。

院纪检组、巡察工作领导小组通过分析研判，把 2021 年作为"整改落实年"，强化专项监督检查，综合运用听取汇报、调研督导、现场检查、谈话提醒等方式开展日常监督，发现有的院属单位党委没有压紧压实整改主体责任；有的纪委督促整改不够深入及时；有的班子成员"一岗双责"落实不到位，对分管领域涉及巡察、审计发现的问题整改抓得不细；有的单位没有建立整改常态化、长效化机制，且审计整改报告中提出的问题仍然存在；有的院本级职能部门没有推动解决巡察发现的共性问题和行业领域的深层次问题。

院纪检组组长、巡察工作领导小组副组长带队到院属单位和院本级职能部门开展日常监督，一体推进纪律监督、巡察监督、审计监督整改落实，主持召开多场重点工作督促会，并针对巡察、审计等发现的问题，逐一听取整改进展，逐条提出指导意见，面对面进行关于落实主体责任、监督专责、"一岗双责"和行业职责的提醒教育，督办解决了有的院属单位整改不彻底问题。比如，3 名能干事、懂经营、业务精的年轻干部先后进入某院属单位班子成员，促进了该单位领导干部队伍年轻化、专业化；该院驻粤某院属单位领导班子与地方政府部门沟通协调近 10 次，大力解决了职工落户难问题，有效稳定了人才队伍。

此外，根据监督了解情况，院纪检组、巡察工作领导小组还组织院本级有关职能部门专题会商，部署安排了全院重点科研项目和工程建设领域完成竣工验收项目"回头看"专项监督检查，推进开展了全院干部队伍年轻化和优秀年轻干部队伍建设专题调研，督导有关职能部门结合上级党组巡视反馈的问题，对其中提到的审计方面未完成整改情况多为院所办企业历史遗留问题，开展了专项治理清理。

二、启示

推动纪律、巡视、审计监督等统筹衔接，强化结果运用，提升监督效能，推进各类监督统筹衔接，不是各项监督简单叠加，而是在坚守各自监督职责前提下，实现监督职责的再强化、监督力量的再融合、监督效果的再提升，必须聚焦重点环节，不断放大叠加效应，压实整改责任，加强形势研判。巡视发现问题的目的是解决问题，发现问题不解决，比不巡视的效果还坏，做好巡视

"后半篇文章"关键要在整改上发力。巡察是巡视向基层的延伸和拓展，巡察效果好不好、震慑作用强不强，关键看整改。整改到位没到位，事关全面从严治党主体责任是否有效落实、事关职工群众是否真正体会到获得感，事关巡察的严肃性和公信力。对巡察反馈的问题，不高度重视不行。只高度重视，不积极推动也不行。既高度重视、又积极整改，整改不到位还是不行。在整改过程中，高度重视、积极推动、整改到位，三者缺一不可。

该农业科研单位党组着眼监督体制改革并推动构建监督体系，院纪检组着力认真履行监督专责，紧盯"关键少数"，通过落实好整改监督责任，推动巡察整改监督贯通融合，督促有关职能部门结合行业职责加强巡察整改日常监督，推动解决巡察发现的共性问题，不断实现在贯通融合中提升监督治理效能，发挥监督保障执行、促进完善发展作用。

聚焦主责主业，创新工作思路，加强监督成果运用，部署共性问题整改

一、主要做法及成效

为深入贯彻党的二十大和二十届中央纪委二次全会精神，以及审计工作有关重要论述和会议精神，加强巡视巡察及审计整改和成果运用，强化震慑作用和标本兼治，某农业科研单位党组部署院纪检组、巡察工作领导小组、内部审计工作领导小组系统梳理了党的十九大以来院内巡察发现的 10 条共性问题和内部审计发现的共性问题 20 条。

总体来看，巡察发现的 10 条共性问题紧密结合院内巡察反馈问题和院机关职能部门日常工作发现问题，围绕"四个落实"（贯彻落实党的路线方针政策和党中央重大决策部署情况、落实全面从严治党主体责任和监督责任情况、落实新时代党的组织路线情况、落实巡视审计等整改和成果运用情况）系统分析总结，紧盯科研院所主责主业和核心职能履行情况，紧盯党政"一把手"和领导班子队伍建设，紧盯干部职工反映强烈的问题，全面梳理、一并整改，要求对于反复出现的共性问题、深层问题，着重从制度机制上解决，要求把发现问题、推动整改、促进改革、完善制度等贯通起来，从根本上、长远上解决问题。同时，内部审计发现的 20 条共性问题主要聚焦重大科研项目、基本建设项目和修缮购置项目等专项经费，重点关注"三公"经费、政府采购、物资采购、资产处置、科研副产品管理、成果转化等重点风险领域，对反复出现的问题，深入剖析，从根本上解决问题，形成发现问题、整改落实、完善制度的工作闭环。

通过进一步了解发现，在该农业科学院党组部署要求下，院纪检组、巡察工作领导小组贯通运用纪律监督、巡察监督、审计监督和政治监督、日常监督、专项监督，大力推进巡察监督与其他监督协作配合，主要做法如下：一是聚焦主责主业，深化政治巡察，通过坚持问题导向，查找政治偏差，高质量完成了院属单位巡察全覆盖，认真听取情况报告，及时开展意见反馈，扎实推进

整改落实；二是加强队伍建设，提升巡察质效，建立完善了巡察干部人才库，邀请中国纪检监察学院、省委巡视办专家现场授课，协调院本级职能部门和院内具有巡视巡察经验的工作人员辅导交流；三是深入总结经验，明晰工作思路，认真落实上级党组巡视办要求，向中央巡视办呈报了典型案例；四是完善制度体系，提升巡察质效，制修订《巡察工作实施办法》《巡察工作领导小组、领导小组办公室、巡察组 3 项工作规则》《巡察工作 8 项规程图》《加强巡察整改和成果运用 7 项规程图》等多项制度，促进形成较为完整的巡察监督制度体系。

与此同时，院内部审计工作领导小组办公室认真落实院党组部署要求，坚持把讲政治贯穿审计工作始终，聚焦主责主业，立足经济责任审计，联合纪检和巡察力量，共同开展监督检查，有效形成监督合力，切实提高审计质效，主要做法如下：一是突出审计计划龙头作用，坚持审计"一盘棋"思想，持续强化审计项目的统筹协调和全过程质量管控；二是不断加大审计监督力度，持续拓展审计监督的广度和深度，消除监督盲区；三是整合审计资源，建立内部审计专家库，采取"以审代训"方式，抽调人才库成员参加审计项目，发挥内部审计人员专业性强、熟悉单位内控节点的优势；四是审中协作配合，积极利用社会资源联合开展审计，相互学习、不断创新和优化经济责任审计的工作方式方法，有效提升经济责任审计质效；五是统筹推动审计整改，切实做好审计"后半篇文章"，通过实地核查整改成效，督促落实审计发现问题整改，推动堵漏洞、优管理，切实维护财政资金安全；六是加强信息互通和成果共用，将审计成果供纪检、巡察等工作运用，形成信息共享机制，形成系统性、区域性警示提醒作用。

二、启示

纪检监察监督、巡视巡察监督与审计监督都是推进国家治理体系和治理能力现代化的重要力量，肩负着坚定捍卫"两个确立"、坚决做到"两个维护"的重大政治责任，在保障党中央重大决策部署落地落实等方面发挥着重要作用。实践中，纪检监察机关要积极拓展纪检监察监督、巡视巡察监督同审计监督贯通融合、协调协同的有效路径，充分运用审计监督成果，坚决查处政治问题和经济问题交织的腐败，坚决查处权力集中、资金密集、资源富集领域的腐败，坚决查处群众身边的"蝇贪蚁腐"。推动纪检监察监督、巡视巡察监督、审计监督的相互贯通、有效衔接，既是完善监督体系的内在要求，也是深入推进反腐败斗争的形势需要，能够督促对社会治理中的突出问题及时进行整改，有利于推进国家治理体系和治理能力现代化。

该农业科研单位全面压紧压实院属单位党组织、纪检组织和院本级职能部门整改责任，切实把巡察整改和成果运用融入日常工作、融入深化改革、融入全面从严治党、融入班子队伍建设，有效发挥巡视巡察推动改革、促进发展的作用，还要求全院针对内部审计发现的共性问题开展自查，并举一反三，深入查找风险隐患，分析原因，采取有效措施防范风险，建立长效机制，进一步提高财政资金使用效益，促进廉政建设、保障单位科研事业健康发展。

强化责任落实，
扎实推动全面从严治党高质量发展

一、某农业科研所主要做法及成效

一是围绕上级决策部署抓好监督。围绕科技扶贫和乡村振兴贯彻落实情况开展监督，纪委书记每年深入内设机构部门全覆盖开展调研座谈，深入联系点开展提醒督促整改，定点服务的乡村荣获海南省"科技扶贫示范村"，牵头的热区石漠化山地绿色农业科技创新联盟被认定为"首批国家农业科技创新联盟标杆联盟"，相关工作案例入选"2012—2022 年科协系统优秀工作案例"。围绕贯彻落实制止餐饮浪费有关重要指示批示精神开展监督，对"三公经费"使用情况和制度执行情况进行自查，指导开展"浪费可耻、节约光荣"主题书画摄影展。围绕单位重点任务落实情况开展监督，对进度慢的部门和负责人督促整改，推动本单位在全院发展实力的综合评价中荣获第一名。

二是围绕推进落实全面从严治党责任抓好监督。协助推动本单位党委落实全面从严治党主体责任，组织制定年度全面从严治党工作计划并督促推动工作落实。纪委书记对拟上党委会和所务会的相关重点领域、重大项目议题，会前专门审阅议题材料，监督程序是否规范，会中监督与会成员贯彻落实民主集中制，会后跟踪重大决策落实。纪委书记督促领导班子成员压实"一岗双责"，与"一把手"保持每月必谈心谈话，做好工作汇报和请示交流，提醒落实"第一责任人"职责。坚持履行协助职责和监督责任有机结合，督促落实"一主体四联系"党建机制推动党委全面从严治党主体责任落实，本单位在职党支部标准化建设全部达标，其中 2 个党支部获海南省直机关"标准化党支部示范点"，1 个党支部获海南省直机关"先进基层党组织"，1 个党支部党建与业务融合案例首次获海南省"椰树杯"优秀奖。

三是围绕推进党风廉政建设抓好监督。持续开展重点领域监督检查，对重大项目执行和基本科研业务费使用效能、基建项目、物资采购、出国出境、委托科研测试、所办企业经营等重点领域开展监督检查"回头看"，对科研副产品处置、所外基地运行管理、在职人员开办企业情况开展专项检查。强化警示教育提醒，按规定对检查发现的不符合财务报销规定人员和监管不到位的业务经办人员分别开展提醒谈话，并对制度执行不力的职能部门进行通报批评。对提拔干部、新进人员、企业兼职人员、职能部门负责人、挂职借调及调离等干部等开展廉政提醒谈话。畅通本单位党委、纪委、基层党支部三级信访举报渠道，公布举报电话等联系方式，专门设立"纪委信箱"。

二、启示

党的十八大以来，以习近平同志为核心的党中央牢牢抓住管党治党责任这个"牛鼻子"，明确了党风廉政建设党委主体责任和纪委监督责任，随着实践发展进一步提出全面从严治党"两个责任"和管党治党"两个责任"，责任内涵不断拓展，管党治党不断深化。在前期夯基垒台、立柱架梁，建立责任体系基础上，落实"两个责任"更加突出高质量发展，管党治党不仅是各级党组织的分内之事、应尽之责，而且必须高质量种好"责任田"，把党建设好建设强成为党员领导干部的思想共识；更加突出完善和落实全面从严治党主体责任制度，健全明责、履责、督责、问责环环相扣的责任链条，责任落实的制度化规范化水平不断提升；更加突出精准规范问责，既防止问责不力，又防止问责泛化简单化，有效激发了党员干部履职尽责、担当作为；更加突出系统集成、协同高效，推动"两个责任"贯通协同，各级党委、纪委在一体推进"三不腐"上同题共答、同向发力，管党治党系统性、协同性、实效性进一步增强。

以该农业科研所为例，其纪检组织立足监督职责，积极推动所党委全面从严治党主体责任落实，通过会前、会中、会后全程监督和跟进监督，形成监督工作闭环，持续发挥"近距离"监督优势，督促规范党委会议，增强监督领导班子执行民主集中制的自觉性和班子成员工作责任感。

抓好制度建设，建立长效机制，确保常态长效

一、某农业科研所主要做法及成效

一是强化政治定力，突出政治引领。把严抓政治建设摆在首位，坚持理论学习常态化、制度化，规范化，通过不间断、多形式的学习，引导党员干部把遵守党的政治纪律和政治规矩刻在脑里、落实到实际工作中。督促制定《意识形态工作责任制实施细则》，把打牢意识形态阵地作为解决职工思想问题、确保政治方向的重要法宝。

二是强化"一岗双责"，推动责任落实。纪委书记对党委委员开展集体廉政谈话，强化党风廉政建设的责任。建立完善分级监督体系，形成纪委、职能处室和党支部为主体的监督体系。制定《纪检工作要点》《纪检重点工作分解表》和《纪检组织监督责任清单》，使管党治党的压力层层传导到每个环节，落实到每个领域。

三是强化制度建设，提升监督实效。以制度建设为抓手，督促各部门健全工作机制和制度，促进规范管理。不断完善党内议事决策机制，强化集体领导主体意识，实行"三重一大"同决策、同部署、同监督。健全制度管理体系，修订业务规程，编制修订《内部控制规程》和《廉政风险防控手册》，确保覆盖到业务工作各领域，强化对各项权力的制约和监督。

四是强化日常监督，提升履职能力。协助开展党委集体谈话，对坚持民主集中制、严肃党内政治生活情况进行监督，对党员遵守党章党规、践行党的宗旨情况进行监督，对干部选拔任用情况进行监督。坚持开展干部任前、转岗、挂职等廉政提醒谈话，督促制定《干部职工谈心谈话制度》。

五是强化作风建设，构筑廉洁防线。通过调查问卷、访谈、专题座谈等形式，全面调研并排查形式主义、官僚主义等方面的突出问题，制定整改措施。严格落实中央八项规定及实施细则精神，对违规公款吃喝、违规配备使用公务车、办公用房超标使用以及会风文风等问题进行自查清理。

六是强化廉洁教育，聚焦主责主业。创新警示教育工作方法，结合科研院

所特色，制作《莫让科研经费当福利》动漫视频。持续开展"五个一"活动，即讲一堂廉洁主题党课、开展一次警示教育基地参观学习、开辟纪言纪语专栏、开展一次党章党规知识竞赛、开一次廉洁主题组织生活会。组织观看警示教育片，通报近年来科研管理方面的腐败案件，教育引导年轻干部进一步守牢纪律底线。督促制修订《科研人员廉洁负面清单》《科研人员学术道德自律规范》《科研诚信管理办法》。

七是强化监督整改，紧盯重点领域。紧盯上级巡察反馈的本单位问题和具体整改事项，督促整改工作与业务工作结合起来，形成长效机制。开展对科研项目的监督检查，对单位承担的国家、省部级重点项目进行自查和绩效自评，形成重点科研项目专项监督检查自查整改专题报告，推动制定项目管理和经费管理文件。

二、启示

党的十八大以来，以习近平同志为核心的党中央把制度建设贯穿新时代党的建设各方面，完善党内法规制定体制，全方位、立体式推进党内法规制度建设，形成以党章为根本，以民主集中制为核心，以党的组织法规、党的领导法规、党的自身建设法规、党的监督保障法规为框架的党内法规体系，全面实现落实党的领导有制可循、从严管党治党有规可依。从修订《中国共产党纪律处分条例》到审议通过《关于新形势下党内政治生活的若干准则》，从实施《中华人民共和国监察法》到印发《关于加强对"一把手"和领导班子监督的意见》等，近年来是党的历史上制度成果最丰硕、制度笼子最严密、制度执行最严格的时期，坚持依规治党、加强自我革命制度建设已成为"中国共产党之治"的独特密码。

以该农业科研所为例，其纪检组织坚持把制度建设贯穿到各项监督工作，针对监督的薄弱点和空白点，不断扎紧制度笼子，建立健全长效机制，促进本单位干部职工统一思想、统一意志、统一行动，为落实上级工作部署、服务单位发展提供了强大支撑保障。

压实工作责任，提升整改质效，深化成果运用

一、某农业科研所主要做法及成效

一是贯彻落实上级决策部署，不断加强政治监督。及时传达学习党中央精神、上级决策部署和监督执纪工作规则等法规制度，组织党支部书记、内设机构与所办企业负责人认真学习上级党组织关于加强党风廉政建设相关规定。协助所党委组织召开全面从严治党工作会议，与所党委共同部署主题教育专题民主生活会整改落实方案，督促制定所"十四五"发展规划和所办企业清理等专项工作。有效监督脱贫攻坚和乡村振兴贯彻落实情况，2021年所办企业荣获"海南省脱贫攻坚先进集体"。

二是深入落实中央八项规定精神，持续纠正"四风"问题。持续抓好中央八项规定精神的贯彻落实，组织学习《廉政准则》等规章制度，修订《公务车辆管理办法》及公务接待补充通知等，在重要时间节点发送廉政提醒信息，及时通报违反中央八项规定精神典型问题，强化震慑和警示作用。完成修订科技人员廉洁负面清单并组织学习，定期对公务接待进行监督检查。

三是做实重点监督和日常监督，有效防范廉政风险。加强对重大决策部署落实情况监督，对"三重一大"事项进行过程监督。组织对各职能处室、所办企业负责人履职情况监督，并通过查阅材料、调研谈话等方式，对科研领域物资采购、委托科研测试、科研副产品处置、科研经费使用管理等关键环节开展监督。制定《工作责任落实监督检查工作办法》，督促院所重点工作和日常工作的推进落实，该研究所在2022年获批首批全国科学家精神教育基地，通过"海南省文明单位"复评。强化集体廉政谈话和日常提醒谈话，党委书记和纪委书记每年共同组织集体廉政谈话1~2次。

四是压实发现问题整改责任，不断促进完善发展。推进上级纪检组织对本单位纪律监督检查时发现问题的整改落实，督促所党委召开党委会议，部署整改任务、听取工作推进情况汇报和协调解决相关困难，按要求完成47项整改任务。高度重视院内巡察整改工作，督促制定巡察整改工作方案，及时召开巡

察整改专题民主生活会，细化 31 项整改任务并制订 68 项具体整改措施。

五是持续推进廉洁文化建设，营造风清气正氛围。完成廉政文化墙和党员活动阵地增加廉政标语的建设，在单位网页开设党风廉政建设网络宣传板块，及时宣传党中央和上级党组织关于党风廉政建设部署要求，多渠道多方式开展反腐倡廉宣传教育。把党风廉政建设责任制落实情况纳入各部门考核指标，层层压紧压实责任，实行年终考核一票否决制。

二、启示

巡视巡察发现问题的目的是解决问题，发现问题不解决，比不巡视的效果还坏。发现问题是巡视巡察工作的生命线，推动解决问题是巡视巡察工作的落脚点。对待巡视巡察整改的态度，直接检验对党忠诚不忠诚、"四个意识"强不强。要把巡视巡察整改作为一项严肃的政治任务、政治责任，高度负责尽责、抓紧抓实抓好，确保巡察反馈意见真正落实落地。巡视巡察整改是压力，更是动力，要提高政治站位和政治觉悟，把压力转化为内生动力，把解决发现的问题作为推动工作的抓手，坚决防止前紧后松、虎头蛇尾，防止搞选择性整改甚至边改边犯、改了又犯，防止"新官不理旧账"、报假账等，以实际行动践行"四个意识"，进一步推动巡视巡察工作在堵塞漏洞、源头治理、推动改革、促进发展上取得实实在在的成效。

以该农业科研所为例，其纪检组织能够积极担负起督促上级巡察整改的监督责任，重点对被整改责任落实、工作推进和取得效果开展监督检查，确保巡察整改不留盲区、不打折扣，促进最大限度地发挥以巡促改、以巡促建、促巡促治作用。特别是，科技是农业发展的重要驱动力，乡村产业振兴离不开科技创新支撑。科技创新能有效推动农业科技人才向农业领域集聚，培养新型农村经营主体，提高农村人才源泉供给，促进完善农村治理体系，推动乡村治理能力现代化。

不断加强廉洁文化建设，夯实清正廉洁思想根基

一、某农业科研所主要做法及成效

一是围绕落实上级决策部署，推进政治监督具体化、常态化。检查督促党员干部深入学习贯彻习近平新时代中国特色社会主义思想、党的二十大精神、十九届中央纪委历次全会和二十届中央纪委二次、三次全会精神，组织开展理论中心组"守纪律、讲规矩"专题学习讨论，把传达上级会议精神，列入党支部年度量化考核星级评定的内容当中，以考核促落实，以激励促担当。

二是围绕落实上级决策部署，做好专项督查工作。做好制止餐饮浪费行为监督检查，所纪委成立检查小组，制定《节约粮食制止餐饮浪费行动方案》，组织开展"我是党员我带头，节约粮食从我做起"的承诺践诺活动。做好重点领域风险防控监督，对工程建设、科研项目管理、物资采购等重点领域制度建设和执行等方面存在的问题及整改情况进行督查，结合上级巡视巡察、审计等反馈问题，梳理排查风险点，制订整改方案并提出整改措施。做好科技扶贫监督，成立专项工作小组，由党委书记和纪委书记担任组长和副组长，召开专项督导会议，系统梳理科技扶贫情况，并到 3 个定点扶贫村现场检查现场办公。

三是做实做细监督执纪，强化推进"三不腐"。实行纪委书记廉政谈话制度，做到"三必谈"，即外出借调、挂职干部必谈，干部提拔任用前必谈，重点岗位负责人必谈。对政府采购和物资采购进行监督检查，线上平台采购量逐年上升。督促各科技成果转化部门安装使用微信付款码和农行 e 管家，做到销售科技产品及时入所财务账户。高度重视每一封信访举报件，纪委书记亲自部署逐件开展核实。突出年轻干部"重点多数"，召开党委理论学习中心组扩大会议和青年理论学习小组党课对年轻干部进行警示教育。

四是推进廉洁文化建设，营造风清气正氛围。把廉洁文化建设作为推进党风廉政建设和反腐败工作的重要内容，每年开展 1 期以"六廉"（举办一次廉政文化展，组织一次外出参观廉政基地，上一堂廉政党课，观看一部警示教育

片，开展一次集体廉政谈话，制定一个廉政制度）为主要内容的纪律教育学习月活动。不断完善本单位廉洁文化建设工作体系，通过制作廉洁教育视频等方式，加大党章党规党纪和国家法律法规宣传、违规违纪违法典型案例警示的力度，教育引导党员干部严格家教家风，自觉遵守法律法规，牢固树立规矩纪律意识。修订完善《科研人员廉洁负面清单》，引导党员干部增强"底线""红线"意识，把握好公私界限、处理好"亲""清"关系。

二、启示

党的十八大以来，党中央高度重视廉政教育和廉洁文化建设，并将其纳入全面从严治党战略布局，在制度治党、依规治党的同时更加注重思想建党。2022年1月，中共中央办公厅印发《关于加强新时代廉洁文化建设的意见》，党中央高度重视廉洁文化建设，强调反对腐败，建设廉洁政治，这也是我们党一贯坚持的鲜明政治立场，是党自我革命必须长期抓好的重大政治任务。加强廉洁文化建设是治国理政的重要任务，也是全面从严治党的必然要求，更是一项经常性、基础性、长期性工程，需要将其纳入党风廉政建设和反腐败工作布局进行谋划，久久为功深入开展，下大力气探索创新，精心组织严密实施。各级党组织、纪检组织必须提高政治站位，深刻认识到加强新时代廉洁文化建设是着眼于新时代推进党的自我革命、保持党的先进性和纯洁性作出的顶层设计和重大部署，是推进全面从严治党向纵深发展、增强领导干部拒腐防变能力的免疫工程，是巩固长期执政地位、始终赢得人民衷心拥护、永葆"赶考"清醒的重大举措，是巩固发展反腐败斗争压倒性胜利的重要保障。

以该农业科研所为例，其纪检组织深入挖掘老一辈科研人员"不图名、不图利、吃苦在前、甘于奉献"等廉洁自律观，激励全所干部职工传承老一辈优良传统，把勤廉兼优的榜样力量转化为艰苦奋斗的生动实践，通过开展廉洁文化主题活动，教育引导党员干部和科技工作者夯实清正廉洁的思想根基，获得了一大批丰富多彩的廉洁文化实践成果，有助于积极营造风清气正、守正创新的科研工作环境。

从严从实加强队伍建设，纵深推进正风肃纪反腐

一、某农业科研所主要做法及成效

一是强化政治意识，加强政治监督。积极发挥所纪委"近距离、全天候、常态化"的监督作用，通过所务会和党委会履行政治监督职责，加强对贯彻落实习近平总书记关于打造国家热带农业科学中心、建设"南繁硅谷"的指示精神和科技支撑乡村振兴等重大决策部署的监督检查，持续推动海南三亚研究院、广西研究院、海南热带农业资源研究院和乡村振兴示范点建设等具体工作落实见效，推进政治监督具体化、精准化、常态化。

二是聚焦主责主业，加强重点领域监督。根据上级纪检组织对重点领域风险防控的部署要求，成立重点领域风险防控自查工作领导小组，所长、书记共同担任组长，进一步强化组织领导、工作部署和责任担当。认真落实"月研究、季调度"学习会商制度，先后调度设备基建类物资采购管理、科研创收、创新文化建设、经济合同履约、科研副产品管理等方面工作，对存在的风险点和薄弱环节提出改进建议并监督落实。委托第三方专业机构对合同管理、国有资产管理、预算管理、收入管理、科研项目管理等方面内部控制制度设计和执行情况进行"体检"，及时弥补漏洞、防范风险。加大对乡村振兴、科技扶贫领域支持和监督力度，召开督办督查会议，开展扶贫领域监督检查，建立6个乡村振兴联系点。

三是营造良好科研氛围，强化日常监督。开通信访举报平台，通过专门人员、邮箱、电话等接收干部职工反映的问题线索，强化日常监督执纪，连续四年未收到信访举报线索问题反映。开展人才引进、职称评审、岗位聘用等监督，督促排除风险点，严格按照规定程序开展各项工作，保障公平公正。用好监督执纪"四种形态"，抓住红脸出汗这个关键，对新进人员、轮岗干部、提拔干部、外出访学等干部职工开展一对一谈心谈话，做到警钟长鸣，防患于未然。积极营造廉政文化氛围，建设廉政文化教育阵地和廉政文化长廊，印发科研领域负面清单"十个不得"。

　　四是健全工作机制，推动各项监督落到实处。坚持党建引领，督促印发《党员积分管理办法》，开展党支部工作督导，切实发挥党员干部先锋模范作用和基层党组织战斗堡垒作用。延伸纪检工作触点，在以研究室和管理部门为单元成立的 8 个党支部分别设立纪律检查委员，推动纪检工作下沉，培养储备纪检干部。构建联动工作体系，根据所内人事变动，及时调整所纪委委员和分工，形成所党委统一领导、所纪委专责监督、纪委委员联系支部的上下贯通式纪检工作体系。

二、启示

　　纪检监察机关是推进全面从严治党的重要力量，使命光荣、责任重大，必须忠诚于党、勇挑重担，敢打硬仗、善于斗争，在攻坚战持久战中始终冲锋在最前面，纪检监察干部要从严管理，对系统内的腐败分子要从严惩治，坚决防治"灯下黑"。纪检监察干部监督机构必须坚持以习近平新时代中国特色社会主义思想为指导，时刻保持永远在路上、永远吹冲锋号的清醒和坚定，深入贯彻落实党的二十大精神和二十届中央纪委二次、三次全会精神，结合开展纪检监察干部队伍教育整顿，强化教育、纯洁思想，刀刃向己、纯洁组织，压实责任、健全机制，着力破解干部队伍建设难题，锻造忠诚干净担当的纪检监察铁军。

　　以该农业科研所为例，其纪检组织在 8 个党支部分别设立纪律检查委员，安排具有专业知识的人员在纪检监察岗位，促进纪检工作与科研工作互通互助，特别是构建所党委领导下的"所纪委委员＋办公室廉政监督员＋支部纪检委员"上下贯通式监督体系，促进做到有令则行、有禁则止，让上行下达、下行上达路径更通畅。

加强廉政警示教育，筑牢拒腐防变思想防线

一、某农业科研所主要做法及成效

一是强化政治监督，提升监督效能。认真落实党风廉政建设责任制，督促推动所党委每年制定《领导班子成员党风廉政建设责任分工》《党风廉政建设目标责任》，将党风廉政建设工作任务列入所班子成员、管理办公室年度重点工作任务，考核结果与绩效工资挂钩。抓好科技扶贫和乡村振兴监督，将其纳入纪委重点工作，召开会议研究部署，积极开展项目检查，督促工作按时完成。

二是强化重点领域监督，严防违规违纪问题发生。深化重点领域风险防控检查，对所办企业清理、重大项目执行、开发创收合同清理、基建项目招投标管理、验收监督检查、财务经费管理、制止餐饮浪费等多个方面开展自查自纠，并组织开展职工亲属开办企业、产品销售、公务用车、出差补助、劳务外包服务、物资采购等多次专项检查，督促相关部门完成问题整改。

三是强化廉政教育，筑牢廉洁自律防线。加强日常廉政教育，连续两年每周组织编发1期《廉政教育信息》，通过"法纪导学""以案明纪"等栏目，刊登有关中央八项规定及其实施细则精神和涉密管理等法纪规定及违规违纪案例，将廉政教育抓在日常、抓早抓小，每年定期组织开展"党风廉政活动月"活动，以学廉、讲廉、谈廉、育廉、醒廉、警廉、践廉为主题开展"七个一"活动，形成本单位廉政教育工作特色内容。

四是强化制度建设，规范监督执纪行为。制定印发《纪委工作规则》《党内谈话制度》《诫勉约话工作办法》《受理群众举报工作流程》《监督检查工作办法》等系列制度，修订完善《廉政风险防控手册》《科研人员负责清单》，规范开展问题线索处置工作，坚决把权力关进制度的笼子。

五是强化整改监督，提升整改成效。抓好审计发现问题的整改监督，组织对历年长期挂账债权债务进行清理，查找问题原因，落实整改措施。抓好专项检查问题的整改监督，制定《风险防控专项检查问题整改落实方案》《专项监

督检查整改落实"回头看"责任分工清单》，对未及时完成整改的问题明确责任领导、责任部门和整改期限。

二、启示

加强廉政教育是党风廉政建设的基础性工作，是党员干部拒腐防变的思想保证，深刻认识廉政教育的重要意义，充分发挥其作用，关系到党员干部廉洁从政、党风廉政建设的总体成效，对于提高党员干部拒腐防变能力有着重大意义。以树立马克思主义世界观为根本，以艰苦奋斗、廉洁奉公为主题，以更好地做到立党为公、执政为民为目标，立足于教育，着眼于防范，这是党风廉政建设工作的出发点和根本着眼点。虽然教育手段不一定具有立竿见影的效果，但可以通过长期过程，对人们的思想、行为产生潜移默化的影响。廉政教育对于提高广大党员干部的思想道德素质和拒腐防变能力，在全党全社会形成反对和遏制腐败、倡导廉洁勤政起到了积极的推动作用，尤其是对党员干部树立正确的人生观、价值观、权力观、利益观和政绩观起着不可忽视的作用，促使其自觉端正从政行为，抵御和防止腐败。

以该农业科研院所为例，其纪检组织坚持每周编印 1 期《廉政教育信息》，及时转发通报有关违规违纪违法案例，将廉政教育学在日常、抓在经常、贯穿平常，让纪律规矩时刻言犹在耳，有助于引导党员干部自觉做到心中有戒、言行合规。此外，党的十八大以来，从中央出台八项规定、印发《党政机关厉行节约反对浪费条例》，到各地落实各项节约措施，杜绝公款浪费现象，再到开展"光盘行动"等，大力整治浪费之风，"舌尖上的浪费"现象有所改观，厉行节约、反对浪费逐渐成为全党全社会的共识和行动。

做实做细日常监督，多措并举提升监督质效

一、某农业科研所主要做法及成效

一是加强制度建设，防范廉政风险。针对工作中存在的薄弱环节和突出问题，所纪委进一步组织梳理业务流程，深入排查找全廉政风险点，加强重点岗位和关键环节的制度建设，同时督促研究所有关职能部门加强内控制度建设，制定印发《编制外人员薪酬管理实施方案》《科研人员廉政负面清单》《房屋资产出租使用管理办法》《宿舍类房屋资产内部使用管理办法》《住房调整办法（试行）》《科研副产品管理暂行办法》《宣传报道管理办法（试行）》《后勤岗位管理及服务费发放办法（修订）》《聘用退休人员管理办法》等制度，规范房产资源、科研副产品等各项管理工作。

二是加强警示教育，筑牢拒腐防线。组织观看廉政教育片，通过一个个鲜活的贪腐案例，揭露贪腐人员因错误的价值观、权力观而一步步滑向堕落深渊的心路历程，进一步增强干部职工政治意识、规矩意识、纪律意识。强化廉洁文化建设，充分利用实验楼走廊过道墙面开展廉洁文化宣传教育，培育清正廉洁的价值理念。强化对所领导班子、管理部门负责人、科研团队负责人等开展教育提醒，加强重大节假日的节前廉洁提醒。

三是强化日常监督，严肃执纪问责。制定《日常监督工作实施细则》，明确政治监督、日常言行监督、会议监督、勤政廉政监督的主要内容和具体方式，针对近年来问题比较集中的大操大办婚丧喜庆活动和酒后不当言行等，进一步详细做出规范要求。实行廉政谈话制度，围绕"谁来谈、何时谈、谈什么、怎么谈"四个关键点，做到"三必谈"，即外出挂职或借调干部必谈，拟推荐党总支和支部委员推荐人选必谈，对关键岗位、重点部门负责人必谈。注重风险点的监督与防范，对重点资金使用（基建项目、物资采购、重大项目实施等）、人才招聘、职称评审等强化日常监督，督促对涉及的反馈意见及时组织复核并做好沟通解释工作。

四是提升监督执纪能力水平，从严从实强化自身建设。加强学习调研，提

高执纪能力。纪委书记带队到其他兄弟单位学习交流纪检工作，组织纪检干部集中学习《习近平关于坚持和完善党和国家监督体系论述摘编》等重要论著和制度文件。注重自身能力提升培训，全覆盖要求纪检干部参加上级组织的党务纪检业务培训，提高纪检干部把握政策、解决问题、做好思想政治工作等业务能力。

二、启示

监督关键是要及时发现问题、纠正偏差，重在"常""长"二字。监督是纪检监察机关的基本职责、第一职责，无论纪委还是监委，监督职责都处于基础性地位，要坚持不懈探索强化监督职能，特别是把日常监督实实在在地做起来、做到位，敢于监督、善于监督、规范监督。各级纪检组织都要坚守监督专责，强化日常监督，努力把日常监督做细做实，使监督常在、形成常态。要紧紧围绕监督这个基本职责、第一职责，定位向监督聚焦，责任向监督压实，力量向监督倾斜。要推动监督下沉、监督落地，监督于问题未发之时，使监督规范化、常态化，以有力有效日常监督促进各项政策落实落地。要结合日常监督持续推动政治监督具体化、精准化、常态化，聚焦群众反映强烈的突出问题，紧盯关键领域和重要岗位、重要环节、重点对象，找准点题监督切入点，持续整治群众身边腐败和作风问题，坚持不懈探索强化监督职能，把日常监督实实在在地做到位。

第八章　工作启示

　　通过梳理他人的做法得到启示是一种有效的学习和成长方式，可以帮助我们快速获取知识和经验，避免走弯路，提高效率和效果。这种方法的核心在于从他人的经验中吸取教训，并将其应用到实践中。本章中收录的工作启示涉及多个方面，包括但不限于以下几点。一是仔细阅读有关目的和目标，更好地理解其核心内容，并从中找到有启发意义的信息。二是关注有关结构和重点，更好地把握工作思路和方法，从中获取经验和启发。三是注意观察有关本质和趋势，这对于决策和实践非常重要。四是提出问题和思考，保持批判性思维，主动提出问题和思考，多从不同的角度审视问题，形成新的见解和解决方案。通过上述方法，我们可以从他人的做法中得到启发，不只限于理论学习，更重要的是将其应用于实践中，通过实践来检验和完善这些知识和经验，从而实现个人和组织的持续成长和发展。本章汇总梳理了有关农业科研单位纪检、巡察、审计等相关工作16个方面的工作启示。

中央党的建设工作领导小组召开
会议研究部署党纪学习教育工作

中央党的建设工作领导小组 2024 年 4 月 3 日召开会议，学习贯彻习近平总书记关于党纪学习教育的重要讲话和重要指示精神，听取党纪学习教育准备工作情况汇报，研究部署党纪学习教育工作。

会议指出，经党中央同意，自 2024 年 4 月至 7 月在全党开展党纪学习教育。这次党纪学习教育，是加强党的纪律建设、推动全面从严治党向纵深发展的重要举措。党中央高度重视，习近平总书记多次就开展党纪学习教育发表重要讲话、作出重要指示，为开展党纪学习教育提供了重要遵循。2024 年 4 月，中共中央办公厅印发《关于在全党开展党纪学习教育的通知》。我们要深入学习贯彻习近平总书记的重要讲话和重要指示精神，落实这一通知要求，深刻领悟"两个确立"的决定性意义，坚决做到"两个维护"，切实把思想和行动统一到党中央决策部署上来。

会议强调，要进一步深化对加强党的纪律建设重要性和忽视党纪、违反党纪问题危害性的认识，推动各级党组织和领导班子从严抓好党的纪律建设，推动广大党员、干部强化遵守纪律的自觉，以严明的纪律确保全党自觉同以习近平同志为核心的党中央保持高度一致，统一思想、统一行动，知行知止、令行禁止，形成推进中国式现代化的强大动力和合力。要准确把握这次党纪学习教育的目标要求，教育引导党员干部学纪、知纪、明纪、守纪，搞清楚党的纪律规矩是什么，弄明白能干什么、不能干什么，始终做到忠诚干净担当。

会议指出，要抓住学习重点，在学习贯彻《中国共产党纪律处分条例》上下功夫见成效。坚持逐章逐条学、联系实际学，抓好以案促学、以训助学，教育引导党员干部准确掌握其主旨要义和规定要求，进一步明确日常言行的衡量标尺，用党规党纪校正思想和行动，真正使学习党纪的过程成为增强纪律意识、提高党性修养的过程。

会议强调，要压实各级党组织的领导责任，各级领导班子和党员领导干部带头学习，推动党员干部高质量完成党纪学习教育任务。要加强宣传引导，力戒形式主义，以良好作风保证党纪学习教育走深走实。要坚持两手抓两促进，把开展党纪学习教育同落实党中央重大决策部署、完成本地区本部门本单位重点工作紧密结合起来，使党纪学习教育每项措施都成为促进中心工作的有效举措，切实防止"两张皮"。

让干部习惯在受监督和约束的环境中工作生活

有效的自我约束，离不开外部制度设计、社会道德约束等他律作为保证。习近平总书记强调，每一个共产党员特别是领导干部都要"增强纪律意识、规矩意识，进一步养成在受监督和约束的环境中工作生活的习惯"。《关于在全党开展党纪学习教育的通知》明确提出，党员特别是党员领导干部要"搞清楚党的纪律规矩是什么，弄明白能干什么、不能干什么，把遵规守纪刻印在心，内化为言行准则，进一步强化纪律意识、加强自我约束、提高免疫能力"。这既为做细做实党员干部的全方位管理和经常性监督指明了方向和目标，也为党员干部养成自觉接受各方面监督和加强自我约束习惯提供了方法和路径。

"木受绳则直，人受谏则圣。"当前，我们的监督体系在党的统一领导下日益完善，纪律监督、监察监督、派驻监督、巡视监督统筹衔接，党内监督与人大监督、民主监督、群众监督、舆论监督等贯通融合，营造了一个严密的受监督和约束的环境。作为党组织中的一员特别是领导干部，要习惯在制度"篱笆"中办事用权、在监督"探照灯"下工作生活，不仅要绷紧"八小时之内"思想之弦，更要在"八小时之外"提高警惕，把自觉接受监督和约束体现在时时处处事事上，将党组织的严格监督与本人的严格自律结合起来，养成敬畏监督、熟知纪律、遵守规矩的习惯。

监督和约束如同行驶中的安全带和登山时的防护索，是一种对党员干部如影随形的爱护。当前，有少数人仍然存在不敢监督、不愿监督、害怕监督、拒绝监督等问题，把监督看成同自己"过不去""找茬子"，感到"丢面子""失威信"。这源于对监督的本质认识不清。从近些年查处的案例来看，从"好干部"到"阶下囚"，都有一个从量变到质变、从小节到大错的过程，如果监督严格及时一点、约束有效到位一点，很多人不至于犯大错误、出大问题。让干部习惯在受监督和约束的环境中工作生活，才能更好地控制言行、抵住诱惑、守住底线、及时纠偏，才会更清醒、更理智、更谨慎，才能在监督和约束中成长成才。

能否主动适应监督、把自觉接受监督作为一种习惯，体现的是党员干部的底气和自信，也是党员干部的基本素质。一个理想信念坚定、作风干净的共产党人是不惧怕监督的，党员干部决不能拒绝监督、逃避监督，要把监督视为最大的关心、最好的保护、最真诚的帮助，自觉将自己置身于监督之中。如果心如明镜、襟怀坦白、行为磊落，自然能够从容坦然地正确对待监督、主动欢迎监督、乐于接受监督。

随着制度笼子的扎紧、惩戒措施的形成，个别领导干部身上出现了"为官不为"的现象。在工作中，有的怕失误、怕冒险，不敢面对矛盾，不敢果断决策，宁肯不干事，但求不出事；有的机械照章办事，只依法不办事，担心干得越多犯错越多。产生这种心理包袱，既有思想认识不到位的缘故，也有监督问责手段运用不科学的因素。党的二十大报告指出，"坚持严管和厚爱相结合，加强对干部全方位管理和经常性监督，落实'三个区分开来'，激励干部敢于担当、积极作为"。监督的目的是规范用权、推动工作，决不能因为监督而不行使权力、承担责任，更不能因为监督而不敢作为、不敢担当。让干部习惯在受监督和约束的环境中工作生活，既要加强思想引导和纪律教育，又要持续深化容错纠错工作，给予实干奋进者充分的温暖、关怀和信任，让干部放下思想包袱、消除心理顾虑，帮助他们在审慎运用手中权力的同时，也善于从监督中汲取智慧、获得能量，把监督的压力转化为干事创业的动力，成为想干事、能干事、干成事的好干部。

良好的习惯一旦养成，就会逐渐融入血脉，成为心中自觉。让干部习惯在受监督和约束的环境中工作生活，形成"有则改之，无则加勉"的健康心态，他们才能风雨不惧，用稳健自信的姿态真正挑起大梁，努力锻造成长为可堪大用、能担重任的栋梁之材。

通过"监督六要"深刻把握"监督的再监督"

一、什么是"监督六要"?

监督是纪检监察工作的基本职责、第一职责,做好做强监督工作,是纪检监察干部的基本任务、第一要务,也是推动纪检监察工作高质量发展的必要要求。"监督六要"即准、精、专、深、实、美。

"准"是准确对标对表,找准监督重点,精准监督,不能不分主次,眉毛胡子一把抓;对准监督难点,敢于啃硬骨头,全力攻坚克难;瞄准廉政风险点,靶向治疗,良医治未病。

"精"是从小处着眼、从细节着手,精雕细琢、精益求精,精心、细心、耐心打造精品监督典型案例。

"专"是运用专业化知识和专业化手段,实现监督效果最大化,深学细研行业特点,解决好监督什么、为什么监督、怎样监督的问题;以问题为导向,眼光敏锐、切中要害,见人之未见;独立思考、观点独到,眼光独特,知人之未知;探索建立监督专题会议制度、监督各主体会商制度、监督与线索处置衔接制度、报告和通报制度、监督档案制度、清单管理制度、谈话制度、检查抽查制度等,规范监督行为。

"深"是由表及里、由现象到本质,建立立体式、穿透式监督模式;时间上要全过程监督,空间上要全覆盖监督,环节上要全链条监督,手段上要全方位监督,质量上要全要素监督;举一反三,从个案的解决到制度安排和机制健全上完善把握,实现从个案监督、随机监督到制度监督、规范监督的转变;在深入监督的过程中,不仅要设问,更要追问、反问,从不同角度、不同方式直达问题核心。

"实"是监督本身要实事求是,在定性上要实,在质量上也要实,对解决问题不能不顾条件、不管时点、不顾节奏,盲目追求速度而非质量,不能拖泥带水也不能浅尝辄止;监督方式要实,要调查研究、查阅资料、深入一线;要进入监督前场,未督先商,也要进入监督后场,做好后半篇文章,督后促改。

"美"是要努力追求监督之美，监督也要有度，做到严管和厚爱相结合、各种监督方式相结合、各项处置形态相结合、监督与再监督相结合；监督者自身也要美，通过严格自我要求体现自律之美，通过公正无私、不偏不倚体现中正之美，通过专业化监督体现专业之美，通过监督方式体现监督艺术之美。

二、什么是"监督的再监督"？

"监督的再监督"是纪检监察机关对下级党组织和职能部门在履行自身监督和检查职责过程中，进行再监督和再检查，而不是冲在一线，越俎代庖，替代党组织和职能部门进行监督检查。

前面的"监督"是指党组织和职能部门对具体管辖对象监督检查的行为，"再监督"是指纪检监察机关对下级党组织和职能部门的监督检查行为进行监督。

"监督的再监督"是深化纪检监察机关"三转"、回归党章原教旨、聚焦监督执纪问责主业的具体要求和有效途径，是保障"监督"落实到位的重要保证，重点指向监督职能部门是否按照法定程序和要求履行监管职责、是否按照上级工作部署要求落实监管工作、是否对履行监管职责中的重大问题及时研究、报告、处置等情况。

三、案例分析

案例一：D市纪检监察机关针对公路"三乱"、教育乱收费等群众关心的热点难点问题，通过联合交通、公安等相关单位对公路"三乱"情况进行明察暗访，对全县教育系统乱收费现象进行抽查等方式，开展专项整治行动，并对检查、抽查中发现的问题进行及时处理。

案例二：H市纪检监察机关根据举报线索调查核实情况，责令该市公安局对在执法过程中乱收费、乱罚款的相关人员予以严肃处理，并由此推动当地公安系统举一反三，开展专项治理行动。

以上案例中，同样是治理乱收费、乱罚款，同样达到了发现和解决问题的效果，但上述两地的做法却形成了鲜明的对比，纪检监察机关在其中扮演的角色也有很大差异。究竟哪种做法更符合纪检监察机关职责定位要求呢？

案例一中的D市纪检监察机关的做法违背了纪检监察机关的职责定位，将大量的纪检监察力量投入到本该由有关职能部门负责的那些监督环节上，工作发散有余、聚焦不足。

案例二中的 H 市纪检监察机关则明确了"监督的再监督"的定位，以合理的方式履行了职责。

凡是某个领域、某个行业出了问题，首先是其主管部门的责任，纪检监察机关主要对主责部门和相关责任人进行监督甚至问责，这样才能做到各司其职、各负其责。也就是说，像治理收费乱象这类工作，纪检监察机关要聚焦"监督的再监督"，而不是动辄冲到一线。做一个形象比喻，各职能部门是"钉子"，根据不同职责钉在不同位置上。纪检监察机关是"锤子"，它的职责是监督"钉子"钉的位置对不对，钉得结不结实。如果发现问题，则要通过监督检查、执纪问责等方式对管理者的违纪违法、失职渎职行为进行责任追究，督促它钉得更好更结实。

纪检监察办案和巡视巡察工作
查账方法及技巧汇总

纪检监察案件查账主要针对涉嫌违纪违法的检查对象和党员领导干部，查账的目的是查清违纪违法事实。巡视巡察主要通过查阅账目发现疑点并通过巡察"12＋N"种方式予以验证，由此发现问题线索。通过查账，掌握足以说明违纪违法的事实材料，查清是运用什么手段、通过何种途径、采取什么方式来进行违纪违法的，并获取有关证据，这是查账的重中之重。

一、查账的基本方法

（一）顺查法

1. 定义

根据会计业务处理的先后程序进行检查的方法，即按照所有原始凭证的发生时序逐一进行检查。

以原始凭证为依据，核对并检查记账凭证，根据记账凭证核对检查日记账、明细账、总分类账，最后以账簿来核对会计报表。

2. 检查程序

凭证→账簿→会计报表。

3. 适用对象

存在内部控制制度不健全、账实不符、业务量少的小型企事业和行政单位。

4. 优缺点

可以详细把握本单位账务信息，但必须对每张凭证、每本账簿逐一审查，费时费力，难以抓住重点。

（二）逆查法

1. 定义

按照会计业务处理程序的相反方向检查的一种方法。

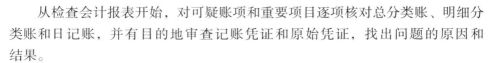

从检查会计报表开始，对可疑账项和重要项目逐项核对总分类账、明细分类账和日记账，并有目的地审查记账凭证和原始凭证，找出问题的原因和结果。

2. 检查程序

会计报表→账簿→凭证。

3. 适用对象

已掌握一定问题线索或业务量大的单位。

4. 优缺点

简捷省力，易于快速发现问题，但对查账人员的个人经验要求较高。

（三）详查法

1. 定义

对查账期间的全部凭证、账簿、报表及其他经济活动进行全面审查。

详查法既要对凭证、账簿、报表审查，又要审查有关的经济资料（工程立项、合同协议等）并加以分析。

2. 适用对象

业务量较少、会计核算简单或为了揭露重大问题而进行的专案审查。

3. 优缺点

审查内容全面，结论和评价准确、科学，但工作业务量大。

（四）抽查法

1. 定义

查账期间从全部凭证、账簿、报表等有关资料中抽取部分项目进行审查并据以推断全体情况的一种审查方法。

2. 优缺点

节省时间和人力，但抽查具有很大的随意性，因此审查的结论和评价准确性较差。

（五）核对法

1. 定义

通过对两种或两种以上会计记录间的有关数据进行核对，确定其内容是否一致、计算是否准确的一种方法。

可分为原始凭证和记账凭证的核对、凭证与账簿的核对、总账与明细分类账的核对、总账与会计报表间的核对。

2. 优缺点

容易发现问题，但比较费时。

（六）鉴定法

1. 定义

超出查账人员的能力，邀请有关专业人员对书面资料和有关经济活动进行鉴别的方法。

2. 内容

如对资料真伪的鉴定，字迹真伪的鉴定，质量、价格的鉴定，经济活动合理性、有效性的鉴定等。

（七）审阅法

1. 定义

对凭证、账簿、报表、计划、预算与合同等文件资料进行仔细阅读审查。

2. 目的

通过有关资料的仔细观察和阅读，借以发现一些疑点和线索，以抓住重点，缩小检查范围。

（八）查询法

1. 定义

通过询问单位内外的相关人员取得口头或书面证据，以证实某些书面资料和客观事实的一种调查方法，可分为面询法和函询法。

面询法是指由查账人员向被查单位有关人员当面征询意见、核实情况的一种查账方法。

函询法是指查账人员根据查账的具体需要，设计出已定格式的函件寄给有关单位和人员，根据对方的回答来获取有关资料，或对某些问题予以证实的一种查询方法。

2. 适用范围

对所发现的可疑账项或异常情况，对内部控制的调查，以及对经济效益的审查都可向有关人员查询，收集真实可靠的证据。

3. 重点

在采用查询法时，事先应明确查询什么问题，找什么人查询，如何查询，要讲究方式方法。

（九）盘存法

1. 定义

对各项物资进行实地盘存，查证实物的数量、品种、规格、金额等实际状况，确定账实是否相符的一种检查方法。盘存法有直接盘存和监督盘存两种。

2. 适用范围

用于各种实物的检查，如现金、有价证券、材料、库存商品、在产品、低值易耗品、包装物、固定资产等。

（十）电子审查法

1. 定义

运用 Excel、SQL2008 数据库、财务审计专用软件等帮助审计人员计算、复算、复核、分析审计数据，查阅分析会计账簿、凭证等数据的一种方法。

2. 适用对象

实行会计电算化记账的单位。

3. 优点

节约时间、提高效率、增加准确性、减轻劳动量。

二、重点账户检查方法

（一）资金账户

1. 银行存款、零余额账户用款额度

通过翻阅银行存款、零余额用款额度明细账，抽取大额支出银行转账单进行核对，查看对方单位与本单位是否有正常的经济业务事项，着力发现有无挪用公款行为。

2. 现金

检查现金账户，主要是对出纳人员保管的库存现金进行突击检查，对现金实物进行盘查，着力发现是否存在现金账与总账不相符、现金余额超标准、白条抵库、涨库亏库（现金长款短款）等现象，并查明原因，特别是对压在库存里没处理的票据要逐个检查分析，弄清楚顶现金的白条是如何产生的、为什么没有处理。

白条抵库亦称"白条顶库"，是以不符合财务制度和会计凭证的字条或单

据顶替合法单据，挪用库存现金的行为。

定性依据：《现金管理暂行条例实施细则》第十二条规定，开户单位必须建立健全现金账目，逐笔记载现金收付，账目要日清月结，做到账款相符，不准用不符合财务制度的凭证顶替库存现金。

处理处罚依据：《现金管理暂行条例实施细则》第二十条规定，有下列情况之一的，给予警告或处以罚款：（三）用不符合财务制度的凭证顶替库存现金的，按凭证额百分之十至三十处罚。

（二）往来账户

1. 应付账款、预收账款、其他应付款

有些单位将本应计入收入的款项虚列"应付账款""其他应付款"科目，意图坐收坐支。

无法偿付或债权人豁免偿还的应付账款，应当按照规定报经批准后进行账务处理。核销的应付账款应在备查簿中保留登记。

2. 应收账款、预付账款、其他应收款

对那些长期挂账未归还的款项要进行重点审查，看对方是否与本单位有经济业务事项，是否存在利用职务之便借用公款、假借他单位（人）名义虚列应收款项以掩盖其使用公款的目的、已收回款项未交回财务或者先挪用后交回等现象，需要核对相应的业务是否合理，可以找对方对账。

逾期 3 年或以上、有确凿证据表明确实无法收到所购物资和服务，且无法收回的应收账款、预付账款、其他应收款，按照规定报经批准后予以核销。核销的预付账款应在备查簿中保留登记。

（三）收入

1. 收入分类

（1）行政单位。包括财政拨款收入和其他收入。

财政拨款收入是指行政单位从同级财政部门取得的财政预算资金。

其他收入是指行政单位依法取得的除财政拨款收入以外的各项收入。

（2）事业单位。包括财政补助收入、事业收入、上级补助收入、附属单位上缴收入、经营收入和其他收入等。

财政补助收入是指事业单位从同级财政部门取得的各类财政拨款，包括基本支出补助和项目支出补助。

事业收入是指事业单位开展专业业务活动及其辅助活动取得的收入。其中：按照国家有关规定应当上缴国库或者财政专户的资金，不计入事业收入；从财政专户核拨给事业单位的资金和经核准不上缴国库或者财政专户的资金，计入事业收入。

上级补助收入是指事业单位从主管部门和上级单位取得的非财政补助收入。

附属单位上缴收入是指事业单位附属独立核算单位按照有关规定上缴的收入。

经营收入是指事业单位在专业业务活动及其辅助活动之外开展非独立核算经营活动取得的收入。

其他收入是指除财政补助收入、事业收入、上级补助收入、附属单位上缴收入和经营收入以外的各项收入，包括投资收益、利息收入、捐赠收入等。

2. 查账要点

（1）从非税收入票据入手掌握收入收款票据的管理领用情况。

（2）检查票据使用情况，发现存根联中作废的发票一式各联票据是否齐全，是否有大头小尾票据，是否有被涂改、缺号等情况。

（四）费用

行政事业单位很多违纪违法资金都是通过费用报销当时完成的，要仔细查看每一明细科目的累计发生额度，与其实际业务对照分析，查看支出的合理性，对有异议的明细科目，要分笔核实票据，查验票据的真实性。重点查看在费用报销时是否存在"虚列支出""借壳报销""搭车报销""重复报销""擅自提高报销范围和报销标准"等问题。

三、异常事项检查方法

（一）异常数字

每一类经济事项在一定时期内都有一个正常的变动范围，根据检查对象经济业务数量的变化，从中发现超过这一范围之外的特殊业务，作为检查的重点。

1. 从数值的大小变化发现问题

前提是要掌握经济事项本身的界限，如本单位当月的燃油费超过上月的一倍或数倍就是奇异数字，需要进一步调查，以便弄清疑点。

2. 从数字的正负方向发现问题

前提是要掌握经济事项本身的正负性，如库存现金科目，一般来说为正数，如出现负数（红字表示）则为奇异数字，需进一步详细查明。

3. 从数字的精准度发现问题

会计核算的数字一般要比财务预算的数字要精确，在会计核算中，该精确的不精确，不该精确的而精确到脱离实际的程度，均可认定为奇异数字。如单位购买一批煤，发票价税合计 10000 元，散货买卖一般很难出现这样精确的数字，是否为虚假发票或虚假事项需进一步调查。

4. 从数字与单位实际业务不相符的地方发现问题

会计数字可以反映一个单位的业务情况，如果会计数字中有明显与单位实际情况不符的经济事项，应该引起重视，需进一步调查了解。如某一单位自公务用车改革后已无公务用车，但在账务中出现车辆修理费、燃油费等公车运行维护费用报销票据，即为异常。

（二）异常销货单位

1. 从业务范围发现奇异销货单位

任何一个经济实体都有一定的业务范围，如果发现有的原始凭证反映的经济事项与出具凭证单位的业务范围明显不符，则应引起重视进一步调查。如一个车辆维修厂开具了一份出售办公用品的正规发票。

2. 从购销单位、收款单位的矛盾发现问题

在正常的经济往来中，购货单位是付款方，销货单位是收款方，如果发现购货单位是 A，而付款单位是 B，或者供货单位是 C，而收款单位是 D，即为异常。

3. 从结算的期限长短发现奇异销货单位

一般正常的单位开支中其经济事项发生具有一定规律，办公用品、车辆维修等都有定点单位，如果发现有的销货单位名称陌生、经济事项稀少、交易金额较大，则应引起注意，需进一步查明是否是虚列销货单位，虚构经济事项。

4. 从关联单位和关联个人的往来中发现问题

对关联单位和关联个人之间的资金往来要特别引起重视，尤其是挂账时间较长、金额较大的经济事项，必须要弄清一个单位的内部情况，包括机构构成、人员情况、资金使用情况、社会联系情况等。

如某学校资金运行情况良好，又有国家政策扶持项目，但在财务资料中发现其他应收款科目挂有教育局某领导的款项，且挂账时间较长，即为异常。

（三）异常银行账户

自实行国库集中支付制度以来，行政事业单位支付方式已转为授权支付和直接支付两种支付方式，基本户已全部撤销或不再使用。

在授权支付过程中，有的单位会将资金从单位零余额账户转账到单位会计、出纳或本单位其他人员银行账户中，形成体外循环，逃避资金监管，形成"小金库"。

（四）异常时间

从经济业务发生的特定时间发现奇异时间。如果原始凭证单据中没有反映经济事项发生的特定时间，或所反映的特定时间与经济事项的内容有明显矛盾，都视为奇异时间。如部分单位存在节假日燃油费发票、原始单据中无经济事项发生时间。

（五）异常地点

1. 从距离的远近发现奇异地点

在单位的采购事项中，同一商品、物资可以从多渠道、多地点采购，在价格、质量相同的情况下，一般应就近采购，如舍近求远、又无质量等特殊原因，应视为奇异地点，需进一步调查原因。

2. 从物资运动流向发现奇异地点

物资运动流向决定了购销业务事项涉及的地点的规律性，如果地点与经济事项的内容无关或者与经济事项的内容相矛盾，则视为奇异地点。

（六）异常结算方式

行政事业单位目前主要以零余额账户、银行存款、现金等方式进行结算。在检查财务资料时如发现大额提现、大额现金支出应引起重视，重点查看现金支出的原始凭证是否合理，附件是否充分，现金结算起点有无超过 1000 元，报销内容是否在现金结算报销范围内。

《现金管理暂行条例》第五条规定，开户单位可以在下列范围内使用现金：职工工资、津贴；个人劳务报酬；根据国家规定颁发给个人的科学技术、文化艺术、体育等各种奖金；各种劳保、福利费用以及国家规定的对个人的其他支出；向个人收购农副产品和其他物资的价款；出差人员必须随身携带的差旅费；结算起点以下的零星支出；中国人民银行确定需要支付现金的其他支出。

前款结算起点定为 1000 元。结算起点的调整，由中国人民银行确定，报国务院备案。

四、重点问题检查方法

（一）收入不入账、多收少记

对于有行政事业性收费的单位，可以检查其所开具的行政事业性收费票据、收据等资料，检查号码是否连续、有无缺号现象，重点查看作废的票据、收据存根联和票据联是否都粘贴完好，将票据存根联的合计数与入账数进行核对，确定票、账是否相符。

将单位收款人员和缴款人员保存的单据进行相互核对，验证是否存在差额，若有则需进一步调查，追查资金流向。

通过网络、走访等方法收集相关资料，查清单位收入项目和规模，再与账务资料进行核对，进行综合分析，以确定是否存在乱收费、擅自提高收费标准等问题。

（二）虚报冒领费用

主要舞弊手段有伪造、盗用、涂改、重报、虚开或购买假发票和费用单据。

重点审查报销的原始凭证的合理性，查看报销票据是单位还是个人出具的，票据中有无单位印章或个人手印，特别是代开发票方为本单位个人的发票应重点关注，若没有印章且无明细资料则可能存在虚构经济事项、套取资金问题。

针对账务中发现的问题疑点，找领款人或收款单位进行核对，查看其手中的发票记账联、收据与报销的附件项目、金额是否一致，以获取虚报冒领证据。

对已获取的证据采用鉴定法进行进一步审查，如对笔迹、手印、印章等进行专业鉴别，以验证真伪性。

（三）票据真伪性

单位虚假发票开具内容主要有办公用品、燃油费、维修费、广告宣传费等。如果这几方面的支出奇高，就有可能存在开具虚假发票的问题。应重点审查每年春节和中秋节所在的月份，是否存在开具虚假发票掩盖其滥发福利和公款送礼的事实。

1. 审查发票的填写内容

看发票报销联的抬头、时间、数量、单价、金额是否填写齐全；看发票物品名称是否具体、正确、清楚，如果写的诸如办公用品等类名称且金额较大，对这种情况不论付款用现金还是转账，都可能存在问题。

《国家税务总局关于增值税发票开具有关问题的公告》（2017年第16号）规定，自2017年7月1日起，销售方开具增值税发票时，发票内容应按照实际销售情况如实开具，不得根据购买方要求填开与实际交易不符的内容。

如果开具汇总办公用品、食品等发票，必须附上税控系统开出的《销售货物或者提供应税劳务清单》，并加盖发票专用章，否则取得的发票将不得作为报销凭证。

2. 审查物品名称

审查物品名称是否为开票单位的经销范围。如家电维修部开具的发票，物品名称却是书，则需进一步调查。

3. 审查开票单位

审查开票单位同发货单位、收款单位的名称是否相符。可登录国家税务总局全国增值税发票查验平台进行查询，可以查出发票领购方、详细开票信息等，进而验证是否存在虚构经济事项等问题。

4. 审查发票印章

审查发票中印章是否存在模糊不清、盖有已倒闭经营企业的公章或税务专用章等现象。税务部门代开发票只盖代开发票专用章，而没有经营单位的财务专用章或个体经营者私章。

5. 审查频繁出现且金额较大发票

对于账务中频繁出现且金额较大的某企业或个体户开具的发票，应到税务大厅实地调取其开具发票详细信息，确定其是否具有真实经济事项。

6. 审查特殊标记

在检查票据时注意票据正面或背面是否有特殊标记或手写字样，有无刮、擦、涂、改等"痕迹"，发现蛛丝马迹并加以判断。

7. 审查发票票号与开票日期

注重查看发票票号与开票日期的逻辑关系，如某一销货单位开具的发票，票号是连续的，但日期却相差甚远；或同一天从某一销货单位开具购货内容相同的发票，但发票票号相差甚远。

8. 实地核对

运用盘存法，对于发票中记载的品名、规格、数量与实物进行实地核对，以确定有无实物入库，是否存在虚列支出套取财政资金等问题。

（四）"小金库"

1. 资金来源

包括财政拨款、政府性基金收入、专项收入、行政事业性收费收入、罚没收入、国有资本经营收入、国有资源（资产）有偿使用收入、资产处置收入、资产出租收入、经营收入、利息收入、捐赠收入、附属单位上缴收入13个。

2. 主要表现形式

包括违规收费、罚款及摊派等不入账；资产处置、出租、经营等收入不入账；代收款项返还的提成或手续费不入账；以会议费、劳务费、培训费、咨询费、维修费等名义，代开发票转出资金；以假发票等非法票据转出资金；虚列支出转出资金；上下级单位之间相互转移资金；采取其他形式设立"小金库"8种。

3. 查处方法

（1）核实收入。摸清被查单位机构设置及职能，收入项目及收取方式，所有收入的来源渠道和环节，以利于确认是否所有收费都已入账。如被查单位有无门面房等租赁事实。

（2）盘点现金。盘点时保险柜、抽屉等要全部打开，将清理借条、收费票据、现金支票、空白支票和转账支票存根、作废存根等资料相结合，与保管的实物资料相结合。

（3）审查支出。首先分析支出项目增减变化情况，查看有无异常现象，如有的单位自某个月开始加班费、值班费、招待费等不合理支出没有了，而办公费、维修费等却突然增加了。其次要审查会计凭证后所附的原始单据，考究其真伪。最后关注账面上违反常规的奇异收支事项，如发现支付汽车保险费的车辆总数超过固定资产中的车辆总数，则需进一步调查。

（4）抽查票据。审查各种收费票据的购买、领用、缴销登记簿和收据存根，抽查提供的存根及其反映的内容、金额是否真实、完整，开出的收据是否及时、全额入账。

（5）核查往来。重点了解被查单位的下属机构设置、管理体制、财务体制、经济业务往来等情况，选择一定比例的下属单位进行延伸调查，以发现可能存在的问题。如用普通收据收取下属单位管理费和水电费，但该单位账上却没有发现此类收入，则需进一步调查。

（五）重复报销

1. 定义

将一张单据报销两次或记账联、发票联各报销一次，把已经挂失或作废的单据又私自报销，把前一个年度已入账的单据抽出在下个年度报销。

2. 查账方法

一是重点审查入账的票据是记账联还是发票联，记账联为销售方做销售收入的记账凭证。二是审查票据发生时间，查看是否是当年当月发生，对于跨年度票据，尤其是原因不明的要重点审查。三是账据核对，查验是否重复报销。四是全面检查时要注意在不同科目之间或"小金库"中是否有相同的报销业务。

五、常见费用检查方法

（一）办公费

1. 主要特征

（1）一般为整数，发票后无具体采购明细。

（2）发票开具日期一般为2月或9月等（春节、中秋节等节假日）。

（3）售货单位一般为综合性商场、超市、名店等。如某某百货大楼、某某购物广场、某某商务中心等。

2. 问题表现

（1）若发票无经手人签字确认，仅有领导批字，则可能存在虚假开票、虚构经济事项问题。

（2）通过分析财务资料，要确认本单位经常在何处开具发票，该单位是否销售发票中开具的物品。如果该物品不在其经营范围内，则有可能是通过虚开发票报销其他费用。

（二）差旅费

差旅费是指各单位工作人员临时到常驻地以外地区（不含城关镇）公务出差所发生的城市间交通费、住宿费、伙食补助费和市内交通费。

1. 主要特征

（1）无实质内容、无明确公务目的的差旅活动。表现为差旅费报销单据仅填写伙食补助、交通补贴等费用，每月报销人数、金额基本相同，其后无其他附件。

（2）虚构差旅活动。差旅费报销单据中填写的出差地与实际出差地不符，后附车票等票据与出差地不吻合。

（3）变相旅游。以任何名义和方式变相旅游，进行异地间无实质内容的学习交流和考察调研。

2. 问题表现

（1）虚构差旅活动，变相发放补助。主要表现为差旅费报销单据仅填写伙食补助、交通补贴等费用，每月报销人数、金额基本相同，其后无其他附件；差旅费报销单据中填写的出差地与实际出差地不符，后附车票等票据与出差地不吻合。

（2）变相旅游。根据相关差旅费管理办法，严禁以任何形式变相旅游，严禁异地间无实质内容的学习交流和考察调研。为此，需要查看本单位有无具体的学习交流、考察活动实施方案，有无详细预算、接洽函，可以通过向相关单位发函等形式印证本次活动是否属实，是否按方案组织实施，是否存在变相旅游等问题。

（3）擅自扩大报销范围或提高报销标准。主要表现为出差人员未严格执行"所有出差人员统一住标准间（单间），不得住套间"之规定，住宿费超限额标准执行；报销人未按规定等级乘坐交通工具，本单位将原应由个人承担的超支部分予以报销；报销出租小汽车费用等。

（4）转嫁报销差旅费。主要表现为被查单位未能严格按照规定开支差旅费，将应由所在单位负担的差旅费转嫁到下级单位、企业或其他单位。

（5）使用公务车辆出差的，仍报销城市间交通费和市内交通费。

（三）公务用车运行维护费用

公务用车运行维护费用包括公务用车燃料费、维修费、保险费、过路过桥费、停车费和其他相关支出，主要存在以下问题：预算编制是否完整、细化；是否存在无预算、超预算支出；是否严格执行公务用车、执法执勤用车配置和使用管理规定；有无超编制、超标准配备公务用车；有无为公务用车增加高档配置、豪华内饰；有无超标准租用车辆，借用或占用下级单位和其他单位车辆；接受企事业单位和个人捐赠车辆；违反规定公车私用等。

下面着重介绍燃油费和维修费的主要特征和问题表现。

1. 燃油费

近年来，部分单位用燃油费发票抵顶一些没有发票的业务，并呈剧增态

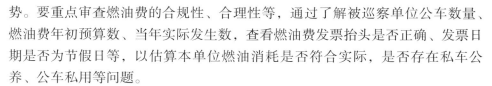

势。要重点审查燃油费的合规性、合理性等，通过了解被巡察单位公车数量、燃油费年初预算数、当年实际发生数，查看燃油费发票抬头是否正确、发票日期是否为节假日等，以估算本单位燃油消耗是否符合实际，是否存在私车公养、公车私用等问题。

（1）主要特征。

①年初预算数与实际发生数相差较大。将燃油费年初预算数与实际发生数进行对比，查看二者数据差距。

②发票日期为节假日。

③发票抬头不合规（抬头为个人、单位简称或其他单位等）。

④发票日期集中，无加油车牌号，并存在故意涂改日期现象。

（2）问题表现。

①私车公养。若发票抬头为个人，则需记下其姓名，进一步核实是否存在私车公养问题；若发票抬头为车号，则需将其与被巡察单位公车车牌号进行对比，确定是否为单位公车，防止私车公养问题。

②公车私用。通过查看发票日期，结合当年日历，审查有无节假日加油情况，是否存在公车私用问题。

③超预算支出。通过将燃油费年初预算数与实际发生数进行对比分析，确定超预算支出数量及比例。

④燃油费消耗过大。通过将被查单位当年燃油费消耗总量与公车数量进行对比分析，计算出每辆车每天燃油费消耗值，与理论值相对比，确定燃油费是否存在消耗过大问题。

2. 维修费

（1）主要特征。

①维修费发票报销频繁，且金额较大，后仅附维修清单。

②维修发票为同一个汽车修理厂或公司，资金来往频繁。

（2）问题表现。

①维修频繁。汽车零部件的维修更换频繁、重复修理，涉及金额较大。

②维修汽车零部件与公务用车所需零部件不符，可能存在私车公养现象。

③车辆超标准装修，或维修车辆不在本单位公车车辆信息表内。

（四）会议费

行政事业单位的会议费，一般是指行政机关或事业单位召开会议（或举办活动）所发生的相关费用。

会议费主要包括住宿费、伙食费和其他费用。其他费用含会议室租金、设备租赁费、交通费、文件印刷费、医药费等。

1. 主要特征

（1）原始凭证仅附由某某会议中心、某某宾馆等单位开具的会议费发票，无会议通知、预决算表、签到册等资料。

（2）会议方案所安排时间、人数等与实际签到的时间、人数不一致，人数相差较大。

（3）会议费中涉及的场地租赁费、设备租赁费、餐费等费用与规定标准相差较大。

2. 问题表现

（1）会议费预算未细化到具体会议项目，超预算支出。

（2）一、二、三、四类会议会期超过限定天数，参会人员超过限定参会人员数量，工作人员超过会议代表人数限定比例。

（3）会议费超过综合定额标准。

（4）会议费中超范围列支不属于会议费范畴的费用。

（5）会议费是否向参会人员收取，是否向下属机构、企事业单位、地方转嫁或摊派。

（6）会议费报销时未提供会议审批文件、会议通知、实际参会人员签到表、定点饭店等会议服务单位提供的费用原始明细单据、电子结算单等凭证。

（7）会议费是否以银行转账或公务卡方式结算，是否存在以现金方式结算，县级机关在定点饭店召开会议，是否按照协议价格结算。

（8）会议费报销了违反规定或者超标准开支的费用。未经批准或备案召开的会议；会议安排高档套房、配发洗漱用品；借会议名义组织会餐或安排宴请，提供高档菜肴、烟酒、水果；会场摆放花草，制作背景板；组织会议代表旅游、与会议无关的参观，高消费娱乐、健身活动；使用会议经费购置电脑、复印机、打印机、传真机等固定资产，发放纪念品。

（9）查看会议签到册、文件等资料，并进行实地调查，确定实际参会人数，确定是否存在报销时故意虚增参会人数，以会议费掩盖其他经济事项等问题。

（五）培训费

培训费是指各单位根据《中华人民共和国公务员法》《干部教育培训工作条例（试行）》《公务员培训规定（试行）》，使用财政资金举办的岗位培训、

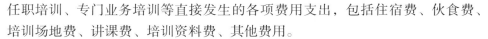

任职培训、专门业务培训等直接发生的各项费用支出，包括住宿费、伙食费、培训场地费、讲课费、培训资料费、其他费用。

1. 主要特征

（1）培训费发票为整数，且发票抬头为某某旅游公司、某某酒店或某某风景名胜区时，即为异常。

（2）凭证后仅附培训费发票，无培训通知、实际参训人员签到表、讲课费签收单以及培训机构出具的原始明细单据、电子结算单等凭证时，需进一步核查。

2. 问题表现

（1）未建立培训计划编报和审批制度。

（2）各单位年度培训计划是否于每年3月1日前报上级组织备案。

（3）培训费超过综合定额标准（综合定额标准是培训费开支的上限）。

（4）培训费未按照15天以内、超过15天、超过30天等综合定额标准控制。

15天以内的培训按照综合定额标准控制；超过15天的培训，超过天数按照综合定额标准的80%控制；超过30天的培训，超过天数按照综合定额标准的70%控制。上述天数含报到和撤离时间，报到和撤离时间分别不得超过1天。

（5）讲课费（税后）超标准执行。副高级技术职称专业人员每半天最高不超过1000元；正高级技术职称专业人员每半天最高不超过2000元；院士、全国知名专家每半天一般不超过3000元。其他人员讲课参照上述标准执行。

（6）以培训费名义安排公款旅游；组织会餐或安排宴请；组织高消费娱乐、健身活动；使用培训费购置电脑、复印机、打印机等固定资产以及开支与培训无关的其他费用；培训费中列支公务接待费、会议费；以培训费套取资金设立"小金库"；安排高档套房、配发洗漱用品；培训用餐上高档菜肴，并提供烟酒。

（7）报销费用时未提供培训通知、实际参训人员签到表、讲课费签收单以及培训机构出具的原始明细单据、电子结算单等凭证。

（8）报销未履行审批备案程序的培训费用，超范围、超标准报销费用。

（9）讲课费、小额零星开支以外的培训费用，未采用银行转账或公务卡方式结算，而是以现金方式支付。

（10）如培训已取消，但仍然报销，存在开票单位与培训地不一致现象，有"借壳报账"嫌疑。

（六）宣传费

宣传费是指部门单位通过发布广告、分发印刷资料、发放雨伞等实物以扩大影响而产生的费用。

1. 主要特征

（1）宣传费凭证后仅附发票（一般为本单位人员代开发票），再无其他明细资料。

（2）为达到宣传目的而购买的雨伞等实物远远超过市场价格。

2. 问题表现

（1）通过新闻媒体、钢架构宣传墙等方式发布广告，费用明显高于市场价，存在以宣传费名义报销其他费用问题。

（2）将免费读物当有价商品列支（需调查书籍等是否为免费配发读本）。

（3）无中生有套取费用（需实地调查发票开具内容是否在发票开具单位经营范围内）。

（4）报销时仅附发票，无任何培训费明细附件，是否存在开具发票单位与转账方不一致等问题。

（七）大额建设支出

1. 主要特征

（1）凭证后仅附工程结算发票，没有工程价款结算单等详细资料。

（2）工程项目无预决算资料、未履行招投标手续等。

2. 问题表现

（1）项目可研报告、发改批复文件、招投标资料、施工合同、竣工验收等资料缺失。

（2）针对大额建设支出无任何会议记录，或者有会议记录但参会人员为党委（党组）部分成员，民主集中制未得到有效实施。

（3）合同签订方、发票出具方、工程款收取方三方名称不一致。

（4）无工程价款结算书，没有工程明细等资料。

（八）现金支出

1. 主要特征

（1）大额现金支出频繁。

（2）超过 1000 元结算起点的单笔支出均以现金方式支付。

（3）以现金方式支出时，凭证后仅附有收据或收条。

2. 问题表现

（1）大额资金以现金方式支出，现金管理混乱。

（2）未严格执行结算起点相关规定。

（3）支付现金时，仅有收据或收条，再无其他任何资料。

（4）白条抵库。

（九）固定资产管理

行政事业单位固定资产标准较低，部分单位未按要求设立固定资产科目，有的虽然设立了，但没有固定资产明细账。

1. 主要特征

（1）固定资产科目未设置，或已设置但没有固定资产明细账。

（2）未建立固定资产报废、销账制度。

2. 问题表现

（1）未设立固定资产科目，或虽设立但没有固定资产明细账。

（2）应纳入固定资产管理的未纳入。

（3）未建立固定资产报废、销账等管理制度。

（4）固定资产报废处置未履行严格公开拍卖等手续，随心所欲，致使国有资产流失。

（5）固定资产处理的残值收入未计入账内。

怎样做好初核？请把握四个关键和五种方法

每一个案件的成功办理，都离不开确凿有力的证据支撑。收集证据，在监督执纪问责中是关键的一个环节。《监察机关监督执法工作规定》第十七条规定"开展初步核实应当尽量收集客观性证据，依法需要与监察对象谈话的，按照本规定第十五条规定的程序报批。"这里强调证据的客观性、严谨性、全面性。客观是指证据内容真实，调取方式科学，一切从案件的实际情况出发，按照证据的本来面目如实收集、如实反映。严谨指的是既不能用主观猜测代替客观事实，也不能偏听偏信、任意取舍，甚至虚构或伪造证据。证据要精准、唯一，经得住时间的检验，经得住法规的研判。全面指的是证据来源不拘泥单一途径，实践中书证、物证、证言证词都可以作为证据。

一、四个关键

初步核实工作做得扎实，进可攻、退可守，进退有据，执纪审查工作才能主动。否则，执纪审查工作寸步难行。所以在初步核实工作中，要严格依规收集、鉴别证据，做到全面、客观，形成相互印证、完整稳定的证据链。鉴于此，做好收集证据工作，需要把握以下四个关键。

（一）缩小知悉范围

在调查取证中，首要考虑人为干预可能会将有力的证据人为破坏，所以调查取证时，避免跑风漏气、打草惊蛇是关键。防止可能发生的串供或者毁灭、伪造证据，以及打击报复检举、控告人。初步核实的任务是了解反映的主要问题是否存在，为立案与否提供依据，不是立案后的调查程序，应当尽可能控制知悉范围。做好保密工作，关系着调查取证的成败，所以承办部门要有足够强的保密安全意识，只有保密工作做得好，才不至于在初核中泄露了相关案情，致使案件调查流产。另外，对知情人或者相关人谈话，争取证言证词，也要注意保密安全措施到位，确保谈话顺畅，考虑周全，细致安排，一丝一毫都不能大意。

（二）及时固定证据

保证初核工作的无可挑剔和不可逆转，就在于证据。固定证据，对推动下一个环节顺利进行起着至关重要的作用。证据有一点偏差，就可能产生"失之毫厘，谬以千里"的结局，给审查调查带来困难。固定证据，首先要严格证据标准，一般是按照适应以审判为中心的诉讼制度改革要求调查取证。在调查取证中，固定证据要考虑长远，判断无误。实践中，对具有中共党员身份的监察对象开展初步核实，发现涉嫌职务犯罪问题需要固定证据在刑事诉讼中使用的，应当以监委名义进行。这主要是为了及时固定证据，防止主要证人等在初核阶段给出了证言，但在立案后又因逃匿等而取不到证言等情况发生，影响提交审查起诉和审判作为证据使用。

固定证据，还要考虑核查组人员组成情况，是否精干有经验，是否遵守有关回避规定。在调取外围证据、客观性证据和做分析判断工作时，要根据案件特点，有意识地吸收审计、银行、工程建设领域的人员及大数据信息分析人员参加。这部分同志可以根据工作要求只了解一部分情况，但他们的作用有时非常关键。固定证据，涉及重点人、重点事的初核，领导要亲自管、亲自抓。初核是启动程序，能否立案主要是看被审查人问题的严重程度，但也与办案人员的责任心、能力、经验有很大关系。实践中初核阶段也是发生方向性问题或颠覆性错误风险最大的阶段，把好证据关，领导要亲自把方向，必要时直接调度、推动。

（三）精准把握证据

《中国共产党纪律检查机关监督执纪工作规则》第三十二条规定，"党委（党组）、纪委监委（纪检监察组）应当对具有可查性的涉嫌违纪或者职务违法、职务犯罪问题线索，扎实开展初步核实工作，收集客观性证据，确保真实性和准确性。"初步核实的任务是了解核查反映的主要问题或部分问题是否存在，收集证明问题是否存在的相关证据材料。查实查否都要实事求是，不能有先入之见、预设结论，结论判断必须从扎实的核查工作和真实有效的证据中得出。精准证据需从严控范围抓起，向知情人或参与人了解情况收集证言证词不能越多越好，需要从不同的角度去收集所有能够证明案件事实的证据。

不仅要注意收集能够证明被审查调查人涉嫌违纪或者职务违法、职务犯罪的证据，而且还应注意收集能够证明被审查调查人没有违纪或者不构成职务违法、职务犯罪的证据。不仅要收集量纪量刑证据，还要收集证明调查行为合规合法的证据。在收集证据时一般不与被反映人接触，要通过扎实有效的前期了解工作，再确定调查取证范围，确保初步核实真实性和准确性，为是否立案提供可靠依据。特别是在严格留置时限、保障办案安全的背景下，更要做足做好初核，对经过初核、有了把握的，再使用留置措施。否则如果初核做得不透，证据出现败笔，很容易出现对象被留置后长期留置"打持久战"的被动情况。

《中华人民共和国监察法》第三十三条规定，"监察机关依照本法规定收集的物证、书证、证人证言、被调查人供述和辩解、视听资料、电子数据等证据材料，在刑事诉讼中可以作为证据使用。"也就是说，监察机关在初步核实阶段通过询问、调取、勘验检查、鉴定等措施收集到的证据与立案调查阶段收集到的证据具有同等效力，均可以作为刑事诉讼证据使用。

（四）严格证据审批手续

调取证据要经过严格的审批程序，紧扣问题线索要点拟定初核方案。初核问题线索要对照具体规定进行，作出初核结论须言之有据。除了客观性证据，必要时初核中还可以通过谈话收集言词证据，分为两种情况。一种情况是在履行初步核实审批程序时已经对拟采取谈话措施一并报批的，则不需要单独再次报批；另一种情况是在履行初步核实审批程序时没有对采取谈话措施一并报批的，则需要按照《监察机关监督执法工作规定》第十五条规定的审批程序另行报批，即对同级党委管理的正职领导干部进行初步核实谈话，报同级党委主要负责人审批。省级以下对同级党委管理的副职领导干部进行初步核实谈话，报同级监委主要负责人批准。对同级党委管理的领导干部以外的其他人员进行初步核实谈话。对非中共党员的监察对象开展初步核实的，经监委主要负责人审批，以监委名义进行。其中，被核查人是所在单位主要负责人的，应当报同级党委主要负责人审批。

天下大事必作于细。取证是一个细致活，不容小觑，不可忽视。取证工作做得好也是考验一个合格的纪检监察干部的重要指标。每一名监督执纪问责的干部都应担负使命，行使忠诚、干净、担当的职责。调取证据也恰恰反映了纪检监察工作的政治要求，同时也是纪检监察机关以法治思维和法治方式开展工作的内在要求。

二、五种方法

在纪检监察案件的初核中，有时问题线索可能毫无头绪，也可能头绪众多，难以下手，如何选择一个合适的切入点，采用什么样的初核方式开展工作，显得尤为重要。在实际工作中，常用的方法有以下五种。

（一）先从难度较小的点入手

在初核工作中，要提高效率，就应在案件的诸多环节中，先从薄弱环节着手，优先选取初核实施起来较为容易的点开展工作。

一是事实较为清晰的。在头绪较多、事项较多的线索或疑点中，初核人员应先选择其中掌握信息较为全面、事实整体轮廓较清晰、情节较清楚的点切入。信息较多，对于事情的研判就会更准确；事实整体轮廓较清晰，就有利于形成初核整体的连贯性，提高效率；情节较为清楚，则会降低初核工作量，缩短初核时间。

二是查证难度较小的。要优先选择案情较为简单、查证把握较大，证据来源较为单一、存在疑点和矛盾较少、便于实施的线索开展初核。在证人中，优先选择性格较为正直、正义感较强的证人进行调查；在涉案人员中，应优先选择从犯、偶犯进行调查。

（二）切入点要尽可能小

初核工作对案件调查的秘密性有着较高的要求，要求初核人员在实施初核行为时要尽量考虑秘密性，所以初核的切入点要尽可能小。

一是涉嫌范围较小的。在初核的线索中应该优先选择涉嫌人员较少、涉嫌人员指向较明确的点作为切入点，这样可以以最快的速度确定初核目标，迅速开展工作，也可以尽量避免初核的盲目性，减少初核的工作量。

二是知情面较小的。要优先选择知情面较小、事项较为秘密的点开展初核工作，这样的线索还没有被人为扩大，虚假成分相对较少。而知情面较广的线索，虚假的成分相对较多，而且涉案人员也可能早有应对，不利于初核工作的开展。

三是涉及利益面较小的。要优先选择涉及利益面较小的点开展初核，对于那些虽然初核价值较高，但是涉及利益面较广的初核点要慎重对待。比如企业改制、拆迁拆违等，这些虽然是案件的高发点，但是其中矛盾较为激烈，此类问题不适合作为初核的首选，宜放在立案后进行深挖。

（三）把握好初核的时间和时机

初核工作在保证准确、稳定的情况下，必须提高速度和效率，查证的速度越快，越有利于案件的下一步开展，应优先选择那些能够确保初核工作顺利开展、迅速完成的点切入。

一是查证时间较短的。初核查证的时间越短越好，在同等条件下，应优先选择那些从初核启动到初核结束的过程中，不需要花费大量时间、查证工作量较小的点切入，对于需要花费大量时间，或者久拖不决、长期得不到妥善解决的初核点要谨慎选择。

二是查证时机较好的。初核工作开展的时机直接影响初核的效率和成功率，同样的事情在不同的时间进行查证，效果可能相差很远。要学会充分利用外界有利的因素和时机，比如结合巡视巡察工作开展初核。

三是查证阻力较小的。初核过程中，来自方方面面的阻力是有可能存在的，所以要优先选择那些关系网较简单、初核工作阻力较小的点开展初核，对于那些虽然初核价值较高、初核条件也具备，但可能查证阻力较大的点，不要急于开展初核，待时机成熟后再开展工作。

（四）由外而内

若初核一开始就直接针对核心人物、核心事项进行，有时会适得其反。可以先从外围切入，从外到内地开展初核。

一是由疏到亲。初核中选择证人一般应按照由远到近、由疏到亲的顺序选取，因为越是和初核对象关系亲密的证人越不容易配合调查工作，甚至会给初核对象通风报信，帮助其对抗调查，给初核工作带来障碍；而与初核对象关系亲密程度较低的人更容易配合调查工作，也没有太多的心理负担。

二是由"身边人"到本人。在初核中不要急于直接接触初核对象，最好先从与初核对象工作上有密切联系的人员着手，比如秘书、司机、财务人员、下属单位负责人等，他们与初核对象日常接触较多、知情多，更容易获取关键证据。

三是由枝节到主干。初核的切入点一般应先选择在案件的外围，可以先从初核对象日常消费、银行账户往来、财产申报等外围切入，积累足够的优势后再引向对主干部分的调查，效果往往更好。

（五）从易锁定的人、事着手

在初核工作中，会时常遇到不确定的、模糊的要素，比如初核对象可能不确定，事项可能太模糊，财物可能太不具体，在初核时应优先选择那些确定性较强的点开展工作。

一是易锁定的人员。在初核中，线索指向清楚、在举报反映中点名道姓的，在相关材料中明确涉及、在调查中容易锁定的，这类第一时间暴露出来的具体人员需要优先考虑，从他们入手，往往能缩短排查时间，较快打开初核局面。

二是易锁定的事项。对于线索中或信访举报中的信息，初核人员要优先从那些有明确描述的具体事项入手，比如某一项工程招投标存在明显违规问题、某一名干部提拔明显不符合要求、某一笔资金的开支存在明显疑点，这类一开始就很明确的具体问题更具备可操作性，有利于提高初核成功率。

三是易锁定的物件。具体的物品相对于具体的人员和事项更具有可查性，因为物品是直观存在的，比如房产、车辆等价值较大的资产，字画、文物、工艺品等贵重的收藏品，烟酒、服饰、首饰等高档消费品等应作为优先初核的重点。这些物品相对于流动资金和有价证券来说，有迹可循，有物可依，更容易固定证据。

怎样写好初核情况报告

初步核实情况报告，是指纪检监察机关核查人员经批准对党员或党组织的违纪违法问题线索进行初步了解核实后，向有关组织或领导写出的书面报告。初核情况报告一般分为标题、导语、被反映人基本情况、反映的主要问题及初核结果、需要说明的问题、处理建议及依据、初核人员签名七部分。

一、标题

初核情况报告的标题是对何人何问题予以初核，不能笼统地写为"有关问题初步核实情况报告"，应将被反映人单位、职务、被反映的主要问题等交代清楚，如《关于反映县某局党组成员、副局长某某收受礼品礼金等问题的初步核实情况报告》。如果反映的违纪问题较多，应选择主要问题列入标题；如反映的主要问题不止一个，而且也查实了部分，可概括表述为《涉嫌严重违纪问题的初步核实情况报告》。

二、导语

导语主要写明初核依据和初核工作简要情况。其中，初核依据包括时间、批准领导、问题线索来源，初核工作简要情况主要指初核部门或初核人员的组成、初核方式方法、起止时间等。如"2020 年 2 月 20 日，经县纪委监委主要领导审批并报县委主要领导批准（或同意），我委第一纪检监察室对市纪委移交（×××〔×××〕×号）的网络匿名举报县某局党组成员、副局长某某收受礼品礼金等问题进行初步核实。"

三、被反映人基本情况

按照被反映人的干部履历等书证材料，具体写明其姓名、性别、出生年月、籍贯、文化程度、参加工作时间、入党时间、历任主要职务及现任职务等。注意事项：①任职期间未发生违纪行为的可笼统写；②从发生违纪行为起先后任不同职务的，要逐个写明任职时间及职务；③如需要，可写明违纪时任职分管或负责的工作（主要证明违纪行为跟职务有关联）；④系党代表、人大代表、政协委员的等应写明；⑤曾经受过处分的，应写明在何时何地因何问题受过何种处分。必要时，可再分一段简要写明实名反映人的基本情况及主要诉求。

四、反映的主要问题及初核结果

该部分内容是初核报告的主体。针对反映的主要问题线索，先逐一概括反映的问题，然后作出该问题是否属实、部分属实、不属实或涉嫌构成违纪等初步结论。如因各种因素，对部分问题暂不能作出明确结论的，可提出存疑或通过其他方式处理。注意事项：①对反映的问题逐一分析归纳，查核后作出初步结论，切勿依葫芦画瓢，可提炼内容但不能违背反映人本意；②阐述事情发生经过，应以记叙文方式，切忌用修辞语言（如该同志工作一丝不苟）；③最好在每一个问题后面列明证据情况，"以上事实，有某会议记录、某询问笔录等予以佐证"。

五、需要说明的问题

这一部分根据初核涉及的其他问题作出说明。如关于涉嫌违纪部分需要说明的问题、关于认错悔错态度、关于退缴款物、关于涉及其他党员干部问题等。

六、处理建议及依据

根据初核结果，依规依纪依法提出处理建议。对政策界限不清、性质一时难以认定的，可概括写，也可在需要说明的问题部分表述。注意事项：①先简要概括反映的问题是否属实及被反映人存在什么违纪违规行为，或涉嫌违反政治纪律等；②从重、加重或从轻、减轻处理依据；③提出处理建议需明确，如诫勉谈话、通报批评、立案审查等。

七、初核人员签名

参与初步核实人员应集体签名，包括初核组组长、初核组成员。切忌打印初核人员名字，亲笔签名表明所有初核人员已经过集体讨论并同意该初核情况报告的核查经过及处理建议，同时注明初核情况报告最后形成时间。

如何写好纪检监察建议

根据适用对象不同，相关建议可分为纪律检查建议、监察建议和纪检监察建议。纪律检查建议主要是指党的纪律检查机关根据开展监督检查等工作发现的问题，就所涉及的人员或组织，依据党章党规党纪向有关党组织提出的处理建议。监察建议是指对监察对象所在单位廉政建设和履行职责存在的问题等提出具有一定法律效力的建议。纪检监察建议是指就同一事项向同一党组织、单位，既提出纪律检查建议又提出监察建议。笔者结合实践，对如何写好纪检监察建议谈几点看法。

第一，文书格式要规范。制发纪检监察建议必须注重规范，增强工作的严肃性和严谨性。一是格式要统一，主要包括发文机关、文号、标题、主送单位、正文、抄送单位等，其中正文包括问题来源或提出建议的起因、存在的问题、原因分析和建议措施、回复时限等内容。二是文书要规范，标题为"关于某某（事由）的纪律检查（监察、纪检监察）建议"，主送、抄送单位要写全称，并根据不同的文书类型署名和加盖印章，一般应由各级纪委监委办公厅（室）统一负责编号登记、审核校对和排版印制。

第二，问题症结要找准。问题找得准不准、深不深、全不全，直接影响到提出的建议对不对、实不实、好不好。一要加强综合研判，分析症结。通过监督检查部门配合查、审查调查部门深入查、被建议单位自己查等方式，由点到线、由线到面，全面分析查找存在的问题，合并"同类项"，找到共性问题。二要聚焦问题短板，找准"病灶"。针对被建议单位的人员特征、行业特点、管理制度以及发案规律等深入开展调查研究，深挖背后存在的制度漏洞，挖掘案件背后的行业性、系统性和领域性突出问题。

第三，原因分析要深刻。通过个案、类案和透过政治生态分析具体问题，全方位剖析根源。一是在"人"上找原因，深究主观因素。从涉案人员的理想信念、工作作风、宗旨意识等方面入手，针对不同的案件和问题，深入剖析案发的人为因素，寻找被审查调查人所在单位落实全面从严治党、履行"一岗双责"方面的短板。二是在"事"中挖根源，细查客观因素。对照管理制度、工作流程、岗位职责等规定，查找有无制度性弊端、管理性漏洞等因素，从客观看主观、从问题看原因。

第四，建议措施要务实。要做到对症下药，达到靶向监督的效果。一要紧扣问题分类，精准提出建议。根据不同的问题类型，结合案件实际以及案发领域、单位的情况，有的放矢提出可量化、可检验、操作性强的建议，提高建议的采纳率。二要加强沟通协调，注重贴近实际。可到被建议单位走访调研、召开座谈会等，共同会商难点、堵点，保证建议切实可行。对涉及的疑难、复杂和专业性较强的问题，可向相关领域专家咨询或邀请专家进行论证，确保建议行之有效。

第五，文字内容要精练。纪检监察建议的内容不在多，而在精。一是文字准确简练，避免拖泥带水。运用好纪言纪语、法言法语和专业术语，对问题建议逐字逐句推敲、反复斟酌，做到表述正确、措辞严谨，不能含糊不清或者产生歧义。二是内容简明扼要，控制篇幅。撰写时要开门见山，指出问题、分析原因和提出建议要直截了当、条理清晰，不要动辄长篇大论。

各类公职人员"经商兼职"问题
党纪、政务处理及身份规定、执纪执法要点清单

如何认定党员、公职人员违规从事营利活动或兼职取酬，是监督执纪执法实务中的难点问题，相关要点清单经梳理后主要如下。

一、执纪执法要点

营利（性）活动，是指各种以营利为目的的经济活动，主要包括经商、办企业、从事有偿中介，以及违反规定拥有非上市公司（企业）的股份或者证券，买卖股票或者进行其他证券投资，在国（境）外注册公司或者投资入股等。

兼任职务，是指在各种类型的企业（公司）、事业单位、中介机构等经济组织，行业组织、社会团体、协会、基金会、学会等社会组织中兼任具体职务或名誉职务。违规兼职包括未经组织批准兼职，或经组织批准兼职，但违规获取额外利益。

边做"官"、边经商，难免公私不分，以权谋私，也可能会使广大群众、其他没有"官"商背景的"经济人士"产生"合理怀疑"。禁止党政干部从事营利活动、兼职取酬的目的，是防止公职人员利用公权力从事各种营利活动，利用职务之便获取非法收入，保证公权力行使的廉洁性，同时促进公职人员更好地履行职责，专心做好本职工作。

法律法规和相关规定对于公职人员从事营利活动、兼职取酬，并不是一律禁止，而是对不同身份的公职人员作了不同的限制性规定。公职人员从事营利活动、兼职取酬行为是否违纪违法，可以从其身份职务、是否在职等入手，结合是否经过批准、是否获取额外利益等关键因素予以认定。

二、公务员

对于公务员的规定最严格，依据《公务员法》第四十四条和第五十九条

以及《关于进一步制止党政机关和党政干部经商、办企业的规定》《关于党政机关兴办经济实体和党政机关干部从事经营活动问题的通知》《关于党政机关领导干部不兼任社会团体领导职务的通知》《关于进一步规范党政领导干部在企业兼职（任职）问题的意见》等规定，公务员禁止从事营利活动，禁止在企业或其他营利性组织中兼职取酬。

相关规定还根据公务员的具体类型作了细化。如《监察官法》第二十二条规定，"监察官不得兼任人民代表大会常务委员会的组成人员，不得兼任行政机关、审判机关、检察机关的职务，不得兼任企业或者其他营利性组织、事业单位的职务，不得兼任人民陪审员、人民监督员、执业律师、仲裁员和公证员。"《法官法》《检察官法》规定，法官、检察官不得兼任律师、仲裁员和公证员。

三、事业单位人员

事业单位中的公职人员是否可以从事营利性活动或兼职取酬，要根据身份、职务、行业规定、兼职行为性质等区别对待。首先，参公事业人员不得兼职取酬。经批准参照《公务员法》管理的或者事业单位工作人员，应当遵守《公务员法》中不得"从事、参与营利性活动"和"兼职取酬"的规定。其次，事业单位领导人员不得兼职取酬。中组部《关于进一步规范党政领导干部在企业兼职（任职）问题的意见》（中组发〔2013〕18号）和《执行中组发〔2013〕18号文件有关问题的答复意见》规定，党政领导干部不得经商办企业、从事个体经营活动和有偿中介等，并明确"其他领导干部"包括非参公管理的"事业单位及其内设机构的领导人员"。

对于事业单位中未担任领导职务人员，能否从事营利性活动或兼职取酬，目前国家层面并无统一规定，是否违规，主要从三个方面判断。一看其所在地区、行业领域、系统、单位等是否有禁止性规定。二看其经济行为是否与其履职行为有冲突，可能影响正确履职、公正履职。三看是否按要求履行过审批手续。《关于支持和鼓励事业单位专业技术人员创新创业的指导意见》等文件政策，支持和鼓励事业单位专业技术人员兼职创新或者在职创办企业等。此类人员只要根据文件精神要求履行过审批手续从事经营性活动的，均不违规违纪违法。

四、国企人员

对于国有企业中的公职人员，《国有企业领导人员廉洁从业若干规定》第五条（一）规定，国有企业领导人员不得"个人从事营利性经营活动和有偿中介活动，或者在本企业的同类经营企业、关联企业和与本企业有业务关系的企业投资入股"；第五条（六）规定，国有企业领导人员不得"未经批准兼任本企业所出资企业或者其他企业、事业单位、社会团体、中介机构的领导职务，或者经批准兼职的，擅自领取薪酬及其他收入"。《企业国有资产法》第七十一条规定，国家出资企业的董事、监事、高级管理人员不得违反本法规定与本企业进行交易。

五、村社干部

对于基层群众性自治组织中从事管理的人员，国家没有特殊的限制。有的地方性法规和地方政府规章作出了限制性规定，如《浙江省村级组织工作规则（试行）》第十五条第二款规定，"村党组织、村民委员会、村务监督委员会、村经济合作社班子成员本人及其近亲属、近姻亲属均不得参与本村建设工程和项目的投标、承包"。

六、其他依法履行公职的人员

对于其他依法履行公职的人员，能否经商、兼职，一看有无相关明确规定，如《人民陪审员法》第六条规定，律师、公证员、仲裁员、基层法律服务工作者不能担任人民陪审员，因此人民陪审员不得兼任上述职务。二看其经商、兼职行为是否与其履职行为冲突，可能影响公正履职，侵害职务廉洁性。如政府雇员，在其管理服务领域经营企业或在此类企业中持有股份，与其管理服务对象合资合股经商办企业等行为，与其履职相冲突，应属违规。

七、离职、退（离）休人员

对于离职或者退（离）休人员，从业或兼职违纪违法行为的关键要看是否影响原任职务的廉洁性、是否经过组织批准、是否牟取非法利益等。《公务员法》第一百零七条规定，"公务员辞去公职或者退休的，原系领导成员、县处级以上领导职务的公务员在离职三年内，其他公务员在离职两年内，不得到与原工作业务直接相关的企业或者其他营利性组织任职，不得从事与原工作业务直接相关的营利性活动。"

对系专业技术人员的事业单位党员领导干部,如高校、科研院所领导人员退(离)休后,经组织批准,可以到与本单位业务领域相近的企业兼职,也可以按照平等协商、报酬合理的原则获取薪酬等合法利益。对于离职或退(离)休的党员领导干部,通过与原任职务无关的劳务活动获得报酬,从事属于一般社会观念认可的日常经济行为,应与具有浓厚商业性质的企业兼职区别对待。

此外,公职人员下班后摆地摊(从事小买卖)是否构成违纪?遇到这类问题,主要从两方面把握"违规从事营利活动"的认定。

实践中,对何为构成违纪行为的"违规从事营利活动",一直存在认识上的困惑。如,有观点认为,党员干部只要是工资以外的收入,包括下班后送外卖、借款给他人收取正常利息、出租店面收取租金等均属于违规从事或参与营利活动。笔者认为,这种观点没有准确把握《中国共产党纪律处分条例》《公务员法》的主要精神,只是简单机械地理解条文。认定违规从事营利活动,必须以违反有关规定为前提,要对"营利活动"作限制性、实质性的解释,而不能简单地将一些日常经济行为混同于违规从事营利活动。具体来说,可以从以下两个方面加以把握。

第一,从事营利活动构成违纪的前提必须是违反有关规定。2018年修订后的《公务员法》第四十四条规定公务员不能违规兼职、不能违规领取兼职报酬,第五十九条规定公务员不得"违反有关规定从事或者参与营利性活动,在企业或者其他营利性组织中兼任职务"。此处有两点需要注意。一是2018年修订的《公务员法》第五十九条规定与2005年《公务员法》第五十三条规定相比,增加了限制性用语"不得违反有关规定",与党纪处分条例中关于党员干部不得违规从事营利活动的规定相一致,可有效避免实践中人为加码和扩大化现象,需认真领会。二是2017年人力资源和社会保障部出台了《关于支持和鼓励事业单位专业技术人员创新创业的指导意见》(人社部规〔2017〕4号),"支持和鼓励事业单位专业技术人员到与本单位业务领域相近企业、科研机构、高校、社会组织等兼职,或者利用与本人从事专业相关的创业项目在职创办企业""支持和鼓励事业单位专业技术人员离岗创新创业",事业单位专业技术人员可以带着科研项目和成果离岗创办科技型企业或者到企业开展创新工作。据此,事业单位专业技术人员按有关政策兼职、创业,不应被视为违规从事营利活动。

第二,关于"营利活动"的含义或界定。"营利活动"可以从两个方面来理解:一是党员干部参与的活动或参加的组织所从事的活动是以营利为目的,二是参加的活动或参加的组织的收入在成员中进行分配。党规党纪、法律法规禁止党员干部违规参与营利活动或在企业和营利性组织中兼任职务，但并不是禁止他们的一切经济行为。在执纪中，应当将营利性质浓厚的商业行为与一般社会观念认可的经济行为作适度区分，不能简单地认为只要党员干部实施经济行为就是违规从事营利活动。如，公务员可以依照规定在证券市场上进行申购、买卖股票等有价证券，但是不准其参与上市企业的日常经营管理活动等；党员干部将其个人通过合法收入购买的门店长期出租给他人收取租金，在不影响公正执行公务的情况下，只能算作一种简单的经济行为。

党员干部既是社会公共事务的管理者和服务者，也是一个地区经济社会发展的亲历者和参与者。纪检监察机关在适用违规从事营利活动的兜底条款时，必须从党内法规、法律法规立法本意上进行把握，即为了防止公职人员边做"官"、边经商，公私不分，利用职权或职务上的影响谋取私利，破坏社会公平。对违规从事营利活动进行界定时必须保持谦抑性。最后，本文只是对"违规从事营利活动"认定在客观方面的概括性把握，党规党纪和法律法规等对相关主体（如事业单位人员、国有企业领导人员、离退休或辞去公职的人员等）另有规定的，从其规定。

利益输送有哪些常见类型

纪检监察工作实践中，常常遇到利益输送有关违纪违法犯罪问题。作为廉政语境下的一类腐败行为，利益输送是指公职人员利用职权将公共利益转换成私人利益的活动过程，其实质是公权力的私有化使用。对该类腐败行为进行类型化梳理分析，有助于准确界定和区分相关违纪和职务违法犯罪行为，从而更好地指导监督执纪执法实践。具体而言，根据利益输送方式的不同，可以将利益输送行为分为以下几种类型。

一是贪污侵占型。该种利益输送行为是指公职人员利用职权将本人可支配和控制的公共利益直接转移给自己。实践中，该种利益输送行为具有多样性，有的甚至披上了合法化的外衣。例如，以购买办公用品、参加会议培训、公务接待等名义虚列或多列经费开支的行为，虽然表面上看似具有合法性，但实质是借机套取公共资金私分或据为己有的不正当行为；再如，在国有企业破产清算或改制过程中，国有企业管理人员利用职权隐匿企业资产，进行"体外运作"，趁机侵吞占有的行为，也是该种利益输送行为的表现形式。从定性上看，根据情节的严重程度，违纪层面可能构成本人侵占公私财物、占用公物等违反廉洁纪律的行为；职务违法层面可能构成利用职权或者职务影响为本人谋取私利，违反规定从事或参与营利性活动、兼任职务、领取报酬等职务违法行为；犯罪层面可能构成贪污罪、职务侵占罪、私分国有资产罪等犯罪行为。

二是为亲友谋利型。该种利益输送行为是指公职人员利用职权将本人可支配和控制的公共利益转移给自己的近亲属、情妇（夫）及其他特定关系人。从行为结构看，该行为是一种单向利益输送活动，利益输出方是公职人员，利益输入方是与公职人员关系密切的一般公民个体，且输出方通常并不要求输入方给予回报。实践中，该种利益输送行为具有较强的隐蔽性，不易被发现和查处。此类行为比较典型的包括：国有企业管理人员的特定关系人在本企业的关联企业投资入股；公职人员利用职权将国有资产委托、租赁、承包给特定关系人经营，以明显高于市场的价格向其亲友经营管理的单位采购产品，或者以明显低于市场的价格销售产品；等等。从定性上看，根据情节的严重程度，违纪层面可能构成利用职权为亲属、特定关系人在工程招投标、公共财政支出等方面谋利等违反廉洁纪律的行为；职务违法层面可能构成利用职权或职务影响为他人谋取私利，纵容默许特定关系人利用本人职权或职务影响谋取私利等职务违法行为；犯罪层面可能构成为亲友非法牟利罪、滥用职权罪等犯罪行为。

三是权钱交易型。该种利益输送行为是指公职人员利用职权向请托人输送公共利益，作为回报，请托人以现金、干股、房产等形式向公职人员或其特定关系人输送私人利益。从行为结构看，该行为是一种双向型利益输送活动，公职人员用公共利益换取私利，请托人用私利换取公共利益，交易双方各取所需。从定性上看，根据情节的严重程度，违纪层面可能构成利用职权为他人谋取利益，本人的亲属、特定关系人收受财物等违反廉洁纪律的行为；职务违法层面可能构成贿赂、向公职人员赠送可能影响公正行使公权力的礼品礼金等职务违法行为；犯罪层面可能构成受贿罪、利用影响力受贿罪、行贿罪等犯罪行为。

四是权权交易型。该种利益输送行为是指公职人员利用职权相互为对方及对方的特定关系人谋取利益。从行为结构看，该行为是一种双向"官官勾结"型利益输送活动，公职人员均未利用本人的职权直接获取利益，而是通过其他公职人员的职权间接获取利益。实践中，国有企业领导人员利用手中经营管理职权，相互为对方及配偶、子女和其他特定关系人从事营利性活动提供便利条件，就属于此种利益输送行为。从定性上看，违纪层面可能构成相互利用职权为对方及其亲属、特定关系人谋取利益搞权权交易等违反廉洁纪律的行为；职务违法层面可能构成滥用职权等职务违法行为；犯罪层面，如果该种利益输送行为致使公共财产、国家和人民利益遭受重大损失，可能涉嫌滥用职权罪。

新型腐败和隐性腐败的突出特点与惩治对策初探

随着反腐败斗争的持续发力、纵深推进，腐败分子变得更加"小心""狡猾"，腐败的手段越发隐形变异、翻新升级，用权谋利的方式从原来"本人在台前""利用职权为他人直接办事"演变为"隐藏于幕后""借助职务影响力""间接为他人谋利"，接受利益输送的方式由"在职时办事收财""直接赤裸裸收受现金""一事一清、一单一结"等，演变为"在职时办事离职后收财""不直接收受财物""以市场化和民事化的手段变相敛财""多单统结、期权兑付"等，腐败形式和手段更加具有伪装性、欺骗性、迷惑性，给查处和认定带来困难。

一、新型腐败和隐性腐败的突出特点

一是腐败主体隐身化。传统腐败中，腐败分子与行贿人直接接触联系，沟通请托事项，贿送接收财物，行受贿主体清晰明确。随着腐败行为的隐形变异，腐败分子从"台前"隐于"幕后"、从"现身"变为"隐身"，利用身份职务和影响力暗中提供帮助，让配偶、子女，或与自己关系密切、信得过的亲属、同学战友、司机秘书、商人老板等人冲在台前，当"白手套""代理人""中间人"，做"权力掮客""台前木偶""腐败搭档"，与行贿人或下属进行沟通联系，转达请托事项，接受利益输送，而自己则在幕后做"实控人""影子股东"，形成"我办事、他收钱"，甚至"他办事、他收钱"的敛财模式，有的行贿人甚至根本没有接触到领导干部，"只闻其名、不见其人"。腐败主体的隐身化、行贿人与公职人员联系的间接化、利益输送链条的拉长化，给行为的定性增加了难度。比如，特定关系人大肆受贿敛财，根据领导干部主观故意和客观参与程度不同，既可能认定为共同受贿，也可能是特定关系人单独构成利用影响力受贿、领导干部构成违纪等。此外，由于参与腐败的链条长、主体多，并非简单直接的"一对一"行受贿关系，除领导干部外，还涉及对包括特定关系人、中间人和请托人等其他参与者的相关行为性质的认定。

二是行权方式间接化。与以往领导干部直接利用本人主管、负责、承办公务的职权或通过有隶属、制约关系下属的职权，为请托人谋取利益不同，当前"利用职务便利"呈现多样化、间接化的特点。在行使权力的类别上，除了利用本人职权外，有的利用职务和地位的影响力，通过与自己无职务隶属、制约关系的同事、同行等其他国家工作人员的职务行为，为请托人谋利；有的通过本人曾提供过帮助或目前有监督、管理、制约关系的私营企业主等非国家工作人员，为请托人谋利。在具体行权方式上，除了赤裸裸直接给办事的人"打招呼""提要求"外，还采取同意见面、参加饭局、出席站台、引荐相识、从中斡旋甚至由身边人代替本人出面等间接的方式，让被打招呼者心领神会，帮助完成谋利事项。行权的间接化在形式上弱化了领导干部职权与谋利事项的关联关系。

三是好处占有非己化。与传统的利用职权帮助他人牟利后本人直接收受财物不同，许多腐败分子完成谋利事项后不直接收受财物，而是授意请托人去完成某个事项。有的让请托人给第三人支付费用，有的让请托人给第三人"出借款项"或为其项目进行"投资"，有的安排请托人去帮自己"运作仕途""逃避查处""摆平麻烦"，有的要求请托人从指定处高价购买不需要的商品，有的以"公益"名义要求请托人给指定的"慈善组织"捐赠，等等。由于领导干部本人没有直接收受、占有、使用钱款的行为，给性质认定带来难度。

四是权钱交易民事化。为了掩饰行为性质，腐败分子故意将权钱交易与普通民事行为交织混同，为其披上"合法"外衣。有的打着民间借贷的旗号，不管请托人是否有实际资金需求，直接向其放贷收取巨额利息，或向请托人借入巨额资金，长期无偿使用，但案发前已归还本金；有的打着正常工作的幌子，让特定关系人在请托人公司实际上班，或领取超高薪酬，或由本人利用职权帮助承揽业务后，特定关系人据此领取业绩"提成""奖金"；有的以房产交易为掩护，或把本人房产与请托人房产进行置换，或将房产"出售"给请托人但收到房款后仍长期占有房屋、拒不过户，或在请托人处交付少量定金，待房产升值后转卖获利，或从请托人处获得稀缺的"房号"转手卖掉；等等。由于上述行为表面上与普通民事行为相似，给定性带来难度。

五是利益输送市场化。实践中，传统直接收受财物的腐败行为越来越少，腐败分子故意将行为与投资、经营、合作等商业行为混在一起，给利益输送套上市场化的"马甲"，混淆行为性质。有的让特定关系人成立公司，与请托人签订合同，以"咨询服务费""财务顾问费"等名义收取费用；有的实际出资入股请托人公司，通过持股份额获得超出份额对应比例的巨额"分红"；有的从请托人处购买未上市公司的原始股，利用职权帮助完成上市后再抛售，获得巨额利益；有的打着"合作"的旗号，由请托人出资金，本人利用职权提供"投资机会"，获利后双方共享收益，"借鸡生蛋"稳赚不赔；有的要求请托人增设交易环节，让自己的特定关系人参与其中，变相获得利益；等等。

六是贿赂标的虚拟化。领导干部与请托人之间权钱交易的标的物，除了传统的钱款、房产、黄金等贵重财物，以及字画、古董、年份茶、年份酒等各种确定价格相对难度较大的实体物品外，还包含优惠、折扣、欠款、利息、分红、股票、股份、预期收益、债权债务、应支付未支付的费用等形式多样甚至难以被实际感知的虚拟性利益。比如，有的为请托人谋利后，从请托人处索要工程项目的承建权，直接转包给第三人获利；有的不收受请托人财物，但让其给自己出具同等金额的欠条；有的让请托人为自己设计保底无风险的金融产品；有的让把本人购买的无法兑付的理财产品或债权买走；等等。由于我国《中华人民共和国刑法》对于贿赂犯罪采用的是"计赃论"模式，贿赂标的物的虚拟化给认定行为性质和确定犯罪数额带来难度。

七是收益来源多样化。与传统腐败分子获得的收益直接来源于行贿人的输送不同，当前腐败分子获得的巨额收益，往往来源多样、性质交织，既包含作为公权力交换的贿赂物，又包含行为人利用权力获得机会后本人投入劳动资金经营等要素而获得的违纪所得。比如，特定关系人在请托人公司领取的高额薪酬和奖金，既有实际工作的报酬，也可能包含领导干部职权身份的对价；领导干部给请托人放贷收取的利息，既包含民间借贷中出借资金的应得收益，又可能包含请托人变相输送的好处；领导干部抛售原始股后获得的巨额收益，既有请托人让渡稀缺性机会时蕴含的利益，又有投资本金承担一定风险后获得的应得利益，还有因市场大幅上涨、个人精准抛售股票而带来的股价升值；等等。收益来源交织复杂，有时难以精准、客观地进行区分辨别。

八是权钱关联割裂化。腐败由原来"先收财后办事""在职时收财办事"，演变为"在职时先办事""离职后再收财"，主要表现为在职时利用职权大肆为请托人谋利，但不收受财物，在谋利事项积累到一定程度后，通过正常退休、"逃逸式"辞职、"旋转门"等离职方式，先脱离组织，成为"自由人"，再以各种名义变相完成利益输送，实现权力的延迟变现。有的在职时双方达成约定，离职后按约履行，直接收受请托人财物；有的在职时没有约定，但彼此心照不宣，离职后以"咨询""顾问"等名义收受好处；有的提前"筑巢"，在职时与请托人达成协议，离职后直接入职请托人公司，或以"安家费""补偿金"等名义一次性领取巨额钱款，或任公司高管，领取巨额薪酬；等等。通过刻意在时间上割裂职务身份、谋利事项与收受财物行为之间的关联，拉长权钱交易周期、延缓权力兑现时机，进一步模糊行为性质。

九是主观故意深藏化。腐败分子与请托人之间权钱交易的主观故意，从原来对行为性质有清晰的联络沟通、有赤裸裸的直接追求，变为对权钱交易的沟通更加模糊、对谋利事项和贿赂标的物数额的明知更加概括、对利益输送的主观追求更加隐藏，常常表现为表面上彼此没有沟通，但实际双方却"心知肚明""心照不宣""心领神会"，在主观故意上呈现出间接化、模糊化、深藏化的特点。比如，有的领导干部从请托人处大额借款并为其谋利后，故意久拖借款不还，请托人对此不提不催、不闻不问，虽然双方没有免除债务的明确意思表示，但彼此"心知肚明"；有的授意请托人为自己完成某个事项，但没有明确告知其需要"花钱"，表面上似乎对请托人为此需要支付钱款和具体数额都不知情，但实际彼此"心照不宣"；有的将身边人介绍给下属或请托人，由他们出面进行勾连办事、权钱交易，本人躲在背后，表面上似乎没有实施任何利用职权打招呼或收受财物的行为，实则各方均"心领神会"；等等。

综上所述的系列新特点新表现，导致新型腐败和隐性腐败行为不像传统腐败行为一样，性质十分清晰明了，而是表现得"似是而非"，给精准甄别性质带来困难与挑战。除了上文提到的情形外，有的领导干部借助本人职务所获的信息或结识的"人脉"，在单位或个人之间"牵线搭桥""穿针引线"，事后收受"介绍费"，在此过程中，职权作用发挥不明显，利用信息差"居中斡旋"的作用更突出，行为性质处于"从事有偿中介活动"和受贿犯罪边缘；有的从请托人处借钱炒股炒房投资，约定亏损由请托人承担，但最终并未亏损，赚钱后如数归还本金甚至还支付利息，仅将收益部分留下；有的仅仅与请托人口头约定收受财物并由行贿人代持但至案发均无任何实际取用的行动；有的收受贿赂后在没有关联人或事被查处的情况下，虽"不及时"但却主动将财物退还给行贿人；有的收受财物后又向行贿人回赠大额财物；等等。

二、惩治新型腐败和隐性腐败的对策建议

面对腐败的新表现新动向，纪检监察机关要深学细悟习近平总书记在二十届中央纪委三次全会上的重要讲话精神和习近平总书记关于党的自我革命的重要思想，全面贯彻落实二十届中央纪委三次全会工作部署，持续发力、纵深推进，有力有效惩治新型腐败和隐性腐败。

一是要保持政治定力。始终保持清醒头脑，善于从政治上看、从政治上办，保持新征程惩治新型腐败和隐性腐败的坚定决心、强大意志和持续耐力，

绝不回头、绝不松懈、绝不慈悲，永远吹冲锋号。坚持一体推进不敢腐、不能腐、不想腐，深化标本兼治、系统施治，通过驰而不息严肃惩治、严厉打击、有效防范，不断拓展反腐败斗争深度广度，持续铲除腐败问题产生的土壤和条件，让旧的腐败问题逐渐减少，让新型腐败问题难以蔓延。

二是要增强斗争精神。面对惩治新型腐败和隐性腐败面临的困难挑战，要始终保持斗争精神，事不避难、义不逃责，坚决担负起该担负的责任，坚决履行好应履行的职责，在反腐败斗争一线攻城拔寨、攻坚克难，以狭路相逢勇者胜的精神，坚决打赢反腐败斗争攻坚战持久战。面对新情况新问题，要保持积极的探索精神，有逢山开路、遇水架桥的勇气和敢为天下先的闯劲，敢于接受新挑战，善于解决新问题。

三是要深化规律认识。加强对执纪执法实践中新情况新问题的关注，保持高度的敏锐性和有效的洞察力，不断提高及时发现腐败新动向新特点的能力。落实深学习、实调研、抓落实工作法，注重梳理归纳、思考研究，不断总结规律、提炼经验，持续深化对腐败新表现新动向的规律性认识，强化对新型腐败和隐性腐败的快速处置。

四是要提高专业能力。树立穿透意识，透过现象看本质，认清许多腐败行为的隐形变异实质是行为人掩饰权钱交易的工具与幌子，揭开遮盖在腐败行为上"市场化""民事化""合法化"的面纱。坚持主客观相一致原则，强化主观方面证明，善于根据案件客观事实，借助常识常情常理和逻辑法则、经验规则，对行为人真实的主观认知和心理意图进行分析和证明，将深藏化、模糊化的违纪或贪污受贿犯罪故意，挖掘并清晰地展现出来。增强系统思维，精准理解适用条文背后蕴含的纪法精神和价值追求，善于从整体上把握行为性质，防止简单机械地做出"全部入罪"或"全部出罪"的结论。秉承刑法的谦抑精神，牢记罪刑法定、疑罪从无、罪责刑相符等基本原则和价值追求，保持刑罚的克制与审慎。坚守客观公正的价值追求，既借助明确的纪法条文和严密的逻辑推理，保证认定结论的理性，又依靠大众的朴素价值观，反复校验结论的合理性公平性，确保结论形式正义与实质正义兼备。

加强教育管理监督，
引导年轻干部守住拒腐防变防线

党的二十大报告强调，"全党要把青年工作作为战略性工作来抓"。二十届中央纪委二次全会进一步要求高度重视年轻领导干部的纪律教育。年轻干部是党和国家事业的接班人，年轻干部能否健康成长成才，事关党和人民事业后继有人这个根本大计。要从严从实加强教育管理监督，引导年轻干部对党忠诚老实，坚定理想信念，牢记初心使命，正确对待权力，时刻自重自省，严守纪法规矩，扣好廉洁从政的"第一粒扣子"。年轻干部是党和国家事业的"生力军"，要加强年轻干部教育管理监督，教育引导年轻干部成为党和人民忠诚可靠的干部。加强对年轻干部的教育管理监督，帮助其在严管下成长、在磨砺中成才，是确保党和人民事业薪火相传、后继有人的根本大计。

要认真研究贯彻落实干部监督工作相关政策、法规和文件精神，从严从实加强教育管理监督，引导年轻干部对党忠诚老实，坚定理想信念，牢记初心使命，正确对待权力，时刻自重自省，严守党纪法规，着力打造奋发有为、锐意进取、实干担当的年轻干部队伍。要高度重视年轻领导干部纪律教育，纠正一些年轻领导干部对党规党纪不上心、不掌握、不执行等问题。强化对年轻干部的日常监督，对苗头性、倾向性问题早发现、早提醒、早纠正，对违纪违法行为严肃处理。建立健全年轻干部定期轮岗交流制度，在不同岗位上锻炼和检验年轻干部，强化其责任意识，促使其成长为党和人民忠诚可靠的干部。

一、做细做实年轻干部日常监督

年轻干部是党和国家事业的接班人，肩负着重要的历史责任和时代责任。纪检监察机关要把严的要求贯穿年轻干部教育管理监督全过程，做细做实日常监督，强化经常性纪律教育，着力提高年轻干部拒腐防变能力。

强化教育引导，筑牢思想防线。加强对年轻干部的教育引导，督促其将坚定理想信念作为终身课题，经常进行思想政治体检，拿党章党规党纪"扫描"，确保角色不错位、行为不跑偏，经得起各种考验。加强廉洁教育，用近期查处的年轻干部违纪违法典型案例，精准施策开展警示教育，用身边事教育身边人，促使年轻干部筑牢拒腐防变防线，保持思想警醒，增强"不想腐"的行动自觉。

坚持抓早抓小，做细做实日常监督。坚持关口前移、防微杜渐，常态化开展谈心谈话，了解年轻干部在思想、学习、工作及生活方面情况，对存在苗头性、倾向性问题及时谈话提醒，防止小问题变成大错误。建立完善年轻干部监督管理工作联席会议制度，发挥相关部门职能作用，形成监督合力。建立健全年轻干部定期轮岗交流制度，在不同岗位上锻炼和检验年轻干部，强化其责任意识，促使其成长为党和人民忠诚可靠的干部。

严明纪律规矩，筑牢廉洁防线。紧盯年轻干部违纪违法易发多发风险点，针对年轻干部的岗位特点，围绕重点工作、岗位职责、业务流程等方面，让年轻干部时常主动检视自我，全面查找廉洁风险点，督促制定防控措施，不断规范年轻干部秉公用权。针对查处的年轻干部典型案件，深化以案促改、以案促治，查找监督管理薄弱环节和制度漏洞，健全完善授权、用权、控权制度机制，督促案发单位做实"一案一整改"。

二、为年轻干部成长明方向立规矩

党的二十大报告深刻指出，广大青年要"怀抱梦想又脚踏实地"。年轻干部生逢伟大时代，是党和国家事业发展的生力军，纪检监察机关要帮助年轻干部扣好廉洁从政"第一粒扣子"，切实为年轻干部健康成长保驾护航，激励其在新时代新征程中贡献力量、创造业绩。

强化教育引导，帮助年轻干部坚定理想信念。理想信念是党员干部精神上的"钙"、思想上的"总开关"。要教育引导年轻干部用习近平新时代中国特色社会主义思想凝心铸魂，深刻领悟"两个确立"的决定性意义，增强"四个意识"、坚定"四个自信"、做到"两个维护"，进一步筑牢理想信念根基，补足精神之钙。要高度重视年轻领导干部纪律教育，纠正一些年轻领导干部对党规党纪不上心、不掌握、不执行等问题，定期举办年轻干部党章党规党纪专题教育，为年轻干部履职尽责列出正负面清单，划出纪律红线，督促其时刻保持清醒头脑，坚守底线、不越红线。把正向引导和反面警示结合起来，运用违纪违法典型案例和身边人身边事开展警示教育，以案明纪，促进年轻干部引以为戒、醒悟知止。

把日常监督做细做实，使监督常在、形成常态。要把监督挺在前面，强化对年轻干部的日常监督，对苗头性、倾向性问题早发现、早提醒、早纠正，对违纪违法行为严肃处理。要关注年轻干部八小时以外情况，督促其净化"社交圈""生活圈""朋友圈"，筑牢拒腐防变防线。要准确把握从严管理监督和鼓励担当作为内在统一的关系，坚持严管和厚爱结合、激励和约束并重，落实"三个区分开来"，通过明方向、立规矩、正风气、强免疫，充分调动保护年轻干部积极性、主动性、创造性。

三、结语

加强对年轻干部的教育引导和约束管理体现了对年轻干部的政治关心，加强对年轻干部的警示教育就是为了让他们防微杜渐、炼就金刚不坏之身，在今后成长的路上走得更稳、更远。广大年轻干部要在各级党组织的引领下，筑牢拒腐防变的坚固防线。要不断提高政治判断力、政治领悟力、政治执行力，把对党忠诚作为首要政治品质和政治生命线，切实把对"两个确立"决定性意义的深刻领悟转化为践行"两个维护"的高度自觉。要坚定马克思主义信仰，补足精神之钙、把稳思想之舵，以理论上的坚定保证行动上的自觉，以思想上的清醒保证用权上的谨慎。要不断加强道德修养，严格家风家教，自觉净化朋友圈，远离低级趣味和不良嗜好，勤掸"思想尘"、多思"贪欲害"、常破"心中贼"，时刻保持对"腐蚀"和"围猎"的警觉，牢牢守住政治关、权力关、交往关、生活关、亲情关，在新征程上不出事、不失足，健康成长，行稳致远，努力成为可堪大用、能担重任的栋梁之材。

做好巡察工作的六种能力和六种方法

政治巡察，是全面从严治党的重要手段，是反腐败的利剑。巡察监督对于夯实管党治党政治责任，推动全面从严治党向基层延伸，具有重要的意义。巡察工作坚持问题导向，通过发现问题、督促整改、形成震慑，进而凸显巡察工作成效。巡察监督的关键是精确发现问题，巡察组组长应当具备六种能力，运用六种行之有效的方法。

一、巡察组组长应当具备的六种能力

巡察组组长作为巡察组这个团队的领导者，在政治巡察中起到至关重要的作用。巡察组组长应当具备过硬的政治素质、过硬的工作作风，还应当拥有六种能力。

（一）带领团队高效运作的凝聚力

巡察组是一个团队，成员来自多个单位部门。组长要让巡察组成员真正认识自己的能力是什么，定义好组员在团队中的作用，让组员充分把握工作责任重心，把来自不同单位、具备不同知识、技能和经验的人综合在一起，形成角色互补，从而达到整个团队的有效组合。

（二）把握正确巡察方向的引领力

巡察是政治巡察，不是业务巡察。巡察组组长一定要以习近平总书记关于巡视巡察工作的系列重要讲话和指示作为新时代巡察工作的根本遵循，重点检查党组织是否维护党章权威、贯彻从严治党方针、执行党的路线方针政策和决议的情况，是否存在党的领导弱化、主体责任缺失、从严治党不力等问题。重点检查政治纪律执行情况，着力发现腐败、纪律、作风和选人用人方面的突出问题，发挥震慑遏制治本作用。

（三）把握巡察主动权的控制力

巡察工作主动出击，才能占据有利位置，掌握主动权。巡察前全面收集被

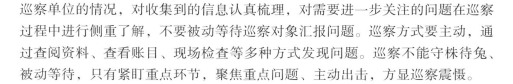

巡察单位的情况，对收集到的信息认真梳理，对需要进一步关注的问题在巡察过程中进行侧重了解，不要被动等待巡察对象汇报问题。巡察方式要主动，通过查阅资料、查看账目、现场检查等多种方式发现问题。巡察不能守株待兔、被动等待，只有紧盯重点环节，聚焦重点问题、主动出击，方显巡察震慑。

（四）细查深究精准发现问题的研判力

巡察发现问题要注重从细处入手，善于从疑点细节突破问题，善于梳理线索深入发现问题，发挥政治巡察"探照灯"和"显微镜"的作用。巡察不仅要发现问题，更要精准定性问题，组长应当加强分析研判，历史、辩证地看待问题，全面、客观地分析问题，切实把问题弄清楚、搞透彻，做到定性准确、依据正确，防止片面化和绝对化。

（五）透过现象看本质的洞察力

巡察组应当着力发现根本性、深层次的问题，巡察组要对分散的、表面的问题进行综合分析，归纳出被巡察单位存在的深层次问题，提出有针对性的可以落实的整改措施。洞察问题本质的本领至关重要，分析问题必须从事实材料出发，善于观察和分析问题表象，找出其中的共性，进而归纳出本质原因。

（六）督促问题整改的推动力

发现问题不是巡察的最终目的，督促巡察整改主体责任落实、推进重点难点问题整改、深化标本兼治，方能真正发挥巡察工作的成效。巡察反馈之后并不是巡察工作的终结，巡察组组长还要督促被巡察单位切实把整改责任扛在肩上、抓在手上、落实到行动上、体现在效果上，进一步增强抓好巡察整改的政治责任。

二、精准发现问题可采取的六种方法

巡察工作应始终坚持问题导向，巡察组要牢固树立"发现不了问题就是失职，不如实报告巡察情况，隐瞒、歪曲、捏造事实就是渎职"的理念，把精准发现问题真正落在实处。巡察可以采用以下六种方法发现问题。

（一）脉络梳理法

"凡事预则立，不预则废"，没有事先的计划和准备，就不能获得巡察的真正成功。巡察准备阶段对被巡察单位基本情况的把握至关重要。巡察组在进驻前，要详细了解被巡察单位的职责职能、年度工作情况和党风廉政建设考核情况以及纪律监察机关和检察机关提供的问题线索。依据中央、省委、市委做出的重大决策部署，从政治站位的高度把巡察对象摆进去，分析出巡察的重点方向、应当查找的主要问题。

（二）问题谈话法

进驻后，从查阅台账（领导班子学习笔记、党风廉政建设纪实本、领导干部党性分析材料、"两学一做"等政治学习心得体会，党委党组会议记录，干部选拔任用相关材料，纪检监察部门查办问题线索的档案，具有行业特点的工作痕迹等）入手发现问题，拟定个性化谈话提纲，带着问题对被巡察单位领导班子成员、重点对象谈话，让纸质档案台账"说话"。

（三）延伸检查法

基层单位和基层党组织是被巡察单位落实任务的基石，最能展现被巡察单位全面从严治党政治责任的落实情况，最能听到反映问题的声音。延伸检查基层单位就是"以下看上"，真正找到被巡察党组织领导弱化"弱"在哪些方面，党的建设缺失"缺"在哪些环节，全面从严治党不力"失"在何处。

（四）查阅账目法

通过检查财务账目重点发现腐败和作风问题。巡察组应当了解被检查对象的银行账户开设情况、账目结构情况，重点关注被巡察单位下属部门及主办的协会学会、职工技协等社会组织的财务情况，从查阅银行明细账、现金日记账入手，进而调阅可疑财务凭证，从中发现问题。查阅账目应当结合审计部门对被检查单位领导干部经济责任审计、任期审计结果，以纪律的眼光查找问题。

（五）问题印证法

通过检查被巡察单位纪检部门处置办理问题线索的情况，查找全面从严治党主体责任、监督责任落实存在的问题。重点看问题线索分析排查、初步核实、立案审查、处分决定问责追责是否依法依规进行，抽查群众反映的突出问题是否得到有效解决，以办理问题线索的质量作为试金石，检验监督责任落实成效。

（六）固定证据法

巡察发现问题，应当在第一时间固定基本证据。主要做法有：一是梳理问题清单，二是复印相关书证，三是制作谈话记录，四是形成情况说明。巡察不履行纪律审查职责，固定证据的目的在于问题线索移交后，为纪检监察机关查办案件创造条件。巡察组提供的证据是问题线索成案的关键，证据是否有效、是否扎实，直接关系到巡察是否能够形成震慑。巡察组每一位成员都应当树立证据意识、熟悉取证方法、遵守取证程序，这样才能把精准发现问题做实。

综上所述，政治巡察既要掌握具体的工作方法，更重要的是以"清简务本、行必责实"作为工作理念落实巡察任务。这个"本"，就是紧紧扣住政治巡察这个根本，不能有丝毫偏离；"实"就是求真务实、脚踏实地，实实在在努力工作，实实在在攻坚克难，实事求是查找问题、分析问题、整改问题。这样，巡察工作才能取得实实在在的成效。

"巡视巡察"金句 30 条

1. 既梳理上级反馈的问题，也查摆自己发现的问题；既查找存在的差距和薄弱环节，也查找可能出现的问题和风险点；既查摆苗头性、倾向性的问题，也深挖潜在性、沉淀性问题。

2. 主动认领问题，主动整改落实，做到整改工作不打折扣、不搞变通、不相互推诿、不相互扯皮，真反思、真整改、真较真、真碰硬。

3. 成立整改工作领导小组，制定整改落实方案，做到整改目标、责任领导、责任部门、责任人、整改时限、整改措施"六个明确"。

4. 研究部署巡视（巡察）整改落实工作，成立整改工作领导小组，制定整改落实方案，明确责任领导。

5. 建立"巡视（巡察）整改任务进度公示栏"，实行"销号制管理"，及时公布整改进度，动态更新整改台账。

6. 严格实行台账推进、整改销号制度，实行"一个问题、一名领导、一个方案、一套班子、一抓到底"的责任落实机制。

7. 把巡视（巡察）整改作为践行"四个意识"的具体实践，强化整改落实和成果运用。件件对账销号，项项查漏补缺，条条整改落实。

8. 化压力为动力，变被动为主动，深刻反思差距、主动谋划整改，确保早发现、早主动、早主动、早见效，坚定不移地把整改作为头号工程，没有弹性、没有退路的任务。

9. 真刀真枪抓整改，动真碰硬促落实。奔着问题抓整改，带着任务抓落实。面对问题不回避，整改问题不含糊。

10. 坚持思想不松、目标不变、标准不降、力度不减，做到整改一个、销号一个、验收一个、公开一个。

11. 深化整改落实要接通"最后一公里"。打通干部"神经末梢"，疏通群众"心中怨结"，贯通干群"联系纽带"。

12. 要领导带头，压实责任，相关单位主要负责人亲自抓，制定详细整改措施，明确责任分工和完成时限。要分门别类，建立台账，一个问题一个案卷，妥善保管，存档备查。要动态管理，挂账销号，能立行立改的迅速整改到

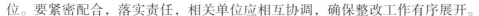

位。要紧密配合，落实责任，相关单位应相互协调，确保整改工作有序展开。

13. 要举一反三，既治面上问题又治里子问题，确保常抓常管，标本兼治。要深挖细究，对反馈问题追根溯源，找准症结，精准施策，靶向治疗。要严肃查办，对一些涉及干部违纪线索、群众反映强烈问题一查到底，绝不姑息。

14. 坚持标本兼治，以综合治理、源头治理实现整改成果最大化。理顺体制机制，对涉及选人用人、机构编制等问题，要规范程序，从体制机制上解决问题。防止反弹反复，始终从问题出发，强化跟踪问效，反复提、反复改，防止整改工作"前紧后松"。

15. 真"建账""管账"，按时"交账""亮账"，依据清单"查账""对账"，对号核实"挂账""销账"。

16. 高度重视巡察反馈意见，专门立会研究讨论，专项制定整改方案，逐一明确整改任务，细化分解整改事项，认真落实整改责任，狠抓措施末端落实。

17. 全面巡察是一个系统工程，改进作风是一个有机整体，前面环节与下一阶段环环相扣、息息相关。

18. 坚持领导带头，以上率下"带动改"；坚持分类整改，严查实纠"较真改"；坚持统筹联动，条块结合"合力改"。

19. 整改不力是失职，不抓整改是渎职。

20. 以"标本兼治、务求实效、统筹兼顾、上下联动、合力攻坚"为总原则，抓推进、促落实。

21. 整改是推动党的建设和事业发展的重要抓手，必须高度重视、认真对待，确保取得实效。

22. 解决一个问题、堵塞一个漏洞、完善一套有效制度，确保整改工作取得实在成效。

23. 坚持立规矩、强教育、抓整治、当后盾，抓好工作落实。

24. 打造各司其职、各尽其责，党委统一领导、部门齐抓共管，一级抓一级、层层抓落实的工作格局。

25. 将政策宣传抓到位，将督促检查抓到位，将制度完善抓到位。

26. 加强组织领导、落实目标责任，聚焦突出问题、深入剖析原因，着眼标本兼治、整改立制并举。

27. 始终坚持问题导向，勇于担当、压实责任，综合施策、标本兼治，立行立改、全面整改，扎实推进整改工作。

28. 推进平台建设，定期研判情况，创新工作机制。

29. "回头看"找到症结，"向前走"才有方向；"回头看"查得扎实，"向前走"才能踏实。

30. 强化组织建设，强化正向激励，鲜明用人导向。

内部审计结果如何运用

内部审计结果也可称为内部审计产品，主要包括审计报告和审计信息简报等。审计报告的内容涉及审计结论（总体评价和揭示问题）、审计意见和审计建议。不同的审计结果，有不同的运用路径。

一、内部审计结论及其运用

审计结论是关于审计主题的总体评价及审计发现具体问题的揭示，审计主题通常包括财务信息、业务信息、经济行为和管理制度。财务信息和业务信息，要就其真实性作出评价，对于表征绩效的财务信息和业务信息，还要就其效益性作出评价；管理制度，就其健全性作出评价。一般来说，上述这些审计主题恰恰就是组织内部对各层级管理层进行绩效评价的内容，所以，内部审计对上述各方面作出的评价，可以用于组织内部的绩效评价。

二、内部审计意见及其执行

内部审计是对财务信息、业务信息、经济行为、管理制度进行审计。一般来说，对于发现的问题要进行分析，属于信息操纵、行为违规及不作为、乱作为及其背后存在的严重制度缺陷，要提出纠正处理和处罚的意见，对责任单位和责任人要进行责任追究。

内部审计部门提出审计处理处罚意见有两种模式。一种是由内部审计部门直接进行处理处罚，通常会以内部审计报告中的"审计意见"或者通过单独下发"内部审计决定"的方式作出处理处罚。如果采用这种模式，一般需要在本单位的内部审计章程中明文规定内部审计的处理处罚权限。另一种是一些单位将对内部单位和个人的处理处罚权集中在某些部门，并没有赋予内部审计部门这种处理处罚权。在这种模式下，内部审计部门要力争将内部审计发现问题及其处理处罚的相关规定纳入本单位统一的处理处罚规章中，尽管内部审计部门本身并不直接处理处罚，但是，对于如何进行处理处罚，则有明文规定，内部审计报告中也包括建议性质的审计处理处罚意见，这并不影响内部审计部门的权威性。

三、内部审计建议及其采纳

内部审计属于建设性审计，对于发现的问题，一般需要提出审计建议，并采取一定的方式推动这些建议得到采纳。推动内部审计建议采纳有两个路径：一是内部审计部门首先进行审计咨询，然后再进行后续审计，本文称为路径1；二是内部审计部门不进行审计咨询，只进行后续审计，本文称为路径2。路径1与路径2相比，主要是增加了咨询过程，内部审计部门首先以咨询者的身份协助被审计单位解决审计建议所涉及的问题。这种咨询是以前期的确认为基础的，内部审计部门之所以能发挥咨询者的作用，是因为其通过确认服务，对于被审计单位存在的问题有了深刻的理解，没有这个前提，内部审计的咨询功能难以发挥作用。但是无论何种路径，内部审计部门都要检查内部审计建议所针对问题是否解决，这就是后续审计。后续审计需要检查已经采取的纠正措施及其效果，而不必拘泥于是否采用了审计建议中所提出的措施，毕竟解决问题是关键，用谁的方法解决问题并不重要。

四、内部审计信息简报

内部审计信息简报是内部审计部门展现其审计结果及其运用情况的一种手段，主要有三种情形：一是重要的内部审计结果及其运用情况，通过内部审计信息简报，及时让相关人士知晓，可以扩大内部审计结果的效果；二是对一定时期内内部审计发现的问题进行概括，从宏观上反映本单位存在的问题，提醒管理层关注；三是对内部审计建议采纳、审计决定执行、审计意见运用等进行报道，以通过声誉机制发挥作用。

五、内部审计结果及其运用公开

一般来说，内部审计结果及其运用公开，能够通过声誉机制发挥对审计结果运用的促进作用。例如，一些单位将内部经济责任审计结果在一定范围内进行公开，在这种情形下，各管理者的经济责任履行情况就能相互比较，也使单位内部能够了解到不同管理者的责任履行情况，这会促进这些管理者今后对责任履行的重视和投入。当然，内部审计结果公开的前提是审计质量，只有在确保审计质量的前提下才能实行结果公开。

提升纪巡审联动监督质效

要发挥审计在反腐治乱方面的重要作用，加强与审计机关协调配合，用好审计监督成果。要做好审计监督与其他监督的贯通协同，形成监督合力，做到整改到位、处理到位、问责到位。实践中，纪检监察机关要积极拓展纪检监察监督、巡视巡察监督同审计监督贯通融合、协调协同的有效路径，充分运用审计监督成果，坚决查处政治问题和经济问题交织的腐败，坚决查处权力集中、资金密集、资源富集领域的腐败，坚决查处群众身边的"蝇贪蚁腐"。

推动纪检监察监督、巡视巡察监督与审计监督贯通协同，是健全完善党统一领导、全面覆盖、权威高效监督体系的重要内容。党的十八大以来，在以习近平同志为核心的党中央集中统一领导下，纪检监察机关积极发挥协助引导推动功能，巡视机构、审计机关主动配合，纪巡审协调联动的步伐加快，进一步整合了监督资源，发挥了监督制度优势，严肃查处了一批有重大影响的典型问题线索，惩治了一批侵害群众切身利益的"蝇贪"。

党的二十大报告强调，要健全党统一领导、全面覆盖、权威高效的监督体系，完善权力监督制约机制，以党内监督为主导，促进各类监督贯通协调。二十届中央纪委二次全会指出，要发挥审计在反腐治乱方面的重要作用，加强与审计机关协调配合，用好审计监督成果。新征程上，要坚定不移落实党中央决策部署，推动审计监督与纪检监察监督、巡视巡察监督贯通协同、走深走实，在力量整合、程序契合、工作融合上下更大功夫，凝聚反腐败工作合力，推动全面从严治党向纵深发展。

探索贯通机制，形成衔接顺畅、配合有效的纪巡审协作新格局。推动纪巡审联动监督走深走实、协同高效，要在制度层面推动高效率高质量衔接协作。实践中，各地创新方式方法、健全工作机制，通过日常沟通、工作协同、成果共享等方式汇聚监督合力。有的建立健全纪巡审联席会议制度，加强联络协调，明确职责边界；有的建立健全问题线索双向移送机制，纪检监察机关、巡视巡察机构及时将有关经济领域重大违纪违法问题线索抄送审计机关予以重点关注，审计机关在对监督发现的问题线索进行甄别研判后分批移送纪检监察机关；有的建立审计报告集中评估机制，不断提升精准发现问题线索的能力⋯⋯

整合监督资源、形成监督合力，有利于提升监督效能。

强化优势互补，打好监督"组合拳"。纪检监察机关是党内监督和国家监察专责机关，在党和国家监督体系中处于主干位置、发挥保障作用；审计机关专司经济监督，在查处重大问题、揭示重大风险、监督经济权力运行方面具有独特的、不可替代的优势。要牢牢把握政治监督与经济监督内在逻辑，坚持用政治眼光研判审计监督发现的问题线索，通过分析经济问题、经济责任，发现并处理政治问题、政治责任。在监督检查、巡视巡察、审查调查等工作中要用好审计专业技术、人才资源，通过调阅审计报告，发挥大数据分析、财政财务收支管理等方面的专业特长，提高发现问题线索的能力。同时，要充分发挥审计在反腐治乱方面的重要作用，始终坚持问题导向，紧紧围绕党风廉政建设和反腐败工作重点，全面聚焦重点领域、关键环节、重要岗位谋划和安排审计工作，使其与反腐败工作紧密关联、深度融合。

强化成果运用，相向而行、同向发力，切实增强监督严肃性、协同性、有效性。纪检监察机关要立足职能职责，将审计发现问题和整改情况作为日常监督、巡视巡察、政治生态分析研判的重要内容和参考，强化监督检查，确保真改实改改到位。对整改不力、敷衍整改、虚假整改的，要严肃问责，该曝光的要曝光。针对纪巡审联动监督中发现的普遍性、苗头性、倾向性问题，综合日常监督、巡视巡察监督中掌握的情况，采取制发纪检监察建议、监督提醒通知等方式，督促责任单位及行业主管部门抓好整改工作，将更多监督成果转化为治理效能。

综上所述，纪检监察监督、巡视巡察监督与审计监督都是推进国家治理体系和治理能力现代化的重要力量，都肩负着坚定捍卫"两个确立"、坚决做到"两个维护"的重大政治责任，在保障党中央重大决策部署落地落实等方面发挥着重要作用。推动纪检监察监督、巡视巡察监督、审计监督的相互贯通、有效衔接，既是完善监督体系的内在要求，也是深入推进反腐败斗争的形势需要，能够督促对社会治理中的突出问题及时进行整改，有利于推进国家治理体系和治理能力现代化，具体应做好以下几个方面。

一是发挥"纪巡审"特有优势，打好监督"组合拳"。纪检监察监督和巡视巡察监督在党和国家监督体系中处于主干地位，侧重于政治监督；审计监督是国家监督体系的重要组成部分，侧重于经济监督。纪检监察机关要主动扛起推动"纪巡审"三类监督贯通协同高效的政治责任，加强与巡视巡察机构、审计机关的协作配合，强化工作统筹和力量协调，牢牢把握政治监督与经济监督内在逻辑，坚持用政治眼光研判审计监督发现的问题线索，通过分析经济问题、经济责任，发现并处理政治问题、政治责任。在监督检查、巡视巡察、审查调查等工作中用好审计专业技术、人才资源，通过调阅审计报告，发挥大数据分析、财政财务收支管理等方面的专业特长，提高发现问题线索的能力。同时，在审计项目部署中，要坚持问题导向，紧紧围绕党风廉政建设和反腐败工作重点，主动征求纪检监察机关、巡视巡察机构的意见建议，全面聚焦重点领域、关键环节、重要岗位谋划和安排审计工作，使其与反腐败工作紧密关联、深度融合。

二是完善"纪巡审"联动制度，提升监督治理效能。建立健全"纪巡审"联席会议制度，加强联络协调，明确职责边界，严格工作程序，严守工作纪律，定期通报有关单位"巡审"发现问题整改情况，做到信息共享、任务协同、靶向施治，以经济体检助力巡视巡察政治监督、推动纪检监察专责监督。建立健全问题线索移送机制，定期召开联席会议，纪检监察机关将日常监督、专项监督中发现问题有针对性地反馈给审计部门；审计部门把审出的经济问题移交给巡视巡察机构，核查问题背后的根源和责任，"巡审"发现问题经审核后移交给纪检监察机关闭环管理。

三是深化"纪巡审"成果互用，做实整改"后半篇文章"。纪检监察机关要将巡视巡察、审计发现问题和整改情况作为日常监督、政治生态分析研判的重要内容和参考。巡视巡察机构要将审计整改情况纳入巡视巡察监督重点，对整改不到位的有关审计方面问题，作为巡视巡察反馈意见重要组成部分，写入巡视巡察报告，及时提供给纪检监察机关和审计部门作为日常监督、审计监督的参考内容。审计部门要参考纪检监察机关、巡视巡察机构发现与审计密切相关的典型性、普遍性和倾向性问题，做好专项审计或审计调查，充分发挥审计在查办腐败案件中的独特优势，抽调政治素质高、业务能力强的审计骨干，积极参与纪检监察和巡视巡察工作，做到优势互补、形成合力。

建设新时代的纪检监察学科

2022 年，国务院学位委员会、教育部印发通知，发布《研究生教育学科专业目录（2022 年）》和《研究生教育学科专业目录管理办法》，纪检监察学进入新版学科专业目录，成为法学门类下一级学科。新版目录自 2023 年起实施。

党的二十大报告提出，必须时刻保持解决大党独有难题的清醒和坚定。创设纪检监察学一级学科，是构建中国哲学社会科学自主知识体系的重要举措之一，也是破解大党独有难题的重要举措之一。纪检监察学具有知识来源上的本土性和知识运用上的自觉性，其高质量发展必须以习近平新时代中国特色社会主义思想为指引，在学科布局、理论供给和人才培养方面始终坚持正确的政治方向，服务于深入推进新时代党的建设新的伟大工程。

纪检监察学主要研究什么？为何要设立？如何推动纪检监察学科建设健康有序发展？

一、纪检监察学是研究党和国家监督体系、党风廉政建设和反腐败以及纪检监察理论、制度和实践的综合性学科

新时代的中国正经历着伟大变革，我们党也正在进行着伟大的自我革命。党中央多次强调，全面从严治党是新时代党的自我革命的伟大实践，开辟了百年大党自我革命的新境界。在新时代全面从严治党取得历史性、开创性成就的背景下，如何系统总结纪检监察工作的理论成果、制度成果和实践成果，形成科学化、体系化、学理化的纪检监察知识体系，成为亟待解决的问题。

《中国共产党纪律检查委员会工作条例》第四十七条规定，"加强理论研究和学科建设"。《中华人民共和国监察官法》第三十二条规定，"国家加强监察学科建设，鼓励具备条件的普通高等学校设置监察专业或者开设监察课程"。

纪检监察学科的建立是深入贯彻习近平新时代中国特色社会主义思想的集中体现，是落实习近平总书记关于党的自我革命战略思想的必然要求。随着纪检监察体制改革向纵深发展，以纪检监察理论、制度与实践为研究对象的新兴

学科纪检监察学应运而生。据不完全统计，全国高校与科研院所设立的与纪检监察相关的研究机构已有100多个。

纪检监察学科是一门同党和国家事业发展密切相关、为党风廉政建设和反腐败斗争提供理论指导、具有重大现实意义的新兴学科。纪检监察学科是以习近平新时代中国特色社会主义思想为指导，对中国共产党领导下纪检监察实践的经验总结和理论概括，研究范围涉及党和国家监督体系、党风廉政建设和反腐败斗争，具有鲜明的政治属性、时代特征和实践特色。

纪检监察学是研究党和国家监督体系、党风廉政建设和反腐败以及纪检监察理论、制度和实践的综合性学科，建设纪检监察学科，是具有中国特色的开创性事业。纪检监察学科聚焦中国特色反腐败之路的重大理论和实践问题，是中国特色哲学社会科学学科体系的重要组成部分。

中共中央《关于加快构建中国特色哲学社会科学的意见》明确指出，"要加快构建中国特色哲学社会科学学科体系""重点布局一批对文明传承有重大影响、同经济社会发展密切相关的学科，发展具有重要现实意义的新兴学科和交叉学科"。

纪检监察学科作为我国哲学社会科学重要研究领域，兼有"纪"和"法"的研究范畴及特征，法学门类属性明显。同时，基于深厚的理论内涵和广泛的实践基础，体现了马克思主义、法学、政治学、党史党建等多学科融合性。

加快构建中国特色哲学社会科学，归根结底是建构中国自主的知识体系。纪检监察学科系统总结建党以来特别是新时代纪检监察工作中产生的原创性理论成果、制度成果、实践成果，提炼了新的概念、新的理论、新的逻辑、新的方法，形成纪检监察领域独特的学科体系、学术体系、话语体系，共同构成了具有中国自主知识特征的纪检监察知识体系。

因此，建设新时代中国特色、中国风格、中国气派的纪检监察学科，总结概括中国共产党领导下的纪检监察实践经验，构建起系统化、专门化的纪检监察知识体系，是加快构建中国特色哲学社会科学学科体系的重要一步。

二、在新时代全面从严治党取得历史性、开创性成就的背景下，设置纪检监察学科具有重大现实意义

党和国家重大需求是学科建设的重要导向。在新时代全面从严治党取得历史性、开创性成就的背景下，设置纪检监察学科具有重大现实意义。

设置纪检监察学科，是坚持和完善中国特色社会主义制度、推进国家治理

体系和治理能力现代化的必然要求。中国特色社会主义制度是党和人民在长期实践探索中形成的科学制度体系，我国国家治理体系和治理能力是中国特色社会主义制度及其执行能力的集中体现。监督是治理的内在要素和有机组成部分，坚持和完善党和国家监督体系，是党在长期执政条件下实现自我净化、自我完善、自我革新、自我提高的重要制度保障。

纪检监察学科围绕发展和完善中国特色社会主义监督制度开展理论研究，为解决党在长期执政条件下永葆先进性和纯洁性、健全党和国家监督体系、有效监督制约公权力等重大课题提供理论支撑，有利于以高质量党内监督、国家监察促进国家制度和治理体系提质增效，充分彰显中国特色社会主义制度的优越性。

设置纪检监察学科，是落实习近平总书记关于全面从严治党、正风肃纪反腐、一体推进"三不腐"重要论述的现实需要。纪检监察学科是我们党自我革命、自我监督的丰富实践的规律总结和理论升华，将推动正风肃纪反腐、一体推进"三不腐"工作系统施治、标本兼治，推进党和国家监督体系的完善，服务保障党和国家各项事业更好发展。

设置纪检监察学科，是加快培养纪检监察人才、推动纪检监察工作高质量发展的应有之义。随着全面从严治党深入推进，纪检监察体制改革不断深化，党和国家亟须大量纪检监察理论研究人才和实务人才。设立纪检监察学科，开展专业化教育，能够为纪检监察事业不断输送德才兼备的高素质专业化人才，有利于深化对纪检监察学基本理论和学科体系的研究，构建全面系统的知识体系，不断完善纪检监察学的基本理论体系。

腐败是全球性顽疾，反腐败是历史性、世界性难题。设置纪检监察学科，还有利于用学术语言讲好中国反腐败故事，为解决世界性问题提供思路和办法。特别是，党的十八大以来的成功实践充分证明了中国特色反腐败之路的正确性和有效性。纪检监察学科的建立将深入总结反腐败的中国方案，向其他国家传递中国经验，充分展示中国共产党在反腐败方面的政治智慧，从而提高中国在反腐败对外合作中的话语权。

三、纪检监察系统和学术界在纪检监察学科建设方面进行了有力探索

一是加强学科建设统筹谋划，强化思想政治引领。中央纪委国家监委高度重视纪检监察学科建设，以习近平新时代中国特色社会主义思想为指导，将

习近平总书记系列重要论述落实到学科建设全过程和各方面。中央纪委国家监委机关建立推进学科建设工作机制，注重发挥高校、党校、社会科学研究机构等作用，尊重学科建设规律，加强对学科建设政治方向的引导把关。深刻总结党的纪律建设、作风建设历史经验，加强纪检监察百年发展历程和宝贵经验的教学与研究，形成一批有价值的理论成果，为纪检监察学科发展提供有力支撑。

二是推进规范化法治化正规化建设，为学科建设提供制度保障。在以习近平同志为核心的党中央坚强领导下，纪检监察机关把握新时代新要求，适应新形势新任务，研究新情况新问题，不断深化纪检监察体制机制改革，推进理念创新、机制创新、工作创新、方法创新，不断夯实纪检监察学科建设实践基础。《中国共产党纪律检查委员会工作条例》《中华人民共和国监察官法》等对加强理论研究和学科建设提出明确要求，为开展纪检监察学科建设提供法规制度保障。

三是深化纪检监察理论研究，为学科建设提供理论支撑。纪检监察机关深入学习贯彻习近平新时代中国特色社会主义思想，围绕党的自我革命、全面从严治党等重大理论和实践问题开展研究。编辑出版《习近平关于坚持和完善党和国家监督体系论述摘编》《习近平关于全面从严治党论述摘编》《新中国成立以来党风廉政建设纪事》《中国共产党党风廉政建设百年纪事》等。大兴调查研究之风，中央纪委常委会坚持边学习、边调研、边工作、边总结，驻委领导同志每年度牵头开展重点课题调研，带动全系统开展常态化调查研究，总结实践经验，把握科学规律。

四是开展纪检监察系统全员培训，促进知识体系系统化。贯彻习近平总书记关于建设政治过硬、本领高强纪检监察队伍的重要要求，开展纪检监察系统全员培训，逐步实现常态化、制度化。坚守政治培训定位，紧紧围绕纪检监察中心工作设置培训主题和教学内容，推进教育培训工作规范化。积极推进教材和课程体系建设，编发《纪检监察干部培训系列课程》《纪检监察工作简明读本》等，分类编写教学大纲和规范化讲义。中国纪检监察学院进入教学培训、科研工作、学科建设和人才培养"四位一体"发展新阶段，师资力量不断加强，承担"完善党和国家监督体系研究"国家社会科学基金重大课题等，以高质量科研成果助力学科建设。

纪检监察学科建设以习近平总书记关于党的自我革命战略思想、习近平法治思想为指引，立足党的十八大以来全面从严治党丰富实践，学术界也已做了大量探索。党的十八大以来，围绕深化纪检监察体制改革和监察法实施，政治学、法学、党建学等诸多领域专家学者从各自的专业角度开展了大量学术研究，在学术专著、期刊论文以及科研项目等各个方面均取得了丰硕成果。这些研究成果为纪检监察学科的建立提供了重要的学术支撑。目前，已有一批系统介绍和阐释纪检监察实践和理论的书籍出版，纪检监察学方面的书籍也不断涌现，为纪检监察学科的设立与发展打下了良好基础。

四、加强党对纪检监察学科建设的领导，推动纪检监察学科内涵式高质量发展

纪检监察学科具有鲜明的政治属性，是凸显中国特色社会主义制度优势、彰显党对反腐败集中统一领导优势的重要学科。纪检监察学科的建立在国内外均未有先例，在学科建设史上具有中国特色开创性的重要意义。

纪检监察学科建设，必须坚持以习近平新时代中国特色社会主义思想为指导，确保学科建设正确政治方向。纪检监察学科的建设必须深刻把握党中央进行自我监督体制顶层设计的政治考量和政治内涵，在学科建构、理论研究、人才培养、教材建设和课程设置等各方面，体现党中央对依规治党和依法治国、党内监督和国家监察的整体谋划和集中统一领导，始终保持正确的政治方向。

此外，在纪检监察学科建设中，要将党的领导贯彻到全过程，通过理论创新形成纪检监察学科话语体系，从中国反腐败斗争的实践中挖掘新材料、发现新问题、提出新观点、构建新理论，加强对新时代全面从严治党实践经验的系统总结。建设纪检监察学科，应坚持理论与实践相结合，充分彰显中国特色，坚持理论源于实践，着眼中华民族千秋伟业，对我们党百年正风肃纪反腐的光辉历程和宝贵经验，特别是党的十八大以来全面从严治党取得的历史性成就、发生的历史性变革进行系统总结和学理阐释，把实践成果、制度成果提炼为理论成果。加强纪检监察基本概念和基础理论研究，构建具有中国风格、中国气派的纪检监察理论体系。

五、培养德才兼备的高素质纪检监察专门人才

培养造就一大批德才兼备的高素质人才，是国家和民族长远发展大计。习近平总书记指出，全面推进依法治国，建设一支德才兼备的高素质法治队伍至关重要。习近平总书记在总结法治工作队伍建设普遍规律和共同要求的基础上，明确提出了法治工作队伍建设的总要求，这就是"大力提高法治工作队

伍思想政治素质、业务工作能力、职业道德水准，着力建设一支忠于党、忠于国家、忠于人民、忠于法律的社会主义法治工作队伍"。忠于党、忠于国家、忠于人民、忠于法律，是对法治工作队伍素质的总定位，是对法治工作队伍建设的总要求。建设一支高素质法治专门队伍，关键是推进法治专门队伍革命化、正规化、专业化、职业化，提高职业素养和专业水平。二十届中央纪委二次全会报告也明确提出，要锻造堪当新时代新征程重任的高素质纪检监察干部队伍。

一是纪检监察专门人才必须具备过硬的政治素养。党的领导是中国特色社会主义最本质的特征。纪检监察学成为一级学科，是中国共产党坚定政党自信的重要体现。习近平总书记把纪检监察队伍的政治能力放在培养要求的首位，强调"努力建设一支政治素质高、忠诚干净担当、专业化能力强、敢于善于斗争的纪检监察铁军"。建设高素质纪检监察人才队伍必须强化政治导向，深刻把握党的自我革命战略思想、坚持和完善党和国家监督体系、加强权力监督制约机制的政治内涵，服务于以伟大自我革命引领伟大社会革命的战略全局。

二是纪检监察专门人才必须坚持理论与实践相结合。理论要以实践为基础，纪检监察学科建设最终要服务于纪检监察体制改革、党和国家监督体系完善以及正风肃纪反腐等党和国家事业发展全局。习近平总书记对纪检监察队伍提出了"提高履行职责能力和水平"的要求。纪检监察人才队伍要学会运用马克思主义立场、观点和方法，以纪检监察实践需求为导向，善于从我国"纪委监委合署办公""纪法贯通""党规国法衔接协调"等纪检监察工作的鲜活实践中发现新问题、提出新观点、构建新理论，实现理论与实践的有机结合。

三是纪检监察专门人才需要具备跨学科思维。纪检监察学研究涉及马克思主义理论、中共党史党建、政治学、法学、公安学、公共管理学等多学科理论知识和研究方法，不能拘泥和局限于单一学科。鉴于目前纪检监察领域学科复合型人才较为欠缺的现状，未来的纪检监察人才培养应当树立学科交叉理念，自觉加强纪检监察领域各交叉学科间的学术交流对话，在充分汲取各学科研究成果和理论资源的基础上融会贯通、创新升华，逐步形成多学科综合性思维。纪检监察专门人才需要具备开拓创新意识。纪检监察学科建设的基本使命是在继承和发展马克思主义法治监督理论和中国传统廉政文化的前提下，构建一套解决权力监督和制约、对人类面临的反腐败共通问题具有独到见解的方案，加快构建中国特色的纪检监察学科体系、学术体系和话语体系，向世界传播中国反腐败模式和经验。纪检监察人才队伍绝不能做西方理论的"搬运工"，而是要坚定理想信念、牢记初心使命，成为马克思主义法治监督理论和中国特色社会主义纪检监察理论的坚定信仰者、积极传播者和模范实践者，为党和国家长治久安、中华民族伟大复兴提供强有力的人才保障。

六、结语

纪检监察学科建设是一个系统工程，需要协同各方面力量统筹推进。要坚持系统观念，既放眼长远，又立足当前，把握有限目标，站稳纪检监察学科建设的第一台阶。中央纪委国家监委机关将加强统筹指导，及时研究解决学科建设中遇到的重大问题。要充分发挥高校和科研院所的研究力量，加强对纪检监察学科内涵与目标的阐释分析，深化拓展纪检监察理论研究和宣传，在纪检监察学科发展方向上凝聚共识；要加快构建具有纪检监察学科特色的人才培养体系，立足研究生培养目标，打造一批高水平的专业课程，开发形成适应纪检监察学科发展要求、立足国际学术前沿的教材体系；要着力培育一支高素质师资队伍，为纪检监察学科建设提供人才动力；此外，还应加强纪检监察智库建设，发挥智库在理论研究、政策咨询和国际交流等方面的作用。

主 要 参 考 文 献

常冰霞，艾永明，2020. 中国古代监察权的监督与制约及当代启示［J］. 华侨大学学报（哲学社会科学版）（1）：99－107.

范丽梅，董超，2021. 农业科研单位纪检监察工作研究［J］. 农业科技与装备（6）：109－110.

郭叙雷，2022. 浅析中国古代监督体系［J］. 廉政瞭望（1）：82－83.

何万勤，2019. 纠正关于巡视工作的三个认识误区［J］. 人民论坛（12）：48－49.

皇甫江河，2020. 优化内部审计巡审联动的探索实践：以 z 省农业科学院审计实践为例［J］. 中国农业会计（10）：50－52.

孔贺，赵敏敏，2023. 新形势下农业科研单位内部审计存在的问题与对策［J］. 中国农业会计，33（12）：58－60.

李超，2021. 试论农业科研单位内部经济责任审计评价指标体系构建［J］. 农业经济（2）：36－37.

李成蹊，顾慧，师蔚群，等，2022. 加强农业科研单位纪检监察干部队伍建设有效措施探究：以江苏省农业科学院为例［J］. 农业科技管理，41（5）：93－96.

李成蹊，师蔚群，2023. 新时期加强和改进科研院所纪检监察案件审理工作路径：以江苏省农业科学院为例［J］. 江苏农业科学，51（10）：250－254.

李茂菊，2019. 农业科研单位负责人经济责任审计的内容和方法［J］. 中国市场（5）：158－159.

梁晓斐，2023. 新形势下农业科研单位内部审计转型思考［J］. 产业与科技论坛，22（9）：205－206.

林青，2016. 纪检干部须具备"工匠精神"［J］. 当代兵团（15）：46.

刘东红，2019. 现代国家权力结构中的国家监察权研究［D］. 重庆：西南政法大学.

刘海文，2021. 正确把握八个关系 做好领导干部"经济体检"：新发展阶段深化经济责任审计评价对策研究［J］. 审计观察（12）：36－41.

刘慧娟，乌兰巴特尔，王云锋，等，2022. 浅谈农业科研单位纪检组织如何增强监督执纪能力［J］. 农业科研经济管理（3）：34－36.

刘硕，2021. 党的纪检监察工作的百年发展历程［J］. 人民论坛（36）：28－32.

刘文哲，杜妍，2023. 做好农业科研机构纪检监察工作的思路与对策［J］. 当代农机

（10）：62－63.

刘鑫，2020. 干部人事档案管理工作存在的问题及对策［J］. 管理观察（22）：3.

路明祥，范丽梅，孙亚男，2022. 新时期农业科研院所创新纪检监察监督执纪工作的思考
［J］. 农业科技管理，41（2）：90－92.

罗星，2018. 国外政党的党内监督：主要做法、现实困境与经验启示［J］. 理论导刊（7）：
16－21.

米博华，2019. 监察全覆盖意味着什么［N］. 中国纪检监察报，02－11（2）.

聂安琪，谭庆，胡洪武，等，2023. 科技扶贫审计中的困境分析及对策研究：以 Z 农业科
研单位科技扶贫审计为例［J］. 中国内部审计（2）：43－45.

钱玉婷，陈文君，2022. 新形势下农业科研单位纪检监察工作的思考［J］. 农业科技管理，
41（4）：87－89.

邱昱东，2022. 以闭环思维提升科研单位纪检监察监督质效的实践探索：以江苏省农业科
学院为例［J］. 江苏农业科学，50（8）：249－252.

任洪斌，2023. 监督推动更好发挥审计职能作用［EB/OL］.（2023－06－29）［2023－12－
23］. https：//www. ccdi. gov. cn/yaowenn/202306/t20230629_ 272376. html.

邵景均，2017. 全面从严治党必须强化党内监督［EB/OL］.（2017－03－16）［2024－02－
20］. https：//www. sohu. com/a/129093982_ 114731.

孙聪，2021. 浅议审计视角下农业科研单位科研副产品管理［J］. 中国农业会计（3）：
12－13.

汪茂文，杨普，2022. 农业科研单位巡察工作的实践与思考：以安徽省农业科学院为例
［J］. 农业科技管理，41（5）：88－92.

王莉，2023. "放管服"背景下农业科研院所治理体系中内部审计的作用探究：基于 T 市
农林科学院的经验证据［J］. 会计师（6）：89－92.

王琼烯，2022. 农业科研单位内部审计存在的问题及其对策探讨［J］. 企业改革与管理
（21）：122－123.

王文华，2019. 农业科研单位发展中的内部审计转型路径探索［J］. 现代经济信息（11）：
220－223.

王展，高养杰，安振东，等，2022. 关于农业科研事业单位内部审计相关问题对策研究
［J］. 中国农业会计（3）：24－25.

肖晓英，冯志永，2021. 农业科研事业单位工程项目多目标综合审计模式探讨［J］. 财务
与金融（6）：31－36.

熊通成，2019. 强化公益属性的事业单位工资制度改革研究［M］. 北京：中国社会科学出
版社.

熊武一，周家法，2000. 军事大辞海·上［M］. 北京：长城出版社.

杨秀兰，张烈侠，汪精海，2023. 基于5E 高校科研经费绩效审计评价体系研究：以某农业
类院校为例［J］. 会计之友（12）：129－136.

叶雪萍，蒲树和，罗志强，等，2019. 提升农业科研单位纪检工作水平策略研究：以中国热带农业科学院为例［J］. 农业科技管理，38（6）：93－96.

印莉，顾慧，陈文君，等，2023. 农业科研单位基层党组织纪检委员工作探索：以江苏省农业科学院为例［J］. 农业科技管理，42（2）：83－85.

于美丽，2018. 中国共产党纪检体制的历史与现状［D］. 北京：中共中央党校.

张昊冉，2020. 农业科研单位政治巡视"一二三四"工作方法探讨［J］. 农业开发与装备（6）：73－74.

张晋藩，2012. 中国古代监察制度史［M］. 北京：中国方正出版社.

张晓峰，2020. 强化农业科研单位财务管理与审计监督的思路与对策［J］. 农业科技管理，39（6）：85－88.

钟纪言，2023. 健全党统一领导全面覆盖权威高效的监督体系［N］. 中国纪检监察报，11－02（5）.

钟娟，2017. 新形势下农业科研院所纪检监察工作的认识与思考［J］. 农业科研经济管理（4）：2－4，9.

朱秀侠，杨子彦，张强，等，2019. 新时代加强省级农业科研单位内部审计文化建设的思考［J］. 农业科技管理，38（1）：79－82.

祝捷，2022. 从历史深处走来，巡视利剑越磨越锋利［EB/OL］.（2022－03－22）［2024－02－20］. https：//baijiahao. baidu. com/s？ id＝1727988636666099550&wfr＝spider&for＝pc.